하나님 마음으로 본 다윗과 바울

UNDERSTANDING
DAVID AND PAUL
THROUGH
THE HEART OF GOD

| 이장환 지음 |

쿰란출판사

서문

"하나님이여 사슴이 시냇물을 찾기에 갈급함 같이 내 영혼이 주를 찾기에 갈급하니이다"(시 42:1).
"우리는 우리 자신이 사형 선고를 받은 줄 알았으니 이는 우리로 자기를 의지하지 말고 오직 죽은 자를 다시 살리시는 하나님만 의지하게 하심이라"(고후 1:9).

두 구절은, 나 자신이 그동안 가장 고통스럽고 숨조차 제대로 쉬어지지 않을 만큼 답답할 때, 기도 속에서 주님을 향하여 절절한 고백을 할 때 주님께서 내 마음에 축복으로 주신 말씀이다. 성령께서는 내가 가장 힘들 때 다윗과 바울의 심정을 조금이나마 실감나게 경험시켜 주심으로 위로와 힘과 소망을 가지도록 이끄셨다. 다윗과 바울은 서로 다른 시대에 살았지만 주님을 향한 신앙의 표현은 너무나 다르면서도 또 같은 것을 발견하게 된다. 그래서 두 사람을 사람의 시각에서가 아니라 하나님의 시각에서 어떻게 보시고 있는가를 말씀을 통하여 좀 더 깊이 알고 싶었다. 내가 신앙이 자라면서 달라진 것이 있다면, 내 입장에서가 아니라 주님의 입장에서 보려고 하는 태도일 것이다. 그렇게 할 때 내 입장에서 보는 것과 다른 것이 보이고 주님의 마음이 좀 더 실감나게 경험된다.

한순간의 신앙이 아닌 수십 년의 인생을 하나님의 시각에서 하나님의 마음에 맞게 산다는 것은 인생 최고의 성공이 아니겠는가! 다윗과 바울은 인생의 성공자인 것이다. 나를 비롯하여 모든 그리스도인이, 특히 하나님의 부르심을 받은 사역자들이 어느 한순간에 하나님의 능력을 나타내고 그리스도인다운 모습을 보일 수는 있어도, 인생을 두고 하나님의 마음에 있는 존재가 된다는 것은 차원이 다른 문제이다. 신앙은 순간의 모습에서 평가받는 것이 아니라 오랜 시간을 두고 검증되어 결과로 말하는 것이다. 어느 정도 인생의 긴장감이 사라지고 적당히 주어진 환경에 점점 안주하며 살고 싶어하는 나이에, 이 책을 쓰면서 다시금 영적 청춘을 가지고 하나님의 눈에 들도록 달려가기를 소망한다.

이번에 출간된 《말씀 속에서 주님 마음 찾기》와 《하나님 마음으로 본 다윗과 바울》은 그전에 쓴 네 권의 책보다도 반드시 써야 한다는 부담감과, 어떤 이유인지 모르지만 더 이상 미루어서는 안 된다는 생각으로 쓰게 되었다. 부족하지만 나 자신은 해야 할 숙제를 해낸 것 같은 기분이다.

주님이 기뻐하셨으면 좋겠다.

그리고 박영란 목사와 사명의 길을 가는 나의 아들이 다윗과 바울의 신앙을 가졌으면 좋겠다.

2016년 7월
다윗과 바울을 통하여 다시금 인생을 배우는
이장환 목사

차례

2 ■ 서문

1부 하나님 마음으로 본 다윗의 삶과 신앙

10 ■ 다윗을 알기 전에 중요한 질문들
12 ■ 다윗을 알기 위한 중요한 질문들
17 ■ 다윗은 어떤 사람인가?
21 ■ 다윗의 생애 속에 중요한 세 번의 기름 부음
26 ■ 다윗이 등장하기 전 세상 모습　　　삼상 8~15장
37 ■ 하나님이 찾으셨던 그 한 사람 다윗　　삼상 16장
42 ■ 여호와의 영이 임한 다윗　　　　　　삼상 16장
51 ■ 큰 자 다윗과 작은 자 골리앗　　　　삼상 17장
64 ■ 승리 뒤에 오는 유혹과 시련　　　　삼상 18장
76 ■ 다윗과 일대 삼　　　　　　　　　　삼상 19장
79 ■ 다윗의 궁금증　　　　　　　　　　삼상 20장
83 ■ 다윗의 처세술　　　　　　　　　　삼상 21장
91 ■ 다윗과 억울한 죽음　　　　　　　　삼상 22장
96 ■ 다윗의 질문　　　　　　　　　　　삼상 23장
101 ■ 다윗과 권위　　　　　　　　　　　삼상 24장

104	다윗의 성급함	삼상 25장
108	다윗의 똑같은 시험	삼상 26장
111	블레셋 땅에서의 다윗	삼상 27~29장
116	아말렉을 물리친 다윗	삼상 30장
122	사울의 죽음과 다윗	삼하 1~2장
127	다윗의 두 사람	삼하 3장
132	다윗이 더 중요하게 여긴 것	삼하 4장
135	세우는 자와 무너뜨리는 자	삼하 5장
140	다윗과 언약궤	삼하 6장
147	하나님과 다윗의 감동스런 대화	삼하 7장
150	다윗을 승리케 하신 하나님	삼하 8장
154	은혜를 갚는 다윗	삼하 9~10장
158	다윗과 밧세바	삼하 11장
163	다윗의 죄의 대가	삼하 12장
168	다윗의 범죄의 재현	삼하 13~14장
172	다윗의 적과 아군	삼하 15장
176	다윗에게 고통을 더하는 사람들	삼하 16장
182	다윗을 도운 후새	삼하 17장
184	리더로서의 다윗	삼하 18~20장
189	기근을 해결하는 다윗	삼하 21장
192	하나님을 향한 다윗의 노래	삼하 22장
194	다윗 신앙의 핵심	삼하 23장
196	다윗에게 범죄 같은 일	삼하 24장
200	다윗의 마지막 시간	왕상 1~2장

2부 하나님 마음으로 본 바울의 삶과 신앙

- 204 ■ 바울을 개인적으로 알고 싶었던 이유
- 206 ■ 오늘날 바울 신앙이 필요한 이유
- 211 ■ 하나님의 부르심을 입은 자에게 바울 신앙이 필요한 이유
- 213 ■ 바울의 성장 배경
- 216 ■ 바울의 영적 정체성 발전 과정
- 221 ■ 바울이 받았던 하나님 은혜의 개념
- 226 ■ 바울이 생각하는 고난의 의미
- 229 ■ 바울이 가진 것과 기쁨
- 236 ■ 바울의 네 가지 자랑거리
- 242 ■ 바울이 어떤 상황이든 감당할 수 있었던 내면
- 247 ■ 바울이 말하는 이기는 자의 세 가지 내적 태도
- 251 ■ 바울의 세 가지 판단
- 255 ■ 바울의 우선순위와 시대적 주님의 마음
- 261 ■ 바울과 빌립보 교회가 세워진 배경

267 ■	바울의 두려움
273 ■	바울을 새롭게 할 수 있었던 것들
277 ■	바울의 종 된 것과 자유 개념
283 ■	바울이 열등감을 가질 수 있었던 대상들
290 ■	과거에 대한 바울의 생각
293 ■	바울의 감사
297 ■	바울이 생각한 몸에 대한 영적 의미와 성령의 인격성
303 ■	바울의 서로신앙
309 ■	바울의 세 가지 십자가 신앙
312 ■	바울의 그리스도와의 연합신앙
315 ■	바울이 세상 앞에서 온전하게 미치게 된 이유
323 ■	하나님도 인정한 바울의 고백
327 ■	이장환 목사 사역 안내

1부

하나님 마음으로 본
다윗의 삶과 신앙

다윗을 알기 전에 중요한 질문들

첫 번째, 그리스도인은 각자의 존재와 삶이 세월이 갈수록 하나님이 원하시는 방향으로 나아가고 있는가, 아니면 반대로 가고 있는가?

두 번째, 그리스도인은 자신의 인생에서 무엇을 중요하게 여기며 어떤 신앙고백을 하며 사는 것일까?

세 번째, 그리스도인의 삶은 하나님 앞에서 과연 어떤 의미로 나타나고 있는가?

네 번째, 삶의 사건들은 과연 그리스도인의 존재와 신앙에 어떤 영향을 미치는가?

다섯 번째, 하나님 마음에 맞는 사람이 되어 간다는 것은 어떤 과정이 있는 것일까?

이 질문들은 모든 그리스도인에게 중요한 질문들이다. 이 질문에 정확하고도 확신에 찬 답을 할 수 있는 사람이 얼마나 될까? 이 질문들은 그리스도인이 평생에 걸쳐 늘 질문해야 할 내용이며, 그때마다 하나님 앞에서 정직하게 말해야 하는 것들이다. 이런 모든 질문에 대하여 하나님은 다윗의 존재와 생애 속에 있는 긍정과 부정을 통해 그리스도인에게 답을 주시고 있다.

또한 다윗을 통해 성령께서 오늘을 사는 그리스도인에게 중요한 질문을 하신다.

첫 번째는, 하나님의 마음을 아는가?

두 번째는, 하나님의 시각으로 자신의 삶과 신앙을 보는가?

세 번째는, 교회에서 배운 신앙이 삶의 현장에서 그대로 나타나는가?

네 번째는, 자신의 만족을 위한 신앙인가? 하나님 만족을 위한 신앙인가? 무엇이 먼저인가?

다섯 번째는, 개인적인 하나님과의 만남을 통해 무엇을 배우는가?

이 모든 질문은 사실 오늘을 사는 그리스도인에게 너무나 부족하고 모자란 신앙의 모습을 성령께서 지적하시는 것이다. 이 질문들은 다윗을 통하여 하나님이 답을 주기 원하셔서, 다윗의 생애와 신앙을 오늘을 사는 그리스도인에게 비추어 주고 계신다.

다윗을 알기 위한 중요한 질문들

하나님은 능력 있는 사람, 열심 있는 사람, 거룩한 사람, 행위가 온전한 사람, 의인을 찾지 않으시고 왜 하나님 마음에 맞는 자를 찾으시고 다윗을 찾으셨나? 그것은 **첫 번째**로, 하나님과 사람 앞에서 중요한 역할을 하는 인물은 다른 어떤 것보다 마음이 중요하고 특히 하나님 마음이 필요하기 때문이다. **두 번째**는, 하나님 마음을 헤아리지 못하고 하나님을 후회하게 만든 사울과 비교되어서 다윗을 찾으신 것이다. **세 번째**는, 더 높은 차원의 관계, 인격적인 관계, 친밀한 관계를 하나님이 원하셨기 때문이다. **네 번째**는, 하나님이 더 높은 기쁨을 사람을 통해 얻으시기 위해서다. **다섯 번째**는, 하나님 마음과 교통되어 하나님의 계획을 이룰 동역자를 원하셨기 때문이다.

"내가 이새의 아들 다윗을 만나니 내 마음에 맞는 사람이라 내 뜻을 다 이루리라 하시더니"(행 13:22).

여섯 번째는, 하나님 마음을 가지면 다 가진 것이기 때문이다. 하나님은 우리에게 점령당하기 원하신다. 일곱 번째는, 하나님이 가장 원하시는 것이기 때문이다. 다윗은 하나님 앞에서 실수도 하고 범죄도 하였는데, 하나님은 왜 그를 마음에 합한 자라고 하시는 것일까? 왜 다윗이 범죄했는데도 하나님은 그가 말씀을 지켰다고 말씀하신 것일까?

먼저 하나님은 솔로몬에게 아버지 다윗에 대하여 이렇게 말씀하신다.

"네가 만일 네 아버지 다윗이 행함같이 마음을 온전히 하고 바르게 하여 내 앞에서 행하며"(왕상 9:4).
"네가 만일 네 아버지 다윗이 행함같이 내 길로 행하며 내 법도와 명령을 지키면"(왕상 3:14).

또한 선지자 아히야가 솔로몬의 신하 느밧의 아들 여로보암에게 하나님의 음성을 이렇게 전한다.

"그러나 내가 택한 내 종 다윗이 내 명령과 내 법도를 지켰으므로"(왕상 11:34).
"내 종 다윗이 행함같이 내 율례와 명령을 지키면"(왕상 11:38).

이렇게 하나님이 다윗을 말씀하신 것은 먼저, 하나님은 부정을 크게 보시는 것이 아니라 긍정을 크게 보시는 분이기 때문이다. **두 번째**는, 하나님을 향한 다윗의 순전한 마음, 집중된 마음이 끝까지 변하지 않았기 때문이다. **세 번째**는, 하나님은 다윗의 처음과 과정보다 끝을 보셨기 때문이다. 다윗의 끝은 하나님이 원하시는 방향이었다. **네 번째**는, 하나님이 원하시는 길을 끝까지 갔기 때문이다.

하나님의 마음에 맞는 사람으로 다윗이 가졌던 기본적인 신앙은 무엇인가?

먼저, 다윗은 '하나님 앞에서'라는 하나님 의식으로 충만하고 하나님 앞에서 성실했기 때문이다.

"다윗이 미갈에게 이르되 이는 여호와 앞에서 한 것이니라"(삼하 6:21).

두 번째는, 다윗은 늘 하나님께 묻고 하나님이 함께하시기를 원하고 하나님의 주권을 인정해 드렸다.

"사람들이 다윗에게 전하여 이르되 보소서 블레셋 사람이 그일라를 쳐서 그 타작 마당을 탈취하더이다 하니 이에 다윗이 여호와께 묻자와 이르되 내가 가서 이 블레셋 사람들을 치리이까 여호와께서 다윗에게 이르시되 가서 블레셋 사람들을 치고 그일라를 구원하라 하시니"(삼상 23:1~2).
"다윗이 아히멜렉의 아들 제사장 아비아달에게 이르되 원하건대 에봇을 내게로 가져오라 아비아달이 에봇을 다윗에게로 가져가매 다윗이 여호와께 묻자와 이르되 내가 이 군대를 추격하면 따라잡겠나이까 하니 여호와께서 그에게 대답하시되 그를 쫓아가라 네가 반드시 따라잡고 도로 찾으리라"(삼상 30:7~8).
"그 후에 다윗이 여호와께 여쭈어 아뢰되 내가 유다 한 성읍으로 올라가리이까 여호와께서 이르시되 올라가라 다윗이 아뢰되 어디로 가리이까 이르시되 헤브론으로 갈지니라"(삼하 2:1).
"다윗이 여호와께 여쭈어 이르되 내가 블레셋 사람에게로 올라가리이까 여호와께서 그들을 내 손에 넘기시겠나이까 하니 여호와께서 다윗에게 말씀하시되 올라가라 내가 반드시 블레셋 사람을 네 손에 넘기리라 하신지라"(삼하 5:19).

세 번째는, 다윗은 늘 하나님을 향한 갈급함을 가지고 살았다.

"하나님이여 사슴이 시냇물을 찾기에 갈급함같이 내 영혼이 주를 찾기에 갈급하니이다"(시 42:1).

네 번째는, 다윗은 하나님에 대한 집중력과 순전함과 진실함을 가지고 살았다.

"상전의 손을 바라보는 종들의 눈같이, 여주인의 손을 바라보는 여종의 눈같이 우리의 눈이 여호와 우리 하나님을 바라보며 우리에게 은혜 베풀어 주시기를 기다리나이다"(시 123:2).

하나님은 다윗을 통하여 오늘날 그리스도인이 어떤 사람이 되기를 원하시나? 하나님의 마음을 알아서 하나님의 마음을 가지고 하나님의 마음이 원하시는 바를 그대로 행하는 자가 되기 원하신다. 그렇다면 하나님은 우리가 왜 하나님의 마음을 가진 자가 되기를 원하시나? 모든 그리스도인이 각자를 향한 하나님의 뜻을 이루기 위해서는 능력이나 열심이나 은사나 지혜나 지식이나 그 무엇보다도 하나님의 마음이 너무나 필요하기 때문이다.

그리스도인마다 하나님의 뜻이 인생 속에 있다. 그 뜻이 이루어지기 위해서는 반드시 한 가지가 필요하다. 그것은 하나님의 마음에 맞는 자, 하나님 마음을 따라가는 자가 되어야 한다는 것이다. 하나님의 뜻은 결국 존재와 역할의 문제이다. 그것을 다윗을 통하여 하나님께서 계시해 주신다. 다윗을 통하여 하나님의 계획을 이루기 위해서는 오직 하나, 하나님의 마음을 가지고 그 마음을 따라야 한다. 이것을 하나님은 다른 어떤 것, 예를 들어 능력이나 열심, 재능, 영적 체험, 성품으로는 안 된다는 것을 강조하신 것이다.

　결국 하나님의 마음을 가지고 하나님의 뜻을 이루어 하나님 앞에 존귀한 사람이 되는 것, 이것이 모든 그리스도인의 삶과 신앙의 목표가 되어야 한다.

다윗은 어떤 사람인가?

다윗의 이름은 '여호와가 사랑하는 자'라는 뜻이다. 다윗은 아브라함의 14대손이며 유다 지파 이새의 여덟 번째 아들이다. 또한 베들레헴에서 출생했다.

다윗은 생애에 중요한 세 번의 기름 부음을 받는다.

첫 번째 기름 부음은 양치기로 있을 때 사무엘에게 받았다.

> "사무엘이 기름 뿔병을 가져다가 그의 형제 중에서 그에게 부었더니 이 날 이후로 다윗이 여호와의 영에게 크게 감동되니라"(삼상 16:13).

두 번째 기름 부음은 유다 지파에 의해 유다 지파의 왕으로 세움 받을 때이다.

> "유다 사람들이 와서 거기서 다윗에게 기름을 부어 유다 족속의 왕으로 삼았더라"(삼하 2:4).

세 번째 기름 부음은 통합 이스라엘의 왕으로 세움 받을 때이다.

"이에 이스라엘 모든 장로가 헤브론에 이르러 왕에게 나아오매 다윗 왕이 헤브론에서 여호와 앞에 그들과 언약을 맺으매 그들이 다윗에게 기름을 부어 이스라엘 왕으로 삼으니라 다윗이 나이가 삼십 세에 왕위에 올라 사십 년 동안 다스렸으되 헤브론에서 칠 년 육 개월 동안 유다를 다스렸고 예루살렘에서 삼십삼 년 동안 온 이스라엘과 유다를 다스렸더라"(삼하 5:3~5).

다윗은 70세에 죽었다.

"다윗이 그의 조상들과 함께 누워 다윗 성에 장사되니 다윗이 이스라엘 왕이 된 지 사십 년이라 헤브론에서 칠 년 동안 다스렸고 예루살렘에서 삼십삼 년 동안 다스렸더라"(왕상 2:10~11).

성경은 다윗을 이렇게 소개하고 있다.

"지금은 왕의 나라가 길지 못할 것이라 여호와께서 왕에게 명령하신 바를 왕이 지키지 아니하였으므로 여호와께서 그의 마음에 맞는 사람을 구하여 여호와께서 그를 그의 백성의 지도자로 삼으셨느니라"(삼상 13:14). "내가 이새의 아들 다윗을 만나니 내 마음에 맞는 사람이라 내 뜻을 다 이루리라"(행 13:22).

사무엘상 13장 14절의 **"그의 마음에 맞는 사람"**은 원어상 '그분의 마음과 같은 사람'으로 해석된다. 사도행전 13장 22절에서 말하는 '내 마음에 맞는 사람'에서 '맞는'의 원어상 뜻은 '~을 따라, ~의 뒤를 좇는, ~

의 분량에 따라'로 해석된다. 그러므로 '내 마음의 뒤를 좇는', '내 마음을 따르는'으로 해석이 된다.

다윗은 이미 하나님 마음에 맞는 사람이었다. 그러나 그것은 처음에는 단지 가능성일 뿐이었다. 완성된 것이 아니었다.

다윗이 하나님 마음에 맞는 사람이 되기 위한 과정은 그렇게 순탄하지만은 않았다. 다윗은 자신이 하나님 마음에 맞는 사람이었다는 것을 알지 못하였을 것이다. 그러나 하나님이 다윗에게 판단은 틀리지 않았고 다윗은 하나님이 바라던 모습으로 점점 변화되어 갔다.

구원받은 그리스도인들은 본인은 알 수 없지만 그리스도인 각자를 향한 하나님의 긍정적 정의가 이미 있음을 알고 있을 것이다. 그리스도인으로 살아가면서 어느 정도는 이런 자신을 향한 하나님의 뜻을 알고, 그분의 뜻에 따라 변화되어 가고, 그분에게 얼마나 기쁨과 만족을 드리고 있는지는 하나님만이 아실 것이다. 그리스도인들이 자기 뜻대로 사는 것이 아니라 하나님이 원하시는 존재의 모습으로 살아가는 것이 진정한 인생 성공일 것이다. 하나님이 바라보시는 대로 점점 현실로 가능해지는 존재와 삶을 사는 것이 하나님이 바라시는 것이다.

어쩌면 많은 그리스도인들은 처음의 다윗처럼 자신이 하나님의 계획을 자각하기 전에 이미 삶과 마음을 하나님이 준비시켜 오셨다는 것을 알지 못했을 것이다. 그러나 이제는 다윗의 인생을 통해 모든 그리스도인이 자신을 향한 하나님의 뜻을 알아가고, 다윗처럼 하나님의 기대를 따라 살아가기를 하나님은 바라신다. 그것이 다윗의 삶을 기록하신 하나님의 이유가 될 것이다.

이제 다윗의 일생을 더듬어가면서 하나님은 당신의 마음에 맞게 어떻게 다윗의 인생을 조절해 가시고, 다윗은 어떻게 삶을 통해 하나님 마음에 맞게 변화되어 갔는지, 또 그렇지 못한 모습 역시 성경을 통해 살펴보려고 한다. 그렇게 함으로써 각자의 존재와 삶 속에서 우리들이 얼마나 자신을 향하신 하나님의 뜻에 맞추어 살아가고 있는지 알아가는 지혜를 얻고자 한다.

또한 다윗의 신앙과 변화는 성전에서 이루어진 것이 아니라 삶의 현장에서 이루어졌다. 삶의 현장에서 이루어진 신앙과 변화를 성전에서 하나님께 고백하는 모습을 보여주고 있다. 오늘날 많은 그리스도인들이 교회 안에서만 신앙을 표현하는 것이 다인 것처럼 여겨, 교회 밖 자신의 삶의 현장에서는 신앙인으로서 표현을 하지 않고 오히려 신앙을 숨기고 변질되는 이중적 모습을 가지고 있는 것이 사실이다. 그러므로 모든 그리스도인들은 다윗을 통하여 삶의 현장에서 치열하게 하나님을 향한 신앙으로 변화하여 그 삶을 교회에 가지고 와서 하나님께 드려야 할 것이다.

다윗의 생애 속에 중요한 세 번의 기름 부음

"사무엘이 기름 뿔병을 가져다가 그의 형제 중에서 그에게 부었더니 이 날 이후로 다윗이 여호와의 영에게 크게 감동되니라"(삼상 16:13).
"유다 사람들이 와서 거기서 다윗에게 기름을 부어 유다 족속의 왕으로 삼았더라"(삼하 2:4).
"이에 이스라엘 모든 장로가 헤브론에 이르러 왕에게 나아오매 다윗 왕이 헤브론에서 여호와 앞에 그들과 언약을 맺으매 그들이 다윗에게 기름을 부어 이스라엘 왕으로 삼으니라 다윗이 나이가 삼십 세에 왕위에 올라 사십 년 동안 다스렸으되 헤브론에서 칠 년 육 개월 동안 유다를 다스렸고 예루살렘에서 삼십삼 년 동안 온 이스라엘과 유다를 다스렸더라"(삼하 5:3~5).

이 세 가지 기름 부음의 공통점은, 첫 번째는, 다윗 스스로 원해서 그렇게 된 것이 아니라는 것이다. 그것은 선지자와 사람들에 의해서 이루어졌다. 두 번째는, 다윗 자신이 원하는 시간에 온 것이 아니라는 것이다. 그것은 하나님이 정하신 시간 속에서 정확하게 이루어졌다. 세 번째는, 다윗의 기름 부음은 쉽게 온 것이 아니라는 것이다. 그가 가족에게 무시당하고, 사울을 비롯하여 사람들에게 오해받고 고난을 받으며 많은 전쟁을 치르고 온 것이다.

이것은 하나님께서 한 사람에게 기름 부어 주시는 것이 그렇게 쉽지 않고 인간의 마음대로 조정되는 것도 아니라는 것을 말한다. 그것은 오로지 하나님이 기름 부어 주시는 인간을 인정하시고 신뢰하지 않으면 안 되는 것임을 강조하고 있다.

다윗이 기름 부음을 받았다는 것은 어떤 의미를 가지는가?

그것은 첫 번째로, 자신과 주변에 대한 하나님의 영향력을 의미한다. 두 번째는, 하나님 앞에서의 존귀함을 의미한다. 사람들이 세우는 존귀함이 아니라 하나님이 인정하시어 세우시는 존귀함이다. 모든 그리스도인은, 하나님을 위한 사역자로 부르심을 받은 자라면 시간이 흐를수록 더 높은 기름 부음을 받아야 한다. 그래서 하나님의 영향력이 커져가고 하나님 앞에 더욱더 존귀한 존재가 되어야 한다.

먼저 첫 번째 기름 부음에 대하여 알아보자. 다윗의 첫 번째 기름 부음은 다윗의 나이가 15~19세 정도였을 것이다. 왜냐하면 사무엘상 16장 4~5절과 11절에서 다윗이 공식적인 제사에 참여하지 못했다는 것은 아직 성인 남자로서 20세가 되지 못했음을 의미하기 때문이다.

> "사무엘이 여호와의 말씀대로 행하여 베들레헴에 이르매 성읍 장로들이 떨며 그를 영접하여 이르되 평강을 위하여 오시나이까 이르되 평강을 위함이니라 내가 여호와께 제사하러 왔으니 스스로 성결하게 하고 와서 나와 함께 제사하자 하고 이새와 그의 아들들을 성결하게 하고 제사에 청하니라……또 사무엘이 이새에게 이르되 네 아들들이

다 여기 있느냐 이새가 이르되 아직 막내가 남았는데 그는 양을 지키나이다 사무엘이 이새에게 이르되 사람을 보내어 그를 데려오라 그가 여기 오기까지는 우리가 식사 자리에 앉지 아니하겠노라."

첫 번째의 기름 부음은, 사무엘이 사울에게 심중의 의도를 숨기고 베들레헴 장로에게 제사드린다고 하고 이새의 가정을 만나기 위해 왔을 때 진행되었다. 이것은 기름 부음이 어려운 가운데 진행되었고, 비밀한 가운데 소수에게만 알려진 채 진행되었다는 것을 알려 준다. 곧 첫 번째 기름 부음은 아버지의 무시, 가족들의 무시 속에 있었다는 것이다. 그러나 하나님은 인간의 무시 속에서도 다윗에게 찾아오셨다. 하나님은 세상 사람이 뭐라 해도 하나님이 찾으시는 사람은 알아주신다.

첫 번째 기름 부음은 하나님의 은혜와 같은 의미가 있다. 왜냐하면 남들이 모를 때, 알아주지 않을 때, 아무 자격도 안 될 때, 평범할 때 알아주시고 선택해 주신 것이기 때문이다. 그리스도인, 특히 하나님의 부르심을 입은 일꾼은 자신에 대한 과소평가, 초라함 내지는 다른 사람의 무시를 이겨야 한다. 그것을 이길 때 비로소 하나님의 기름 부음이 역사하기 시작하는 것이다.

첫 번째 기름 부음에서 두 번째 기름 부음으로 나아갈 때, 두 번째로 가는 기름 부음을 위한 하나님의 세 가지 테스트가 있었다. 이것은 세 가지 사건이 온다는 것을 의미한다. 첫 번째는, 충성됨의 테스트였다(삼상 17:17~30). 다윗은 전장에 가보라는 아버지의 명령과 사울을 위해 수금 타기 위해 왕궁을 출입하지만 베들레헴에서 양치기 생활을 하고 있었다. 두 번째는, 믿음의 테스트(골리앗에 대해)이다. 골리앗은 '믿음의 도전거리'를 의미한다. 그러므로 골리앗을 이겼다는 것은 '믿음의 승리'이다. 세 번째는, 사람 연단의 테스트(사울의 쫓김)이다. 표면적인 이유는 사람이지만 다른 의미로는 이유를 알 수 없는 일방적 시련, 고난, 고통을 말한다.

그런 시간이 지나가야 기름 부음이 온다. 자기를 괴롭힌 것들에 대하여 하나님 앞에서 판단해 주실 때까지 다윗처럼 견뎌야 한다. 자신의 억울함을 하나님이 받아 주실 때까지, 끝내실 때까지 견디는 것이다. 이때 낮아짐을 경험한다. 어처구니없는 일을 당한다. 하나님이 안 계신 것 같은 영적 골짜기를 지나가게 된다. 심지어 다윗은 사울을 피해 이스라엘의 적국인 가드 왕 아기스 앞에서 미친 척까지 해서 살아남기를 애썼다 (삼상 21:10~15).

그렇다면 다윗에게 사울은 어떤 사람이며, 오늘날 그리스도인에게 사울은 무엇을 의미하는가?

자신이 잘될 때 제일 반가워해야 할 사람이 제일 원수 된다는 것이다. 그리스도인은 이 사람들을 위해 미리 기도해 주어야 한다. 두 번째는, 나의 도움을 받아서 잘되는 사람이 나를 힘들게 할 수 있다는 것을 의미한다. 다윗은 사울 왕 대신 골리앗을 죽이고, 악신을 음악으로 쫓아 주고, 군사로서 충성을 다했음에도 불구하고 오히려 사울은 그에게 위험스럽고 고통스러운 존재가 되었다. 모세는 자기 민족을 위하는 마음에서 애굽인을 쳐 죽일 때 자기 민족에 의해 결국 하루아침에 살인자가 되어 도망자 신세가 되고 말았다. 세 번째는, 내 가까이 있는 사람이 나를 힘들게 할 수 있다는 것을 의미한다. 그러므로 하나님의 부르심을 입은 자들은 사람의 벽을 넘어야 한다.

결국 첫 번째 기름 부음보다는 기름 부음의 사이즈가 큰 두 번째 기름 부음은, 세 가지 하나님의 테스트를 잘 통과할 때 자격이 주어졌다.

그런데 다윗의 두 번째 기름부음은 결정적으로 사울이 죽음으로써 왔다는 것이다.

이것의 영적 의미는 자신을 괴롭히는 것(사람, 물질, 일, 건강)을 참고 기다리면서 하나님이 연단을 끝내실 때 온다는 것을 의미한다. 두 번째 기름 부음은 하나님이 자신을 인정하시고 자신이 어떻게 하지 않아도 하나님이 고통의 원인을 제거하실 때 온다는 것을 우리에게 알려 준다. 다윗 자신이 어떻게 하지 않아도 사울이 블레셋 족속에 의해 죽임당할 때 온다는 것이다.

동시에 사울이 자신을 죽이려 하여 도망 다닐지라도 더 이상 현실을 부정하거나 분노하거나 절망하는 것이 아니라, 자신의 현실을 긍정적으로 수용할 때 두 번째 기름 부음이 왔다. 이렇게 할 때 다스리는 능력과 하나님의 축복의 일정한 사이즈가 나타난다는 것이다.

다윗의 세 번째 기름 부음은 다윗을 대적한 사울의 아들들과 그들을 따르는 자들이 죽을 때 비로소 오게 되었다. 이것의 영적 의미는 나에게서 하나님을 향해 대적한 것이 완전히 사라질 때 세 번째 기름 부음이 온다는 것을 의미한다. 더 깊게 말하면 하나님을 대적하는 나의 모습이 죽을 때를 의미하는 것이다. 이럴 때 하나님이 인정하시고 신뢰하시는 단계가 되는 것이다.

세 번째 기름 부음은 사무엘하 5장, 8장에서 나타나는데, 다윗이 더 이상 싸움을 하지 않아도 이스라엘 주변에 있는 족속들이 항복하고 조공을 바치는 상태가 되고 그때 이스라엘의 땅이 열 배로 확장되었다고 한다. 영적 의미로서 사탄과 세상과 죄로부터의 완전한 승리를 가져올 때, 곧 더 이상의 싸움을 할 수 없는 정도의 힘과 권세를 가질 때, 하나님의 일방적인 주권으로 그분의 은혜와 축복과 계획이 막힘 없이 이루어짐을 보게 된다는 것이다.

다윗이 등장하기 전 세상 모습

삼상 8~15장

여호수아가 죽은 후 500년 동안 사사가 다스렸지만 이스라엘 백성들은 무법한 상태로 세월이 흘러갔다. 사사기의 마지막은 이런 구절로 끝난다.

"그때에 이스라엘에 왕이 없으므로 사람이 각기 자기의 소견에 옳은 대로 행하였더라"(삿 21:25).

이스라엘 백성이 자기 소견에 옳은 대로 행하였다는 것은, 더 이상 하나님의 말씀이 그들에게 기준이나 지표가 되지 못하였음을 말한다. 하나님이라는 존재가 더 이상 그들에게는 중요한 존재이거나 필요하거나 두려워할 존재가 아니라는 말이다. 그러니 그들이 하나님의 마음을 아는 것은 무리이다.

그리고 왕이 없었기 때문에 그들이 옳은 대로 행하였다는 것은, 이스라엘 백성이 하나님보다는 사람을 더 중요하게 여기고 두려워함을 의미한다.

"사무엘이 늙으매 그의 아들들을 이스라엘 사사로 삼으니 장자의 이름은 요엘이요 차자의 이름은 아비야라 그들이 브엘세바에서 사사가 되니라 그의 아들들이 자기 아버지의 행위를 따르지 아니하고 이익을 따라 뇌물을 받고 판결을 굽게 하니라"(삼상 8:1~3).

그리고 마지막 사사인 사무엘 선지자가 늙어 가고 있었다. 사무엘의 영향력이 점점 줄어들고 있었다. 사무엘을 뒤이어 사사가 된 두 아들 요엘과 아비야는 사사로서의 자격 없는 모습을 보였다. 이스라엘 백성들이 신뢰하고 따를 수 없는 사사였던 것이다. 사사로서 하나님과 이스라엘 백성 사이에 중보자로 서 있어야 하는데, 그들은 진정한 중보자가 되지 못하였을 뿐만 아니라 기본적인 인격을 갖추고 기본적인 삶조차 살지 못하여, 하나님은 고사하고 이스라엘 백성들에게도 인정받지 못하는 불량한 사사였다.

하나님 말씀을 정확하게 지키지 못하는 자가 하나님 마음을 아는 것은 불가능한 것이다. 이스라엘 백성의 마음을 얻지 못한 자가 어떻게 하나님 마음에 맞는 자가 될 수 있겠는가! 사무엘의 두 아들의 모습은, 오늘날 하나님이 주신 거룩한 직분은 있으나 직분에 맞는 존재가 되지 못하여 사람들에게 인정받지 못하는 리더의 모습과 같다.

"우리도 다른 나라들같이 되어 우리의 왕이 우리를 다스리며 우리 앞에 나가서 우리의 싸움을 싸워야 할 것이니이다 하는지라"(삼상 8:20).

뿐만 아니라 그 당시 이스라엘 백성은 자기 소견대로 행하는 것만 아니라 다른 민족과 같이 왕을 요구하고 있다. 이것은 이스라엘 백성들이 하나님을 불신하는 태도를 분명하게 보여준다. 보이지 않는 하나님을 신뢰하는 것보다 자신을 다스려 줄 보이는 왕을 더 신뢰할 수 있다고 고백하는 것이다. 하나님을 향한 불신앙을 대담하게 나타내고 있다. 왕을 세워 달라고 하는 이스라엘 백성들의 마음에 이방 족속의 모습을 닮으려는 태도가 있는 것이다. 이런 요구는 그들이 이방 족속의 문화에 물들어 가고 있었음도 알려 준다.

또한 그들은 자신과 비교하여 열등하다고 생각하는 것이 있었다. 이런 모습은 하나님 말씀뿐 아니라 하나님 마음에서 너무나 멀리 떨어져 있다는 증거이며, 이것이 하나님의 마음을 얼마나 아프게 하는 것인 줄도 몰랐다.

이런 모습은 이미 그들의 조상이 광야생활을 할 때도 보여주었다. 애굽에서 하나님의 능력으로 구출 받아 기적적으로 광야생활을 하던 이스라엘 백성들이, 여전히 주변환경에 민감하여 도우시는 하나님의 은혜와 축복을 의심하고 원망하던 모습과 다를 바 없었다. 이런 모습은 유전처럼 다시 나타나고 있다.

또한 이것은 오늘날 세속화된 그리스도인의 모습을 보여주고 있다. 진정으로 하나님의 말씀으로 하나님을 닮아가는 것을 포기하고, 몸은 교회에 오고가지만 이미 마음에는 세상이 살고 있고 세상적인 사고방식으로 세속적인 삶을 살고 있다. 그것이 얼마나 위험하고 하나님에게서 멀어지게 하는 것인지 모르는 것이다. 그리고 그리스도인다운 생각과 삶을 가지고 세상에서 담대하게 빛과 소금처럼 영향력 있는 존재로서 사는 것을 소원하기보다는 세상과 동화되어 세상의 것을 좋아하며, 자신의 존재와 신앙을 숨기고 산다.

이것은 영적 질병 중 하나인 영적 열등감이다. 교회의 땅을 밟고 산다고 해서 다 그리스도인이 되는 것이 아니다. 세상의 땅을 밟으면서 자신이 접하는 세상을 변화시키는 것이 진정한 그리스도인이요, 하나님의 말씀뿐만 아니라 그리스도인의 마음속에 하나님의 마음을 가지고 살아야 정상적인 그리스도인이다.

"너희는 이 세대를 본받지 말고 오직 마음을 새롭게 함으로 변화를 받아 하나님의 선하시고 기뻐하시고 온전하신 뜻이 무엇인지 분별하도록 하라"(롬 12:2).

이스라엘 백성과 다르게 다윗은 이렇게 그의 신앙고백을 하고 있다.

"내가 하나님을 의지하고 그 말씀을 찬송하올지라 내가 하나님을 의지하였은즉 두려워하지 아니하리니 혈육을 가진 사람이 내게 어찌하리이까"(시 56:4).
"내가 하나님을 의지하였은즉 두려워하지 아니하리니 사람이 내게 어찌하리이까"(시 56:11).
"여호와는 내 편이시라 내가 두려워하지 아니하리니 사람이 내게 어찌할까 여호와께서 내 편이 되사 나를 돕는 자들 중에 계시니 그러므로 나를 미워하는 자들에게 보응하시는 것을 내가 보리로다 여호와께 피하는 것이 사람을 신뢰하는 것보다 나으며 여호와께 피하는 것이 고관들을 신뢰하는 것보다 낫도다"(시 118:6~9).

돌이킬 수 없을 정도로 완악한 이스라엘 백성들의 고집에 대해 하나님은 왕을 세우라고 허락하신다.

"여호와께서 사무엘에게 이르시되 그들의 말을 들어 왕을 세우라 하시니"(삼상 8:22).

그러나 하나님이 기뻐하시는 것이 아니면 하나님으로부터 원하는 것을 얻었다 해도 그것은 또 다른 고민이요 고통의 시작이라는 것을 그들은 몰랐다. 하나님이 그들이 원하는 대로 주셨다고 해서 그것이 하나님이 기쁘게 주신 것이 아님을 알아야 했다. 왕을 세우는 것은 하나님의 뜻도 아니요 그들에게 축복도 아니었지만 그들은 그것을 알 지혜가 없었다. 그들의 왕을 세워 달라는 요구가 응답 받았지만 그것은 진정 축복이 아니라 고통이었다. 그들이 하나님의 마음을 알았다면 왕을 구하지 않았을 것이고, 따라서 하나님의 마음을 알고 왕을 구하지 않았을 것이다. 이것은 광야생활을 하던 이스라엘 백성들과 다름없었다.

"광야에서 욕심을 크게 내며 사막에서 하나님을 시험하였도다 그러므로 여호와께서는 그들이 요구한 것을 그들에게 주셨을지라도 그들의 영혼은 쇠약하게 하셨도다"(시 106:14~15).

진정한 기도의 응답은 하나님이 기뻐하시는 것이어야 하고, 그래서 하나님이 기쁘게 주실 수 있는 것이어야 하며, 구하는 자의 영혼에 축복이 되어야 한다. 그렇지 않으면 그것은 또 다른 불행을 불러들이는 결과를 가져올 수 있다.

하나님께서 그들의 요구대로 왕을 주겠다고 말씀하시지만, 그것은 하나님의 마음을 또다시 아프게 하는 것이 되었다. 그리고 이스라엘 백성의 요구대로 사울이라는 왕이 세워졌다. 사울이 왕이 된 것은 또다시 하나님 마음을 고민하게 만들고 하나님에게 고통을 안겨 주었다.

"그러므로 그들이 또 여호와께 묻되 그 사람이 여기 왔나이까 여호와께서 대답하시되 그가 짐보따리들 사이에 숨었느니라 하셨더라 그들이 달려가서 거기서 그를 데려오매 그가 백성 중에 서니 다른 사람보다 어깨

위만큼 컸더라 사무엘이 모든 백성에게 이르되 너희는 여호와께서 택하신 자를 보느냐 모든 백성 중에 짝할 이가 없느니라 하니 모든 백성이 왕의 만세를 외쳐 부르니라"(삼상 10:22~24).

사울은 초기에는 좋은 외모와 성품을 가진 자였다. 그러나 거기까지였다. 좋은 외모와 성품, '왕'이라는 좋은 신분을 가졌지만 하나님의 기대에 미치지 못하였고, 그것들이 오히려 하나님의 마음을 거스르는 데 일조하여 하나님 뜻에 방해물이 되었다.

교회 안에서도 좋은 성품과 직분을 가지고 신앙생활 하지만, 그것만큼 하나님의 마음을 헤아리고 하나님 마음을 시원하게 하는 신앙을 소유하지는 못한 안타까운 현실을 보게 된다. 왜 그런가? 그 이유는 사울을 통해 네 가지로 얘기할 수 있다.

첫째는, 왕의 신분이 초심을 잃어버리게 한 것이다. 사울은 백성과 하나님이 찾으실 때 숨을 만큼 자신을 겸손하게 여기고 왕의 신분조차도 받기를 거부했던 사람이다. 그러나 사울이 왕이 된 다음 어떻게 되었는가? 왕의 신분이 그를 더욱 하나님을 멀리하게 만든 요소가 되었다. 오늘날에도 교회 안에 많은 직분자들이 처음의 순수한 신앙과 마음으로 직분을 감당하기도 하지만 시간이 갈수록 가식적이고 형식적이고 권위적으로 변하기도 한다. 신앙의 능력은 순전함에 있다. 차라리 직분을 받지 않고 신앙생활을 하면 더 잘할 직분자들이 교회 안에 있다.

두 번째는, 왕의 신분을 가진 세월이 그를 변질되게 했다. 시간이 흐른다는 것은 무엇이든 변질시킨다는 것을 의미한다. 사울은 너무나 빨리 변질되고 말았다. 왕이라는, 모든 사람이 부러워하는 신분과 환경이 시간과 결합하여 더욱 빨리 변질된 것이다. 교회 안에 귀한 직분과 역할을 맡은 분들이 그 직분과 역할에 처음에는 잘하다가 점점 타성에 젖고 시간이 흐를수록 다른 뜻으로 직분을 감당하면서 변질되어 차라리 그 직분과 역할을 하지 않았으면 좋을 사람으로 되어버린다. 사람의 몸도 시간이 흐르면 약해지고 여기저기에서 문제가 생기듯이 신앙도 시간이 흐를수록 변질될 가능성이 많다. 그러기에 더욱 세밀하게 말씀으로 자신을 비추어 찔림을 받고 주님과 교통하면서 주님의 마음을 받아서 자신의 모습을 세밀하게 들여다보는 훈련이 필요하다.

세 번째는, 왕의 신분과 환경이 하나님 마음을 알 수 있는 능력을 상실한 것이다. 사울은 하나님의 마음을 헤아릴 수 있는 기본적인 성품을 가지고 있었다. 하지만 하나님을 만나서 하나님 마음을 받기도 전에 왕이란 신분과 환경에 먼저 적응되고 물들어서 하나님의 마음을 알아줄 능력을 상실하였다.

사울은 왕이라는 신분이 누구보다도 귀한 것이고 높은 것이기에, 하나님께서 그 자리에 세우셨다면 그 누구보다도 자신을 세우신 하나님의 마음을 알아야 하고 그 마음에 순종해야 한다는 것을 알지 못했던 것이다. 사울은 왕의 신분과 환경에 취해 하나님과 다른 방향으로 흘러가서 결국 스스로 비극적인 인물이 되고 자신의 가정을 비극적인 가정으로 만들었다. 자신이 중요한 위치에 있거나 크게 축복을 받았다는 것은, 그것만큼 하나님이 기대하고 있다는 뜻이다. 사울은 하나님 마음을 따라가지 않는다면 그것만큼 하나님의 판단이 뒤따른다는 것을 모르고 있었다.

이것은 사울만의 문제가 아니다. 오늘날 교회 안에서 중요한 직분을 가지고 있고 영향을 끼치는 역할을 하는 그리스도인, 하나님의 축복을 받았다고 하는 그리스도인들에게 경고하시는 것이다. 사울은 왕의 신분과 환경에 젖어들기 전에 하나님을 먼저 찾고 하나님 마음에 물들어야 했다. 이것은 오늘날 그리스도인에게도 똑같이 적용된다.

　네 번째는, 사울은 준비되지 못한 채 왕이 되었고, 왕이 되고도 하나님이 세우신 왕으로서의 직분을 감당하기 위해 준비하지 않았고 자신을 하나님이 기뻐하시는 왕으로 만들어가지 않았다. 사울은 어느 날 자신이 기대하거나 원해서 왕이 된 것이 아니라 졸지에 왕이 되었는데, 그것이 오히려 화근이 되었다. 왕으로서 어떻게 해야 하고, 무엇보다도 하나님이 세워 주신 왕으로서 하나님 앞에 어떤 신앙과 어떤 모습으로 하나님을 기쁘시게 해야 할지를 몰랐던 것이다. 처음에 준비되지 못했어도 왕이 된 후에라도 무엇을 준비해야 할지를 생각하고 하나님께 묻고 왕의 신분에 맞는 준비를 했어야 했음에도 불구하고, 그는 왕의 신분의 특권과 일에 몰두하여 하나님을 소홀히 하고 신앙적 훈련을 소홀히 했다.

　교회 안에서도 하나님의 일을 하는 사람들이 하나님 앞에서 자신의 존재 의미와 신앙에 대해 무지한 경우가 많다. 하나님의 일을 하기에 자신이 준비하고 만들어 가야 할 것이 무엇인지 모른 채 직무에 능한 기술자가 되면서 자기 자신의 존재와 신앙의 수준은 오히려 떨어지는 것을 보게 된다. 더 높은 수준의 존재와 신앙을 위한 직분이라는 것을 몰랐던 것이다.

　하나님은 이미 사무엘상 13장에서, 사울이 블레셋 족속과의 전쟁에서 사무엘을 대신하여 조급하게 제사를 드리는 월권 행위를 했을 때, 사무엘을 통해 왕의 나라가 단축될 것이며 하나님 마음에 맞는 사람을 찾겠다는 결심을 드러내셨다. 결국 하나님은 사울이 악해서라기보다는 그가 하나님의 마음에서 멀어진 자가 되었기 때문에 그를 왕의 자리에서 버리신 것이다.

"사무엘이 사울에게 이르되 왕이 망령되이 행하였도다 왕이 왕의 하나님 여호와께서 왕에게 내리신 명령을 지키지 아니하였도다 그리하였더라면 여호와께서 이스라엘 위에 왕의 나라를 영원히 세우셨을 것이거늘 지금은 왕의 나라가 길지 못할 것이라 여호와께서 왕에게 명령하신 바를 왕이 지키지 아니하였으므로 여호와께서 그의 마음에 맞는 사람을 구하여 여호와께서 그를 그의 백성의 지도자로 삼으셨느니라 하고"(삼상 13:13~14).

더 나아가 사무엘상 13장에서 사울이 아말렉 족속과의 싸움에서 하나님 말씀대로 순종하지 않고 반쪽 순종을 함으로, 하나님은 더 강경하게 사무엘을 통하여 말씀하신다

"사무엘이 이르되 여호와께서 번제와 다른 제사를 그의 목소리를 청종하는 것을 좋아하심같이 좋아하시겠나이까 순종이 제사보다 낫고 듣는 것이 숫양의 기름보다 나으니 이는 거역하는 것은 점치는 죄와 같고 완고한 것은 사신 우상에게 절하는 죄와 같음이라 왕이 여호와의 말씀을 버렸으므로 여호와께서도 왕을 버려 왕이 되지 못하게 하셨나이다 하니"(삼상 15:22~23).

그리고 나서 하나님은 급기야 이런 태도를 취하신다.

"사무엘이 죽는 날까지 사울을 다시 가서 보지 아니하였으니 이는 그가 사울을 위하여 슬퍼함이었고 여호와께서는 사울을 이스라엘 왕으로 삼으신 것을 후회하셨더라"(삼상 15:35).

하나님이 사울을 왕으로 세우신 것을 후회하셨다는 것은 하나님이

크게 실망하셨다는 것이다. 하나님 마음에 큰 상처를 드린 것이다. 하나님이 사울을 왕으로 버리셨다는 것이 무엇을 의미하는지 그 후에 영적 현상으로 나타나기 시작한다.

그리스도인이 영적 신앙생활에 무기력함이 오고, 은혜가 사라지고, 영적인 것에 대한 열정이 사라지고, 하나님과의 교통과 친밀함이 사라지고 있다면, 그것은 하나님이 그 사람에게 어떤 판단과 메시지를 주시는 것임을 알아야 한다.

"여호와의 영이 사울에게서 떠나고 여호와께서 부리시는 악령이 그를 번뇌하게 한지라"(삼상 16:14).

드디어 그는 블레셋 사람들과의 전쟁에서 비참하게 죽는다.

"사울과 그의 세 아들과 무기를 든 자와 그의 모든 사람이 다 그날에 함께 죽었더라"(삼상 31:6).

어떤 안 좋은 현상이 자신의 삶에서 일어난다는 것은, 그 이전에 하나님의 어떤 판단이 결정된 것을 의미한다. 하나님께서 사울을 버리셨다는 것이 사울의 영적 상태와 삶의 문제가 되어 드디어는 최후에 자신과 아들들의 생명을 전쟁터에서 잃는 것으로 나타난다. 그러나 드러난 사울 자신의 상태와 삶의 문제는 결과에 지나지 않고, 이미 하나님께서 사울을 버리셨을 때 시작된 것이다. 하나님 마음에서 이미 결정된 것은 현실에서 서서히 그 결과를 보게 된다. 사울이 하나님의 마음이 자신에 대하여 불길한 결정을 하셨음을 알고 있었다면, 그래서 자신을 향한 하나님 마음을 돌이키기 위해 회개하고 새로운 태도를 보였다면, 그의 결말이 그렇게 비극으로 끝나지 않았을 것이다.

이것은 오늘을 사는 현대 그리스도인들에게 무섭게 적용된다. 그리스도인이 어떤 결과나 상황을 가지고 판단하는 것은 위험한 판단이요 잘못된 판단이다. 드러난 것은 드러나지 않은 것의 결과에 지나지 않는 것이다. 보이는 천지창조는 보이지 않는 하나님 마음에서 출발했다. 그처럼 그리스도인의 삶의 보이는 상황은 어쩌면 보이지 않는 하나님 그리고 하나님의 마음이 드러내신 것이다.

오늘날 그리스도인들은 하나님 말씀과 더 나아가서 자신을 향한 하나님 마음을 알지 못할 뿐 아니라 안다 해도 두려워하지 않는다. 사울처럼 하나님 마음에서 벗어난 그리스도인은 아무리 하나님이 사랑하는 자라도 하나님 마음이 얼마나 중요한 것인가를 삶으로 가르쳐 주신다. 그러므로 그리스도인은 자신의 삶에 어떤 결과를 궁금해 하거나 판단하지 말고, 자신을 향하신 하나님의 마음을 무섭게 알려고 하고 그 마음을 좇아 행하는 것이 지혜인 것이다. 이것이 진정한 하나님이 바라시는 신앙의 모습이다.

이렇게 다윗이 나타나기 전의 세상은 하나님의 마음에서 멀어진 세대였다. 하나님을 실망시키고 있었다. 하나님께서 탄식할 수밖에 없는 세상이었다. 하나님이 기대하실 수 있는 것은 없었다.

그러나 하나님은 이스라엘을 그대로 놔두지 않으시고 하나님 마음에 맞는 자를 찾고 계셨다. 그가 다윗이었다. 모두가 하나님 마음에서 멀리 있고 하나님을 실망시키고 있을 때 하나님은 다윗을 찾으신 것이다.

하나님이 찾으셨던 그 한 사람 다윗

사무엘상 16장

"지금은 왕의 나라가 길지 못할 것이라 여호와께서 왕에게 명령하신 바를 왕이 지키지 아니하였으므로 여호와께서 그의 마음에 맞는 사람을 구하여 여호와께서 그를 그의 백성의 지도자로 삼으셨느니라 하고"(삼상 13:14).
"내가 보는 것은 사람과 같지 아니하니 사람은 외모를 보거니와 나 여호와는 중심을 보느니라 하시더라"(삼상 16:7).
"내가 이새의 아들 다윗을 만나니 내 마음에 맞는 사람이라 내 뜻을 다 이루리라"(행 13:22).

놀라운 일이다. 하나님이 하시는 일은 사람이 알 수 없고 하나님이 계시하시기 전에는 하나님의 마음을 누구도 알지 못한다.
이스라엘 땅에서 지극히 평범한 가정의 가족에게도 무시당하는 여덟 번째 막내아들 양치기 다윗이 장차 이스라엘의 위대한 왕이요, 하나님 마음에 맞는 존귀한 사람이 된다. 이것은 다윗 자신도 꿈에도 생각지 못한 일이다. 하나님이 찾으실 때 다윗이 그 당시에 그럴 만한 존재가 아니었기에 가족도, 다윗 자신도 전혀 알지 못했다. 그러나 하나님의 판단은 정확하셨다. 하나님께서는 지금을 본 것이 아니라 점차 하나님 마음에 맞는 존재로 바뀌어 가는 것을, 그래서 하나님의 기대대로의 존재가 되는 것을 미리 보신 것이다.

여기에서 인간의 보는 눈과 하나님이 보시는 눈이 다르다는 것을 알수 있다. 그러므로 그리스도인들은 자신만 아니라 그 누구도 함부로 판단해서는 안 되는 것이다.

그러면 하나님의 선택 기준과 인간의 선택 기준이 왜 이렇게 다른가?

> "형제들아 너희를 부르심을 보라 육체를 따라 지혜로운 자가 많지 아니하며 능한 자가 많지 아니하며 문벌 좋은 자가 많지 아니하도다 그러나 하나님께서 세상의 미련한 것들을 택하사 지혜 있는 자들을 부끄럽게 하려 하시고 세상의 약한 것들을 택하사 강한 것들을 부끄럽게 하려 하시며 하나님께서 세상의 천한 것들과 멸시 받는 것들과 없는 것들을 택하사 있는 것들을 폐하려 하시나니 이는 아무 육체도 하나님 앞에서 자랑하지 못하게 하려 하심이라"(고전 1:26~29).

그렇다! 그것은 어떤 사람도 하나님 앞에서 자랑하지 못하게 하시려는 하나님의 뜻이었다. 온전히 하나님만이 만드시는 작품이 되기 위해서이다. 안 되는 것을 되게 하시는 하나님만이 영광 받으시기 위함이다. 그러므로 누구도 하나님 앞에서 자랑할 수 없다. 존재 자체를 가리고 하나님 앞에서 자랑할 수 없고, 또한 하나님이 부르신 자들의 삶과 신앙도 하나님이 이끄시고 이루시기에 자랑할 수가 없는 것이다. 다만 선택하시고 이루시는 하나님의 마음에 감사할 뿐이다.

또 한 가지 중요하게 여겨야 할 것은, 하나님은 처음 다윗을 부르셨을 때 하나님의 마음에 맞는 모습을 보이거나 그런 행위를 가졌을 때 그를 부르신 것이 아니다. 하나님은 결코 지금하고 있는 모습에 비례하여 상대하시는 분은 아니다. 이것은 두 가지를 의미하는데 첫 번째는, 하나님은 지금을 보시는 것이 아니라 그의 생애가 되어 가는 모습과 끝을 보시고 말씀하신다는 것이다. 그리고 두 번째는, 자기 의로 된 것이 아님을 밝히는 것이다. 그것은 일방적 하나님의 은혜임을 밝히신다. 나중에라도 그 사람이 자기 의를 자랑하지 못하게 하려 함이다.

다윗은 이새의 여덟 번째 아들이다. 성경에서 '여덟'은 새로운 시작을 의미하는데, 공교롭게도 다윗이 그랬다. 이것은 하나님의 새로운 역사를 이루어 가시는 데 나타나는 하나님의 마음이 드러난 것이다.

다윗이 했던 양치기 일은 장차 하나님의 섭리에 따라 중요한 역할을 하게 될 것을 계시한다.

"다윗이 사울에게 말하되 주의 종이 아버지의 양을 지킬 때에 사자나 곰이 와서 양 떼에서 새끼를 물어 가면 내가 따라가서 그것을 치고 그 입에서 새끼를 건져내었고 그것이 일어나 나를 해하고자 하면 내가 그 수염을 잡고 그것을 쳐죽였나이다"(삼상 17:34~35).

다윗이 앞으로 있을 골리앗을 상대하여 싸울 때 그의 양치기 삶은 너무나 중요한 역할을 하게 된다. 다윗은 이 사실을 몰랐을 것이다. 하나님은 이미 다윗의 일상에서 하나님 마음에 맞는 자로서의 삶을 준비하셨다. 작은 것에 충성할 때 큰일을 맡기시려는 하나님의 마음이 나타난다.

"그 주인이 이르되 잘하였도다 착하고 충성된 종아 네가 적은 일에 충성하였으매 내가 많은 것을 네게 맡기리니 네 주인의 즐거움에 참여할지어다 하고"(마 25:21).

다윗은 양치기 생활을 통해 왕으로 하나님의 마음에 맞는 자로서 준비되어 가고 있었다. 먼저 말 못하는 양을 섬기면서 낮은 마음을 갖게 되었다. 무지하고 목이 곧은 백성을 섬기는 자로서의 태도와 양을 깊이 알아야 양을 돌볼 수 있다는 것으로, 양을 위한 마음이 왕과 하나님의 마음을 아는 자로서의 준비였다. 아무도 알아주지 않고 모르는 가운데서 양치기를 해야 한다는 것은 자신의 일에 성실함을 가르쳐 주었고, 아무도 같이 있지 않음으로 인한 외로움은 좀더 하나님께 집중할 수 있는 여건이 되었다. 혼자 일을 하면서 하나님만을 의지하는 체질로 변해 간 것이다.

이렇듯 특별할 것 없는 평범한 삶이 다윗을 비범한 존재로 만드는 과정이 되었다. 하나님께서는 특별한 환경에서 특별한 존재를 만드는 것이 아니라 평범한 환경에서 비범한 존재가 되도록 하신다. 모세의 경우를 보자. 모세는 애굽 왕궁에서 살다가 살인자, 도망자가 되어 쫓겨 광야에서 40년을 양치기로 살았다. 그것은 모세가 장차 이스라엘 백성을 가나안으로 이끌기 위한 지도자로서 역할을 감당하도록 하나님이 준비시킨 시간이었다.

그러므로 그리스도인은 자신에게 주어진 일상의 삶을 살 때 그것이 하나님 앞에서 어떤 의미가 있는가를 생각해 보아야 한다. 세상의 삶을 헛된 일 혹은 세속적인 일상이라고 하여 단지 살아가기 위해 어쩔 수 없다고 생각하면서 적당히 일을 하며 산다면, 그것은 삶을 이끄시는 하나님의 마음에서 많이 빗나간 것이다.

더욱이 스스로가 자존감을 가지지 못하고 다른 사람에게 비교하여 부족하고 보잘것없다고 여기며 하루하루 무의미한 삶을 살면서 자신은 하나님의 관심에서 벗어난 존재라고 여겨질 때 양치기 다윗을 생각해야 한다. 하나님이 마음에 맞는 자라고 여기시고 그를 찾아오시고 부르실 때, 그는 가족조차도 신경 쓰지 않을 만큼 존재감 없는 사람이었고, 한낱 양 치는 어린 소년이었을 때라는 것을 확실히 기억해야 한다.

하나님은 그리스도인이 지금 어떤 삶을 살고 있든지, 자기 스스로 내지는 다른 사람에게 어떤 존재로 비치든지 간에 상관없이 스스로가 자기 자신을 보는 것 이상으로, 다른 사람이 자신을 보는 것 이상으로 생각하신다. 그리고 하나님 마음에 품으신 뜻을 이루시기 위해 때가 되면 찾아오시고 부르시며 일상의 삶에서 그 뜻을 이루실 것이다.

그러므로 그리스도인의 일상의 삶은 지루하거나 힘들거나 무의미한 날들이 아니라, 다윗처럼 하나님 마음에 맞는 자로서 이루어가기 위한 한 조각인 것을 기억해야 한다. 그리스도인들은 자신에게 주어진 일상을 감사하며 하나님 마음에 맞는 자가 되기 위해 하나님이 준비하신 것임을 알고 최선을 다해 살아야 한다. 다윗이 그렇게 살았듯이 말이다.

하나님은 다윗이 사람들에게 알려지고 중요한 존재가 될 때, 그가 하나님 마음에 맞는 자라고 말씀하신 것이 아니라 보잘것없고 자신조차도 어떤 존재인지도 모를 때, 이미 하나님은 그를 하나님 마음에 맞는 자라고 정해 놓으셨다. 이것은 전적인 하나님의 은혜요 축복이다. 이것이 모든 그리스도인에게 있다는 것이 하나님께 고맙고 감사할 뿐이다.

다윗은 하나님 마음에 맞는 자가 되기 위한 낮아짐을 그의 일상에서 배우고 있었다. 하나님 마음에 맞는 자는 영적인 일에서만 만들어지는 것이 아니라 일상에서 만들어진다. 가정에서 마지막 서열, 가족들의 무시당함, 양을 치는 일, 사자와 곰과의 싸움에서 누구도 알아주지 않고 도와주지 않은 것 등이 그렇다. 그런 일상이 결국 하나님의 마음에 맞는 자가 되기 위한 필수요소가 된 것이다. 하나님 앞에서는 어느 하나도 쓸데없고 무의미한 것이 없었다는 것이다. 다른 사람과 자기 자신마저도 우습게 볼지라도 말이다.

여호와의 영이 임한 다윗

사무엘상 16장

하나님은 사울이 하나님 마음에 맞게 행하기를 바라고 기대하셨지만, 사울은 하나님 마음에서 점점 멀어져 가며 하나님 마음에 실망과 탄식을 하게 만들었다. 드디어 하나님이 사울을 마음에서 버리시기로 작정하실 때 사울 자신의 존재로부터 이상이 생기기 시작하였다.

> "여호와의 영이 사울에게서 떠나고 여호와께서 부리시는 악령이 그를 번뇌하게 한지라"(삼상 16:14).

그동안 왕으로서 여호와의 영이 임하셨던 것이 떠나고 말았다. 여호와의 영이 사울을 떠났다는 것은 왕으로서 하나님의 지지하심과 능력을 상실했다는 것이다. 곧 내용 없는 껍데기가 되었다는 것을 의미한다. 이스라엘 백성들에게는 사울은 여전히 왕이지만 하나님 마음에서는 이미 왕이 아니었던 것이다. 여호와의 영이 떠났다는 것은 이미 하나님의 사람이 아님을 증명하는 것이다.

오늘날 그리스도인들이 하나님의 지지하심과 인도하심과 도우심이 없는 것에 매달려 사는 경우를 종종 보게 된다. 모르기도 하고 알면서도 하나님 없이 살 수 있다는 잘못된 믿음 속에서 사는 것이다. 그리고 자신은 하나님이 함께하심이 없음을 알면서도 사람들에게는 여전히 하나님이 함께하시고 축복하고 있다고 속이고, 사람들에게 칭찬과 기대를 받는 사람들이 교회 안에 있다. 자신이 하는 일이 잘된다고 해서 그것이 하나님이 기쁨으로 그와 함께하시고 축복하는 것이라고 생각해서는 안 된다. 그것은 다시 한 번 어디에서 잘못되었는지를 알고 하나님이 원하시는 모습으로 돌아오기를 바라시는 하나님의 마음이 나타난 것이라고 생각해야 한다.

사울은 하나님의 마음에서 버려진 자였으나 현실적으로 여전히 왕으로서 신분을 유지하고, 이웃 족속과의 싸움에서도 여전히 이기고 있었다. 이것은 하나님의 마지막 은혜였다. 사울은 그때 하나님의 은혜를 깨닫고 하나님의 마음으로 다시금 돌아왔어야 했다.

"전에 블레셋 사람들과 함께하던 히브리 사람이 사방에서 블레셋 사람들과 함께 진영에 들어왔더니 그들이 돌이켜 사울과 요나단과 함께한 이스라엘 사람들과 합하였고 에브라임 산지에 숨었던 이스라엘 모든 사람도 블레셋 사람들이 도망함을 듣고 싸우러 나와서 그들을 추격하였더라 여호와께서 그날에 이스라엘을 구원하시므로 전쟁이 벧아웬을 지나니라"(삼상 14:21~23).

"사울이 하윌라에서부터 애굽 앞 술에 이르기까지 아말렉 사람을 치고 아말렉 사람의 왕 아각을 사로잡고 칼날로 그의 모든 백성을 진멸하였으되 사울과 백성이 아각과 그의 양과 소의 가장 좋은 것 또는 기름진 것과 어린 양과 모든 좋은 것을 남기고 진멸하기를 즐겨 아니하고 가치 없고 하찮은 것은 진멸하니라"(삼상 15:7~9).

사울처럼 삶으로 모든 것이 문제없이 진행되고 잘된다고 해서 그것이 하나님이 그를 마음으로 기뻐하거나 칭찬하는 것이 아님을 알아야 한다. 물론 하나님의 축복이 현실에서 드러날 수도 있지만 그것이 모든 하나님의 마음에서 흘러나온 것만은 아니다. 오히려 하나님의 마음에서 떠난 자를 다시금 하나님 마음으로 돌아오기를 기다리시는 하나님의 마지막 은혜일 수 있다. 현실이 잘되어 간다고 해서 그것이 하나님 마음에 맞게 살고 있는 것이라 말할 수 없는 것이다.

그리스도인이 하나님 앞에서 진정으로 잘되려면 그가 하나님 앞에서 그분의 마음을 사로잡을 수 있는 존재가 되어야 한다. 사울이 하나님 마음에서 떠난 자인 것을 증명하는 것은 현실이 아니라 그의 존재 모습이었다.

> "여호와의 영이 사울에게서 떠나고 여호와께서 부리시는 악령이 그를 번뇌하게 한지라"(삼상 16:14).

하나님의 손길이 그의 영혼에서 사라지고 하나님이 그를 위해 영적으로 보호하셨던 보호막이 사라지는 것은 하나님 마음에서 그의 존재가 무의미하게 되었다는 것을 말한다.

그렇다면 사울과 반대로 다윗은 하나님의 마음에 맞는 자로서 왕으로서 기름 부음을 받은 후 그를 어떻게 하셨는가? 하나님은 다윗에게 말씀만 하신 것이 아니라 본격적으로 하나님 마음에 맞는 자가 되게 하기 위해 그의 환경의 변화를 주기 시작하셨다. 장차 왕으로서 하나님 마음에 맞는 자가 되기 위해서는 어떠해야 하는가를 직접 몸으로 경험시키기 위해 그를 사울이 있는 왕궁으로 오게 하신다.

> "다윗이 사울에게 이르러 그 앞에 모셔 서매 사울이 그를 크게 사랑하여

자기의 무기를 드는 자로 삼고 또 사울이 이새에게 사람을 보내어 이르되 원하건대 다윗을 내 앞에 모셔 서게 하라 그가 내게 은총을 얻었느니라 하니라 하나님께서 부리시는 악령이 사울에게 이를 때에 다윗이 수금을 들고 와서 손으로 탄즉 사울이 상쾌하여 낫고 악령이 그에게서 떠나더라"(삼상 16:21~23).

하나님은 다윗에게 하나님의 마음에 떠난 자 곧 사울을 보게 하심으로 무엇이 하나님의 마음에서 떠나게 하는지를 현실로 가르쳐 주고 계신다.
하나님은 그리스도인의 일상의 삶을 통해 경고 내지는 예언하신다.

"듣는 귀와 보는 눈은 다 여호와께서 지으신 것이니라"(잠 20:12).

이 말씀은 하나님이 우리를 보게 하시고 듣게 하신다는 것과 귀와 눈을 다스린다는 것을 의미한다. 그런 의미에서 그리스도인의 일상에서 하나님께서 의미 있다는 것을 듣게 하시고 보게 하신다는 것이다. 한 예로 사무엘은 엘리 제사장 집에서 살았다. 그곳에서 엘리 제사장의 잘못된 자녀교육을 낱낱이 보았다. 그것은 하나님께서 사무엘에게 잘못된 자녀교육은 자식을 망친다는 것을 경고하시며 동시에 사무엘도 엘리 제사장 같은 잘못을 범할 수 있음을 알려 주시는 것이다. 그러나 사무엘은 사사로서는 훌륭했지만 두 아들 요엘과 아비야는 결국 엘리 제사장의 두 아들 홉니와 비느하스의 모습을 닮고 있었다.
하나님은 다윗이 자원하지 않았지만 다윗을 위하여 왕으로 기름 부음을 받은 자에게 걸맞는 왕궁과 왕을 만나는 현실을 주셨다. 하나님의 마음에 맞는 사람에게는 결코 자신의 야망이나 열심으로 하나님의 뜻을 이루어 가는 것이 아니라, 하나님이 이루어 가실 때까지 기다리고 자신의 주어진 삶에 최선을 다하는 것이 중요하다.

다윗은 사무엘을 통해 왕으로서 기름 부음을 받고 여호와의 영으로 감동을 받는 자가 되었지만, 결코 교만하지 않고 왕이 되기 위한 현실적 노력이나 방법을 찾은 것이 아니라 자기에게 주어진 일상인 양치기 생활로 돌아갔다. 그리고 왕으로서의 기름 부음은 잊지 않되 하나님이 시작하실 때까지 조용히 자신의 삶에 최선을 다하며 하나님의 때를 기다렸다. 이것이 다윗이 하나님의 마음에 맞는 자인 것을 증명하는 첫 번째 모습이다.

보통의 사람이라면, 왕으로서 기름 부음을 받았다면 자신을 준비하기 위해 사람을 부르고, 그런 환경으로 나아가기 위해 여러 가지 방법들을 찾아내고 동분서주했을 것이다. 그러나 하나님 마음에 맞는 사람은 자신이 선택하거나 원해서 된 것도 아닌 왕의 기름 부음에 대하여 겸손하게, 하나님이 시작하셨으니 하나님이 이루어 가신다는 이끄심의 믿음을 가져야 한다. 이것이 하나님 마음에 맞는 자의 모습이다.

하나님은 다윗을 왕으로서의 기름 부음에 걸맞게, 그로 하여금 왕을 만나고 왕궁에 있게 하시며 수금을 통해 왕을 낫게 하는 일을 하게 하심으로 하나님 마음에 맞는 사람의 영적 능력을 나타내게 하셨다. 수금을 타서 사울 왕을 낫게 하고 악한 영이 떠나가게 한 것은 영적으로 이미 왕의 교체가 이루어지고 있음을 의미한다. 하나님 마음에서 떠나 여호와의 영이 떠나고 악한 영에 시달리는 사울과, 하나님 마음에 맞는 여호와의 영에게 크게 감동되어 사울 왕의 악한 영을 떠나가게 한 다윗이 서로 영적 교체를 이루고 있는 것이다.

"사무엘이 기름 뿔병을 가져다가 그의 형제 중에서 그에게 부었더니 이 날 이후로 다윗이 여호와의 영에게 크게 감동되니라"(삼상 16:13).

사울과 다윗 두 사람은 이 일이 무엇을 의미하는지 몰랐을 것이다. 그러나 하나님은 이날로 하나님에게서 떨어진 자와 하나님이 세우신 자의 모습을 대조적으로 드러나게 하셨다. 다윗은 자신이 하나님의 마음에 맞는 자임을 알지 못했을 것이다. 아니 생각하지도 못했을 것이다. 그러나 하나님은 다윗을 내 마음에 맞는 자라고 이미 아시고 말씀하신다. 다윗조차 알지 못했던 것을, 하나님은 다윗보다 다윗을 더 알고 계셨다.

"지금은 왕의 나라가 길지 못할 것이라 여호와께서 왕에게 명령하신 바를 왕이 지키지 아니하였으므로 여호와께서 그의 마음에 맞는 사람을 구하여 여호와께서 그를 그의 백성의 지도자로 삼으셨느니라 하고"(삼상 13:14).

"내가 보는 것은 사람과 같지 아니하니 사람은 외모를 보거니와 나 여호와는 중심을 보느니라 하시더라"(삼상 16:7).

"내가 이새의 아들 다윗을 만나니 내 마음에 맞는 사람이라 내 뜻을 다 이루리라"(행 13:22).

하나님은 하나님 마음에 맞는 그것이 다윗의 마음 깊은 곳에 있음을 알고 계셨다. 그것이 무엇인지를 시간이 흐르면서 더욱 알아가는 것이 다윗의 숙제였다. 이렇듯 하나님은 사람을 외모로 평가하시는 것이 아니라 마음의 중심을 보고 판단하시는 것을 알 수 있다. 그리스도인들이 자신을 안다고 하지만 자신을 다 알지 못한다. 어쩌면 죽을 때까지도 자신을 다 알고 죽지 못할 것이다. 구원받은 그리스도인들은 누구나 다 하나님 마음에 맞는 것이 있다. 그것을 성령을 통해 알아가는 것이 필요하다.

"성령은 모든 것 곧 하나님의 깊은 것까지도 통달하시느니라"(고전 2:10).

그래서 하나님 마음에 맞는 사람으로서 사는 것이 축복인 것이다.

또한 다윗은 왕으로 기름 부음을 받고 그 증거로 여호와의 영으로 충만하게 되었다. 그 후에 다윗은 사울의 측근에게까지 소문이 날 정도로 여호와의 영으로 충만하여 다른 사람에게 하나님이 함께하심을 나타내고 있었다.

"소년 중 한 사람이 대답하여 이르되 내가 베들레헴 사람 이새의 아들을 본즉 수금을 탈 줄 알고 용기와 무용과 구변이 있는 준수한 자라 여호와께서 그와 함께 계시더이다 하더라"(삼상 16:18).

처음에는 자신만 알 수 있을 정도로 여호와의 영이 임한 것이었는데 시간이 흐르면서 많은 사람들에게 소문이 날 정도로 나날이 충만해져 간 것이다. 이것이 다윗이 하나님 마음에 맞는 사람으로서의 모습이다. 하나님이 주신 것을 시간이 흐를수록 더욱 증폭시킬 줄 아는 사람이 하나님 마음에 맞는 사람이다. 그와 반대로 사울은 시간이 갈수록 하나님의 영을 소멸시키고 떠나가게 하였는데, 그는 영적인 것을 무시하고 영적인 일에 무지하였다. 하나님은 하나님이 주신 것을 귀히 여기고 더욱 풍성한 열매를 가져오게 하는 자를 기뻐하신다.

다윗이 수금을 잘 타서 사울의 왕궁에 온 것이 아니라 여호와께서 다윗과 함께하심으로 사울의 왕궁에 오게 된 것이다.

"사울의 신하들이 그에게 이르되 보소서 하나님께서 부리시는 악령이 왕을 번뇌하게 하온즉 원하건대 우리 주께서는 당신 앞에서 모시는 신하들에게 명령하여 수금을 잘 타는 사람을 구하게 하소서 하나님께서 부리시는 악령이 왕에게 이를 때에 그가 손으로 타면 왕이 나으시리이다 하는지라"(삼상 16:15~16).

다윗이 육신의 것으로 사울을 만난 것이 아니라 영적인 것으로 만나고 있다는 것이다. 하나님 마음에 맞는 사람은 육적이고 인간적인 것으로 하나님의 뜻을 이루거나 인도하심을 받는 것이 아니라 영적인 것으로 하나님의 뜻에 자연스럽게 이끌림 받는다. 다윗은 하나님이 함께하는 사람으로 살 때, 그래서 다른 사람이 그것을 알아봤을 때 그를 하나님이 정하신 자리로 옮기는 작업을 하신다. 다윗은 비록 가족에게서도 무시당할 수밖에 없는 막내요 양치기에 지나지 않았지만, 하나님은 영적 축복으로 그를 더욱 존귀하게 만드시고 존귀한 왕의 자리에까지 가서 왕을 돕는 역할과 위치를 주셨다.

그리스도인은 세상에서 비록 낮은 존재로 살며 그 위치와 역할이 미미할지라도 결코 낙심하거나 무기력해져서는 안 된다. 다윗처럼 영적인 모습을 갖기 위해 애쓰며 자기 본분을 다할 때 하나님은 이런 자를 마음에 두시고 귀히 여기며, 영적인 축복만큼 그 위치와 역할과 존재가 되도록 하나님이 기쁘게 역사하실 것이다.

다윗이 처음에는 양을 섬기고, 아버지와 형을 섬기고, 더 나아가서는 왕을 섬기는 자가 된 것은 하나님 마음에 맞는 사람으로서 섬김을 배우도록 하나님께 섭리하신 것이다. 이것은 다윗이 섬김의 대상이 점점 커져감을 통해 윗사람을 어떻게 섬겨야 하는지, 어떻게 기쁘게 해드려야 하는지를 알아가게 하는 것이며, 드디어는 어떻게 해야 하나님 마음에 맞게 살아야 하는지를 가르치시는 것이다..

그리스도인이 낮아져서 누군가를 섬긴다는 것에 열등감을 가지고 패배의식과 절망감을 가지는 것은 잘못된 생각이다. 하나님은 높임을 받는 사람보다 낮아져 섬기는 사람이 하나님 앞에서 더 복된 존재임을 다윗을 통해 알려 주고 계신다. 섬김이 드디어는 상대방의 유익을 가져오는 결과에 다윗은 만족하고 기뻐했을 것이다. 이것이 하나님이 품으신 마음을 가지는 것임을 다윗은 알았을까?

큰 자 다윗과 작은 자 골리앗

사무엘상 17장

하나님은 하나님 마음에 맞는 자가 밟는 땅을 점점 더 넓히신다. 다윗을 일상의 삶에서 자연스럽게 하나님이 원하시는 현장과 상황을 만나게 하신다. 다윗의 입장에서는 아버지 심부름 때문에 전장에 나가 있는 형들을 만나는 것이 우연인 것처럼 보이나, 그것은 하나님 마음에 맞는 다윗을 세워 주시기 위한 하나님의 섭리였다.

이새의 아들이 여덟 명인데 그중 세 명이 전장에 나갔다. 그러면 다윗을 빼고 네 명의 다윗의 형들이 아직 집에 있으니 그중에서 하나를 전장에 나간 형제에게 보낼 수도 있었다. 그런데 하필이면 다윗이 가게 되었다는 것이 하나님의 섭리이다.

"다윗은 유다 베들레헴 에브랏 사람 이새라 하는 사람의 아들이었는데 이새는 사울 당시 사람 중에 나이가 많아 늙은 사람으로서 여덟 아들이 있는 중 그 장성한 세 아들은 사울을 따라 싸움에 나갔으니 싸움에 나간 세 아들의 이름은 장자 엘리압이요 그 다음은 아비나답이요 셋째는 삼마며 다윗은 막내라 장성한 세 사람은 사울을 따랐고……이새가 그의 아들 다윗에게 이르되 지금 네 형들을 위하여 이 볶은 곡식 한 에바와 이 떡 열 덩이를 가지고 진영으로 속히 가서 네 형들에게 주고 이 치즈 열 덩이를 가져다가 그들의 천부장에게 주고 네 형들의 안부를 살피고 증표를 가져오라"(삼상 17:12~14, 17~18).

이렇게 하나님 마음에 맞는 자를 그대로 두지 않으시고, 자연스럽게 일상의 삶에서 좀 더 하나님 마음에 맞는 자로서 살 수 있도록 현장과 사람과 상황으로 이끄시는 것이다.

어떤 그리스도인은 하나님이 자신에게 향하신 계획을 이루시기 위해 자신에게도 생소하거나 낯선 곳, 자신이 가진 현실과 다른 곳으로 특별히 이끄실 것이라고 생각한다. 그러나 하나님은 특별할 것 없는 자신에게 주어진, 지극히 일상적이고 자연스러운 상황에서 이끄신다는 것을 다윗을 통해 알 수 있다.

다윗에게 골리앗을 만나게 하신 것은, 다윗이 평소에 혼자 하나님 마음을 가지고 있던 것을 골리앗과 모든 사람들에게 알리게 하는 데뷔전이었다. 다윗은 그렇게 골리앗을 상대할 것이라고 생각지 않고 전장에 갔는데, 하나님께서 골리앗을 상대하게끔 하나님의 마음을 가진 그의 마음을 자극하신 것이다. 다윗 안에 하나님의 마음이 있는 것이 드러나도록 하나님께서 현장을 만드신 것이다. 다윗 안에 하나님 마음이 있는 것이 골리앗을 보면서 드러나기 시작한 것이다.

하나님은 그리스도인에게 어떤 상황과 위기에서도 자신 안에 있는 신앙과 심령을 드러내도록 이끄신다.

자신의 거품신앙과 심령을 보게도 하시고 자신이 평소에 단련된 신앙과 심령을 드러나도록 이끄시는 것이다.

"이 할례 받지 않은 블레셋 사람이 누구이기에 살아 계시는 하나님의 군대를 모욕하겠느냐"(삼상 17:26).

다윗은 다들 두려워하는 골리앗이라는 인물보다 이스라엘 군대를 지키고 도우시는 하나님을 더 크게 보았다. 이런 시각은 결코 육적인 신앙을 가진 사람에게서 나올 수 없는 것이다. 영적인 사람만이 가질 수 있는 태도이다. 이 말은 다윗이 평소에 영적인 태도를 가지고 살았음을 의미한다. 다윗의 이 고백은 단지 그 순간의 치기어린 말이 아니었다.

그것은 그 후에 다윗이 골리앗을 상대하는 모습과 고백에서도 나타나지만, 이 고백은 다윗의 평소 신앙의 모습을 보여주고 있다. 결코 말만 살아 있고 상황에 가서는 다른 말이나 행동을 하는 것이 아니다. 오늘날 그리스도인은 교회 안에서는 하나님과 사람에게 멋있는 말을 하지만 정작 어떤 상황에 가서는 다른 말을 하거나 다른 행동을 하여 하나님과 사람들을 실망시키는 경우가 많다. 그의 말이 거짓말임이 증명되는 순간이다.

다윗의 이 고백의 신앙은 하루아침에 만들어진 것이 아니라 오랜 시간을 두고 만들어진 것이다. 진정한 신앙의 능력은 평소에 만들어진 신앙인 것이다. 벼락치기로 이런 신앙이 만들어질 수는 없다. 그리고 다윗의 이 고백으로 인하여 사울 왕 앞에까지 갔을 때 그가 정말 말만 그럴듯하게 하는 사람이었다면 이쯤 되면 자신의 허풍을 고백했어야 한다. 그러나 그가 더욱 담대한 태도를 보이는 것은 말만이 아니라는 것을 말한다.

오늘날 교회 안의 그리스도인들 가운데 마음 없이 말만 있거나, 행동은 없고 말만 있는 신앙을 가진 사람들을 본다. 이런 신앙은 결국 자기 스스로 속이고 다른 사람을 속이는 결과를 가져온다. 그러한 사람들은 하나님에게 인정받을 수 없고 신뢰받을 수도 없다. 하나님 마음에 맞는 말을 한 다윗은 드디어 사울 왕에게 나오게 된다. 사소한 말 한마디가 큰일의 시작을 알리게 된 것이다.

사람에게서는 사소한 말 한마디처럼 보이지만 듣고 계신 하나님 앞에서는 엄청난 능력을 가진 말로서, 하나님은 이런 고백을 듣고 싶어 하신다. 하나님 마음에 맞는 다윗의 말 한마디는 결국 하나님으로 하여금 크신 일을 시작하시게 하였다. 다윗이 블레셋 족속과의 전장에서 주인공이 된 것이다.

다윗은 아버지의 심부름으로 전장에 있는 형들을 찾는 엑스트라 같은 존재였으나, 하나님 마음에 맞는 말이 그를 주인공으로 만들어 준 것이다. 전장에서 사울 왕도, 요나단도, 사울의 충성스런 군대 요직에 있는 사람도 하나님을 영화롭게 할 주인공이 아니었다. 하나님 마음에 맞는 말을 하는 다윗이 드디어 전장의 중심에 서 있게 되었다.

그리스도인 중에 하나님에게 말을 많이 해야 능력 있는 사람이요 영적인 사람인 줄 아는 사람들이 있다. 그래서 의지를 가지고 많은 시간을 들여 기도하기도 하고 많은 영적인 말을 하는 영적 수다쟁이가 있다.

그러나 많은 말이 아니라 하나님 마음에 맞는 말을 하느냐가 중요한 것이다.

복음서를 보면 예수님 앞에서 믿음 있는 말 한마디로 기적을 경험하고 인생을 바꾼 사람이 나온다.

"그들이 여리고에서 떠나갈 때에 큰 무리가 예수를 따르더라 맹인 두 사람이 길가에 앉았다가 예수께서 지나가신다 함을 듣고 소리 질러 이르되 주여 우리를 불쌍히 여기소서 다윗의 자손이여 하니 무리가 꾸짖어 잠잠하라 하되 더욱 소리 질러 이르되 주여 우리를 불쌍히 여기소서 다윗의 자손이여 하는지라 예수께서 머물러 서서 그들을 불러 이르시되 너희에게 무엇을 하여 주기를 원하느냐 이르되 주여 우리의 눈 뜨기를 원하나이다 예수께서 불쌍히 여기사 그들의 눈을 만지시니 곧 보게 되어 그들이 예수를 따르니라"(마 20:29~34).

믿음의 한마디가 예수님의 마음을 움직여 기적을 베풀어 주시듯이, 하나님도 적시에 하나님이 원하시는 말을 할 때에 그 말 한마디를 통해 기다렸다는 듯이 역사를 이루시는 것이다. 다윗이 믿음의 마음과 고백을 할 때 어느 한 순간, 가장 중요한 순간에 필요한 존재가 되었다. 그것이 하나님 마음에 맞는 것이었다.

하나님 마음에 맞는 사람은 하나님이 원하시고 하나님이 영광 받으실 때를 알고 움직이는 자이다. 다윗은 자연스러운 상황에서 평소의 자신의 심령과 신앙을 드러냄으로써 하나님이 원하시는 모습을 드러냈다. 다윗이 알고 그렇게 한 것은 아니지만 하나님이 그런 담대한 마음과 신앙을 드러내도록 인도하고 계셨다. 하나님 마음을 가진 자는 하나님이 그 마음을 어떤 형태로든 드러내어 하나님을 영화롭게 하도록 때와 현장으로 이끄신다.

왜 다윗이 누가 뭐라고 하지 않았는데 스스로 골리앗 앞에 나가기를 원했는가? 다윗은 사무엘을 통하여 왕으로 기름 부음을 받았다는 것을 의식하고 살아왔기에, 비록 지금 몸과 생활은 양치기이지만 생각은 양치기 생각이 아닌 나라를 생각하는 왕의 의식이 있었기 때문이다. 그런 생각이 하나님이 세우신 이스라엘을 모독하는 골리앗 앞에 나서게 만든 것이다. 이것은 다윗이 양치기라는 현실을 뛰어넘어 하나님이 주신 왕의 의식이 얼마나 강했는가를 알 수 있다.

오늘날 그리스도인들이 하나님이 주신 약속의 말씀을 자신이 가진 현실보다 더 크게, 강하게 여기는 의식이 있다면 그 마음을 쓰시는 상황으로 인도하여 주실 것이다.

다윗이 하나님 마음을 드러내는 데에 방해하는 자가 있었는데 바로 그의 형이었다.

"큰형 엘리압이 다윗이 사람들에게 하는 말을 들은지라 그가 다윗에게 노를 발하여 이르되 네가 어찌하여 이리로 내려왔느냐 들에 있는 양들을 누구에게 맡겼느냐 나는 네 교만과 네 마음의 완악함을 아노니 네가 전쟁을 구경하러 왔도다"(삼상 17:28).

가슴 아픈 일이다. 다윗을 가장 잘 알고 도움을 주어야 할 형이 오히려 다윗을 오해하고 마음을 아프게 하고 다윗의 앞길을 막고 있는 것이다. 이것은 영적으로 가깝지 않으면 육적으로 아무리 가까운 혈육이라도 아무런 도움이 되지 않고 오히려 방해가 되며, 더 나아가서 원수가 될 수 있음을 말한다. 다윗은 형과 싸우거나 마음에 상처받거나 거기에서 멈춘 것이 아니라 그 앞에 정작 상대해야 할 골리앗을 보고 있었다.

그리스도인이 하나님 마음에 맞게 산다고 할 때 가장 가슴 아프게 하고 방해하는 대상은, 자신이 인간적으로 가깝게 생각하고 믿었던 사람이 아닐까 싶다. 그럴 때 육신에 치우쳐 슬퍼하거나 용기를 잃어 하나님이 원하시는 것을 멈추는 것은 어리석은 일이다.

"우리의 씨름은 혈과 육을 상대하는 것이 아니요 통치자들과 권세들과 이 어둠의 세상 주관자들과 하늘에 있는 악의 영들을 상대함이라"(엡 6:12).

그리스도인의 싸움의 대상은 결코 육적인 것이 아니다. 보이지 않게 역사하는 악한 영들과의 싸움인 것이다. 하나님을 기쁘시게 하고 하나님 마음에 맞는 자로서 산다는 것은, 지극히 영적인 자세를 요구하고 더 크고 더 중요한 것을 바라보며 영적 싸움에서 이겨가야 하는 것이다.

다윗이 골리앗을 해치우는 목표를 향해 나아갈 때에 또 하나의 방해물이 있었는데, 그것은 다윗이 사울의 장비를 가지고 나가는 문제였다.

"이에 사울이 자기 군복을 다윗에게 입히고 놋 투구를 그의 머리에 씌우고 또 그에게 갑옷을 입히매 다윗이 칼을 군복 위에 차고는 익숙하지 못하므로 시험적으로 걸어 보다가 사울에게 말하되 익숙하지 못하니 이것을 입고 가지 못하겠나이다 하고 곧 벗고 손에 막대기를 가지고 시내에서 매끄러운 돌 다섯을 골라서 자기 목자의 제구 곧 주머니에 넣고 손에 물매를 가지고 블레셋 사람에게로 나아가니라"(삼상 17:38~40).

사울의 군사 장비는 그에게 어울리지 않고 낯설고 익숙하지 않아서 다윗이 사용하기에 적합하지 않고, 자칫하다가는 오히려 골리앗에게 목숨을 잃을 수도 있었다. 그래서 다윗은 늘 익숙하게 다루었던 물매와 돌을 가지고 골리앗에게 나아간 것이다.

하나님은 다윗에게 가장 다윗다운 것으로 역사하신다. 군사 장비가 사울에게는 좋은 것일지 몰라도 다윗에게는 거추장스러운 물건에 지나지 않는다. 사울의 좋은 군사 장비가 다윗에게는 오히려 방해물이 된 것이다. 다윗은 그것을 알고 제일 편한 자기다운 것으로 골리앗을 상대하였다. 아무리 좋은 방법이 있고 다른 사람들이 좋은 것이라고 하여도 그것이 자기에게도 다 좋은 것일 수는 없다. 자기다운 것으로 감당하는 자에게 하나님의 도우심이 오는 것이다.

많은 그리스도인, 특히 사역자들이 남들이 좋다는 것을 마구잡이로 자기에게 적용하려다 얼마 못 가서 버리게 되는 것을 보게 된다. 하나님은 모든 그리스도인이 자기다운 것을 알게 하고, 찾게 하고, 사용하여 익숙한 것으로 하나님이 쓰시기를 원한다. 그러나 자기다운 것을 찾기도 전에 조급함과 욕심에 다른 사람 것을 갖다가 자기 것인 양 쓰다가 나중에 그것이 아닌 것을 알고 버리는 안타까운 일이 종종 있다. 나중에 결과를 보면 남의 것을 빌려 쓴 것은 애써도 헛수고한 것이 되고 만다. 차라리 자기다운 것이 무엇인지를 하나님께 묻고 찾는 것이 지혜일 것이다. 자기다운 것이 가장 익숙한 것이고 축복의 통로가 된다. 나에게는 나다운 것이 있는가? 나다운 것에 감사가 있고 자존감이 있는가?

다윗은 사울 앞에서 더 분명하고도 구체적인 신앙고백을 한다.

> "다윗이 사울에게 말하되 주의 종이 아버지의 양을 지킬 때에 사자나 곰이 와서 양 떼에서 새끼를 물어가면 내가 따라가서 그것을 치고 그 입에서 새끼를 건져내었고 그것이 일어나 나를 해하고자 하면 내가 그 수염을 잡고 그것을 쳐죽였나이다 주의 종이 사자와 곰도 쳤은즉 살아 계시는 하나님의 군대를 모욕한 이 할례 받지 않은 블레셋 사람이리이까 그가 그 짐승의 하나와 같이 되리이다 또 다윗이 이르되 여호와께서 나를 사자의 발톱과 곰의 발톱에서 건져내셨은즉 나를 이 블레셋 사람의 손에서도 건져내시리이다"(삼상 17:34~37).

이 고백을 통해 지금의 담대함과 신앙이 어디서 왔는지를 사울에게 알리고 있다. 또한 다윗의 신앙이 급조된 신앙이 아닌 것을 알리고 있다. 다윗의 담대함과 신앙은 자신을 건지시는 하나님을 양치기 생활에서 경험했기 때문이라고 고백한다.

"여호와께서 나를 사자의 발톱과 곰의 발톱에서 건져내셨은즉."

다윗은 사자나 곰보다 자신을 건지시는 하나님이 더 크신 분으로 확신하였기에 양을 지킬 뿐 아니라 겁 없이 사자나 곰을 상대로 싸울 수 있었다. 실패를 기억한 것이 아니라 승리한 것을 너무나 강하게 기억하여 그것이 다윗을 담대하게 한 것이다.

오늘날 그리스도인이 지난날의 실패를 의식하여 매사에 자신 없어 하고, 문제가 생기면 도망가기 바쁘고 한숨이나 쉬는 것은 결코 하나님께서 바라시는 바가 아니다. 오히려 지난날의 승리를 기억하며, 하나님이 함께하여 주심을 감사하며 오늘의 문제를 담대히 풀어 가는 자가 진정으로 하나님이 찾는 자이다. 하나님은 하나님 마음에 맞는 사람을 만드시기 위해 일상에서 하나님을 경험시켜 주신다.

다윗이 자신의 문제보다 하나님을 더 크게 보는 것, 그리고 자신의 삶에서 하나님의 일하심을 보는 것이 하나님 마음에 맞는 자가 되기 위해 필요한 훈련이었다. 다윗은 자신의 일상의 삶에서 이긴 자이기에 위기에서도 결코 기죽지 않고 이길 수 있었다.

그리스도인이 자신의 삶에서 하나님이 어떤 분이신지를 발견하고 그것 때문에 담대해지는 것은 신앙의 중요한 부분이다. 자신이 무엇을 하느냐보다 자신을 위해 하나님이 무엇을 도우시는지를 아는 것이 더 중요한 관점인 것이다. 다윗은 자신이 사자와 곰을 상대로 싸우는 용기나 양을 지키기 위한 열심보다 자신을 도우시는 하나님을 삶의 현장에서 만나고 있기에 더욱 담대할 수 있었고, 이기는 자가 될 수 있었다.

> "다윗이 블레셋 사람에게 이르되 너는 칼과 창과 단창으로 내게 나아 오거니와 나는 만군의 여호와의 이름 곧 네가 모욕하는 이스라엘 군대의 하나님의 이름으로 네게 나아가노라 오늘 여호와께서 너를 내 손에 넘기시리니 내가 너를 쳐서 네 목을 베고 블레셋 군대의 시체를 오늘 공중의 새와 땅의 들짐승에게 주어 온 땅으로 이스라엘에 하나님이 계신 줄 알게 하겠고 또 여호와의 구원하심이 칼과 창에 있지 아니함을 이 무리에게 알게 하리라 전쟁은 여호와께 속한 것인즉 그가 너희를 우리 손에 넘기시리라"(삼상 17:45~47).

다윗은 세 구절 속에서 '여호와, 하나님'을 6번이나 말하고 있다. 이것은 다윗이 크게 다급할 때, 또 위경에 처할 때마다 하나님을 얼마나 기억하고 있고 하나님을 어떻게 생각하고 있는지를 보여주고, 다윗이 왜 하나님 마음에 맞는 자인지를 알려 준다. 무엇을 하든 어디에 있든지 하나님을 먼저 생각하고 하나님을 의지하고 하나님을 영화롭게 하려는 영적 태도는 하나님 마음에 맞는 자의 마땅한 모습인 것이다.

그리스도인이 하나님 마음에 맞는 자가 되려면 언제 어디서나 하나님을 기억하고 의지해야 한다. 다윗은 골리앗과의 싸움에서 하나님의 이름으로 나간다고 고백한다. 이것은 하나님의 능력을 의지한다, 하나님을 대신하여 나왔다는 뜻이 된다. 이것은 결국 자신을 의지하지 않고 하나님을 의지하고 하나님을 영화롭게 하기 위해 나왔다는 뜻이다.

그리스도인은 무엇을 하든 어디에 있든 하나님을 영화롭게 해야 할 의무가 있는 것이다. 하나님을 영화롭게 해야 할 지혜를 가지고 살아야 한다. 이것이 하나님 마음에 맞는 자로 사는 길이다.

"그런즉 너희가 먹든지 마시든지 무엇을 하든지 다 하나님의 영광을 위하여 하라"(고전 10:31).

다윗은 또한 여호와가 골리앗을 자기 손에 넘겨주셨다고 선포한다. 이것은 다윗이 골리앗을 이길 수 있는 능력을 자신에게 주셨음을 확신하는 것이다. 싸워서 이김으로 이긴 것을 확인하는 것이 아니라 싸워보기 전에 이미 이겼음을 선포하는 것이다. 다윗의 이 고백은 하나님이 자기편에 서 계신 것을 확신하기에 가능한 것이다. 이런 신앙이 하나님이 원하시는 신앙이다.

이런 신앙은 하루아침에 만들어지지 않고 양치기 생활 속에서 하나님이 자기편에서 도우시고 결국 이기게 하시는 것을 경험한 자만이 고백할 수 있다. 하나님의 마음에 맞는 자만이 할 수 있는 고백이다. 그리스도인이 자신의 삶에 다가오는 문제의 골리앗에서, 이미 문제를 이기게 하시도록 하나님께서 붙이셨다는 것을 선포하고 담대히 상대하는 것은 하나님의 마음을 기쁘시게 하는 것이다.

다윗은 골리앗의 이김의 목적은 하나님이 이스라엘과 함께 계시고 하나님의 구원이 칼에 있지 않음을 알리는 것이다. 다윗이 골리앗의 싸움에서 이기려는 것은 결코 자신의 영광이 아니라 하나님의 살아 계심과 하나님의 구원을 자랑하기 위함이었다.

"어떤 사람은 병거, 어떤 사람은 말을 의지하나 우리는 여호와 우리 하나님의 이름을 자랑하리로다"(시 20:7).

그리스도인은 문제 해결을 위해, 아니면 자신이 바라는 축복을 위해 열심히 하나님께 기도하고 가까이 하려고 한다. 그러나 과연 누구를 위해 열심을 내는 것인가? 잘못된 신앙을 가진 그리스도인은 자신이 문제 해결과 축복을 위해 어떻게 열심을 내고 수고했는지를 강조하고 자랑하려고 한다. 그리고 문제 해결과 축복을 다 자신을 위해 하나님이 도우셨다고 생각한다.

그러나 여기서 수단과 목적을 분명히 해야 한다. 하나님이 수단인지 목적인지, 곧 문제 해결과 축복을 위해 열심을 낸 자신이 목적인지, 도우시는 하나님이 수단인지를 분명히 마음에서 정직하게 말해야 할 것이다.

정말 하나님의 영광인지 자신의 영광을 위한 것인지는 문제 해결과 축복이 온 다음의 모습을 보면 알 수 있다. 하나님의 영광을 위해 힘쓴 자는 하나님을 더욱 기쁘시게 하는 데 열심을 낼 것이고, 자신의 영광을 위해 한 자는 자신을 드러내는 데 열심을 낼 것이다. 다윗은 전쟁이 하나님께 속한 것이라 하여 전쟁이 어떻게 되어졌든 모든 결과를 하나님이 결정하신다는 신앙을 가지고 있었다. 모든 것에 하나님의 결정권을 인정하는 다윗의 태도는 하나님을 높이는 것이요 하나님을 일하시게 하는 것이다.

> "너는 마음을 다하여 여호와를 신뢰하고 네 명철을 의지하지 말라 너는 범사에 그를 인정하라 그리하면 네 길을 지도하시리라"(잠 3:5~6).

다윗은 하나님을 모독하는 골리앗을 하나님의 주권으로 자신에게 넘겨 패배하게 할 것이라는 확신에 찬 말을 하고 있다. 그리스도인은 범사에 하나님이 모든 것을 결정하시는 분인 것을 인정하고, 자신의 환경이나 상황, 다른 사람에 의해 움직이는 것이 아니라 하나님의 결정을 기다리며 하나님이 올바른 판단을 해주실 것을 믿고 순종하는 것이 최선이라고 생각하는 자이다. 하나님은 그런 이들을 기뻐하시며, 그렇게 믿고 순종하는 자의 편에 서 계시며 도우시고 역사하신다.

다윗은 골리앗과의 싸움을 행동으로 옮기기 전에 먼저 믿음의 선포를 했다. 아직 되지 않는 일을 마치 된 것처럼 확신을 가지고 미리 선포하는 믿음의 표현이 그다음 상황에 길잡이 역할을 한 것이다.

> "내가 진실로 너희에게 이르노니 누구든지 이 산더러 들리어 바다에 던져지라 하며 그 말하는 것이 이루어질 줄 믿고 마음에 의심하지 아니하면 그대로 되리라"(막 11:23).

다윗이 골리앗을 향해 말한 믿음의 선포는 다윗의 물맷돌이 골리앗의 이마에 박히게 하는 능력과 같은 또 하나의 능력이다. 다윗은 믿음의 언어와 물맷돌의 두 가지 능력을 골리앗에게 사용한 것이다. 물론 그 배후에는 다윗의 두 가지 태도를 기뻐하시고 보증하시는 하나님이 계셨다.

그리스도인이 어떤 행위를 가지기 전에 앞서 믿음의 선포를 할 수 있다면 그 행위에 훨씬 더 축복하시는 하나님을 만나게 될 것이다.

"믿음이 없이는 하나님을 기쁘시게 하지 못하나니"(히 11:6).

이 광경을 통해 하나님은 다윗처럼 자기다운 것을 존중하고 사용하시며 능력을 부어 주시는 분임을 알아야 한다. 그리스도인이 자기다움을 알지 못하거나 잃어버리고 다른 사람의 것으로 자신의 도움을 삼으려고 한다면 하나님은 축복하실 수 없다.

다윗은 골리앗을 죽인 후 골리앗의 머리는 예루살렘으로 가져가고 골리앗의 장비는 자기 장막에 둔다,

"다윗은 그 블레셋 사람의 머리를 예루살렘으로 가져가고 갑주는 자기 장막에 두니라"(삼상 17:54).

다윗이 왜 그렇게 했을까? 다윗은 하나님으로 인하여 골리앗을 죽이고 전쟁에서 이긴 것을 하나님의 도성 예루살렘에 둠으로 하나님이 싸운 전쟁에서 하나님이 이기셨다는 신앙고백으로 그렇게 행한 것이다. 하나님의 승리를 드러내기 위함이었다. 또한 갑주를 자기 장막에 둔 것은 하나님의 도우심으로 이길 수 있었음을 두고두고 기억하고 담대해지기 위해서였다.

그리스도인이 자기가 행한 것보다 하나님을 더 기억하기 위한 태도는 하나님의 마음을 기쁘시게 한다.

승리 뒤에 오는 유혹과 시련

사무엘상 18장

그리스도인이 하나님을 기쁘시게 하고 하나님을 높이는 일을 행하며 더 나아가서 하나님으로 자신의 축복을 가져오면 두 가지 상황을 직면하게 된다. 하나는 사람의 인정과 칭찬으로 오는 유혹, 그다음은 시기와 질투로 인한 사람의 시련이다.

다윗은 골리앗을 죽인 후에 그 자신에게 좋은 일과 나쁜 일이 거의 동시에 일어났다. 먼저 다윗에게 좋은 일은 사울의 아들 요나단이 다윗을 자기 생명같이 사랑하게 되었다는 것이다.

> "다윗이 사울에게 말하기를 마치매 요나단의 마음이 다윗의 마음과 하나가 되어 요나단이 그를 자기 생명같이 사랑하니라……요나단은 다윗을 자기 생명같이 사랑하여 더불어 언약을 맺었으며 요나단이 자기가 입었던 겉옷을 벗어 다윗에게 주었고 자기의 군복과 칼과 활과 띠도 그리하였더라"(삼상 18:1, 3~4).

어떻게 이럴 수 있나? 장차 아버지를 이어 왕이 될 요나단이 자신의 중요한 물건들을 다윗에게 줌으로써 자신을 낮추고 다윗을 높이고 있다. 이것은 요나단이 다윗을 사랑하기 때문에 가능했다. 다윗을 향한 요나단의 일방적인 사랑이 이런 희생의 모습을 나타내고 있는 것이다. 다윗의 생애에서 가장 아름다운 장면이다.

이 장면은 다윗을 향한 하나님의 마음이 요나단을 통하여 나타난 것이다. 이 모습은 죄인 된 인간을 위해 모든 것을 버리고 이 땅에 오셔서 인간을 일방적으로 자신의 생명같이 사랑하시고 결국 생명까지 주신 우리 주님의 모습이다.

요나단은 다윗에게 좋은 동역자가 된다. 다윗은 사람의 축복을 받은 것이다. 골리앗을 죽임으로써 하나님을 영화롭게 하였으니 하나님께서 다윗을 사람을 통해 축복하시는 것이다.

"사람이 무엇으로 심든지 그대로 거두리라"(갈 6:7).

상대방이 자신의 것을 아낌없이 주고 자신을 도와줄 중요하고도 권세 있는 자라면 어떨 것 같은가? 어떻게 하든 상대를 놓치지 않을 것이다. 그러나 이것이 좋은 것이면서도 위험한 것이 될 수 있다는 것을 아는가? 다윗의 배경은 별 볼 일 없는 평범한 집안의 막내 양치기에 지나지 않는데, 한 나라의 왕이 될 수 있는 사람이 자신을 사랑하고 모든 것을 줄 수 있다면 정말 큰 행운이 아닌가! 사람이 하나님을 대신할 수도 있을 것이다. 다윗에게는 얼마든지 보이지 않는 하나님보다 눈앞에 보이는 권세 있는 사람이 더 실감나게 자신을 도와주고 축복할 수 있는 사람으로 보일 수도 있다.

다윗이 골리앗을 이긴 것은 눈에 보이지는 않지만 존재하시고 함께하시는 하나님을 의지하는 영적 태도에서 나타낸 결과이다. 그런데 지금의 이 상황은 보이는 권세 가진 자가 나타나서 하나님만을 의지하는 다윗의 신앙을 무력화시킬 수 있는 시험이 될 수도 있었다. 여기에서 다윗은 요나단에게 어떤 반응도 보이지 않음으로 사람이라는 우상을 이길 수 있었다. 육신의 눈을 감고 믿음의 눈을 떠서 사람보다 크고 위대하신 하나님을 사람보다 더 실감나게 보아야 한다. 그래야 사람이 하나님이 되는 무서운 범죄를 피할 수 있다. 다윗은 요나단의 사랑에 결코 인간적 반응을 보이지 않음으로써 승리할 수 있었다.

또한 다윗은 사울 왕으로부터 군대의 장으로 임명된다. 더 나아가서 천부장이라는 높은 직책을 받는다

> "다윗은 사울이 보내는 곳마다 가서 지혜롭게 행하매 사울이 그를 군대의 장으로 삼았더니 온 백성이 합당히 여겼고 사울의 신하들도 합당히 여겼더라……그러므로 사울이 그를 자기 곁에서 떠나게 하고 그를 천부장으로 삼으매 그가 백성 앞에 출입하며"(삼상 18:5, 13).

왕에게 인정받고 군대의 높은 직급을 받는다는 것은 기뻐할 일이다. 그러나 자신이 행한 것에 정당한 대우를 받는다는 것이 과연 맞는 생각일까? 처음에는 원하지 않았지만 만약 자신이 행한 것에 정당한 보상을 받을 때 마냥 기뻐할 수만 있는가? 당연하게 여기는 것이 결국 그리스도인이 망하게 하는 지름길이다.

먼저 자신이 구원받아 그리스도인이 된 것을 당연하게 여기면 그 사람의 신앙생활은 게을러지고 변질된다. 구원은 당연할 수 없다. 너무나 놀랍고 이해할 수 없는 하나님의 사랑이요 은혜이다. 광야생활을 했던 이스라엘 백성들은 하나님이 사막에서 불과 구름기둥, 만나, 생수를 먹인 것을 당연하게 여겼기에 시종일관 원망하였다. 결국 하나님의 진노를 사서 광야 1세대는 하나님의 약속을 받고도 가나안에 들어가지 못

했다.

그리스도인이 신앙생활의 축복을 당연하게 여기면 하나님께 감사할 것이 없고 더한 욕심으로 하나님의 마음을 상하게 한다. 그리스도인의 삶에 당연한 것은 없다. 다 하나님의 은혜요 하나님의 사랑의 손길이다.

다윗은 결코 골리앗을 죽인 후 정당한 보수를 바라지 않고 사울 왕이 높은 직책을 주었어도 자신은 여전히 부족한 사람임을 고백하고 있다.

"나는 가난하고 천한 사람이라"(삼상 18:23).

이 말은 다윗 자신이 골리앗을 죽인 후에 보상 받는 것이 결코 당연하거나 정당한 것이라고 여기지 않았음을 고백하는 것이다.

그리고 사울의 신하와 모든 백성들이 다윗을 칭찬하며 노래했다.

"무리가 돌아올 때 곧 다윗이 블레셋 사람을 죽이고 돌아올 때에 여인들이 이스라엘 모든 성읍에서 나와서 노래하며 춤추며 소고와 경쇠를 가지고 왕 사울을 환영하는데 여인들이 뛰놀며 노래하여 이르되 사울이 죽인 자는 천천이요 다윗은 만만이로다 한지라"(삼상 18:6~7).

이것만큼 다윗 자신에게 영광이 될 수 없다. 하나님의 마음, 하나님의 의도대로 행동한 다윗을 하나님은 사람을 통해 칭찬하시고 있는 것이다. 하나님은 당신이 사랑하고 기뻐하시는 자에게 어떤 식으로든 칭찬을 하고 싶으신 것이다.

그러나 사울 왕에게 인정받는 것으로 모자라 많은 사람에게 인정받고 칭찬받는 것은 다른 차원의 문제다. 다윗에게는 또 다른 차원의 시련이다. 왜냐하면 사람들의 인정과 칭찬으로 그 사람이 어떤 태도를 보이느냐에 따라 하나님의 기뻐하심을 입기도 하지만, 그렇지 못할 때는 또 다른 징계의 원인이 되기 때문이다. 다른 사람이 자신을 존경하고 신뢰하는 것을 믿고 거기에 장단을 맞춘다는 것은 또 다른 우상을 갖는 것과 같다. 사람은 누구나 많은 사람에게 인정받고 존중받기를 원하기 때문이다.

현 세대는 남들의 눈에 띄고 환호받기를 어느 세대보다 강렬하게 원한다. 그래서 여러 방법으로 자신의 존재를 알리고 강요에 가까운 인정과 칭찬받기를 기대한다. 그리스도인도 교회와 세상에서 인정받고 칭찬받기를 원하여 열심을 낸다. 그래서 인정과 칭찬이 신앙을 지탱하는 힘이 된다면, 그리고 반대로 자신을 인정하지 않고 비난하거나 무관심해하면 모든 것을 내려놓기도 한다. 이것은 사람의 인정과 칭찬이라는 우상을 섬기는 것이다. 우상은 결국 하나님의 미움을 받는 일이다.

하나님은 우리에게 사람의 종이 되지 말라고 말씀하신다.

"너희는 값으로 사신 것이니 사람들의 종이 되지 말라"(고전 7:23).
"도가니로 은을, 풀무로 금을, 칭찬으로 사람을 단련하느니라"(잠 27:21).

칭찬은 또 다른 신앙의 시험이다. 진정으로 하나님 마음 안에서 자아가 죽은 자는 칭찬에 결코 흔들림이 없다.

그리고 다윗은 다른 차원의 시련을 받는다. 칭찬만이 아니라 사울의 질투와 위협을 받게 된 것이다.

"사울이 그 말에 불쾌하여 심히 노하여 이르되 다윗에게는 만만을 돌리고 내게는 천천만 돌리니 그가 더 얻을 것이 나라 말고 무엇이냐 하고 그 날 후로 사울이 다윗을 주목하였더라"(삼상 18:8~9).

다윗은 많은 사람들이 칭찬할 때 으쓱하지 않고 사울의 위협에도 두려워하지 않았다. 사울은 다윗의 인기에 질투를 한다. 그리고 더 나아가서 두려움을 갖는다.

"여호와께서 사울을 떠나 다윗과 함께 계시므로 사울이 그를 두려워한지라……사울은 다윗이 크게 지혜롭게 행함을 보고 그를 두려워하였으나"(삼상 18:12, 15).

다윗이 사람의 칭찬과 사울의 질투심으로 인한 두려움을 이길 수 있었던 것은, 그가 결코 사람에게 초점을 두지 않고 하나님이 함께하심에 초점을 두었기 때문이다. 또한 하나님이 함께 계심으로 다윗은 사람을 두려워하지 않았다.

"다윗이 그의 모든 일을 지혜롭게 행하니라 여호와께서 그와 함께 계시니라"(삼상 18:14).

그리고 다윗이 모든 일을 행할 때도 지혜롭게 하였다. '**지혜롭다**'라는 단어는 원어상으로 '**신중하다, 형통하다, 깨닫다**'라는 뜻으로도 쓰인다. 원어의 뜻으로 보면 다윗이 하는 일은 형통하는 결과를 얻게 되었다는 뜻도 되지만 매사에 신중하게 행하였다는 뜻도 된다. 다윗은 자신이 자랑스럽고 자랑할 만하고 사람을 의식하며 행할 수 있는데도 그렇게 하지 않고 하나님을 의지하여 움직였고 신중하게 행하였다는 것이다. 이 말은, 다윗은 사람과 상황과 분위기를 따라 움직이지 않고 더욱 마음을 겸손하게 하여 하나님을 더 많이 의식하며 행하였음을 알 수 있다. 이것이 다윗이 하나님 마음에 맞는 모습을 보여준 것이다. 그런 다윗의 모습을 하나님이 기뻐하시어 모든 일에 함께하신 것이다.

사울은 다윗과 반대의 모습을 보였다. 사울은 사람을 의식하고 분위기를 의식하여 사람들이 다윗의 업적을 노래할 때 질투하여 불쾌히 여기고 **'다윗이 얻을 것이 나라 외에 없지 않은가'** 하면서 상황을 과장하며 민감하게 반응하였다. 그것이 다윗에 대한 두려움으로 발전하여 다윗을 두 번이나 창으로 죽이려고 했다. 사울은 다윗이 자신의 왕위를 빼앗을 수도 있다고 상상하고 있는 것이다. 자신은 이스라엘의 왕이요 다윗은 한 소년에 지나지 않건만 사울은 질투심과 두려움으로 과민 반응을 보이고 있다.

이것은 하나님 마음에서 멀리 떨어진 자의 전형적인 모습이다. 오늘날 그리스도인이 마음을 낮추고 모든 일 속에 상황보다, 자신보다 하나님을 의식하고 바라고 사는 것이 하나님과 교통하며 사는 삶일 텐데, 사울처럼 다른 사람과 상황에 민감하여 사실보다 더 과장하여 두려움과 놀라움을 가져 어찌할 바를 모른 채 원치 않는 피해의식 속에 살아가는 사람이 많다. 이렇듯 현대판 사울이 자신 안에 있음을 알아야 한다.

다윗은 골리앗을 죽이고 졸지에 원하지도 않는 천부장이라는 직급을 얻었지만 결코 자신의 위치를 잊지 않았다. 다윗은 양치기 소년으로 있을 때 양을 치기 위해 열심히 자신의 일에 열심을 낸 것처럼, 자신이 천부장이란 높은 직책을 가지고 있어도 여전히 그 이상의 마음을 품지 않고 자신에게 주어진 역할에 최선을 다하고 있는 것이다.

이것이 하나님 마음에 맞는 자의 모습이다. 다윗은 천부장의 직책에 충성을 다하였다. 천부장이라는 직책보다 자신의 존재를 더 부각시키지 않았다. 다윗은 천부장이라는 직책을 가졌다고 해서 자신이 대단한 존재라는 의식을 가지지 않았다.

골리앗을 죽인 후 다윗에게는 사람들의 인정, 칭찬과 다른 측면에서 시련이 왔다.

첫 번째는, 사울이 다윗을 두려워하여 창으로 두 번이나 직접 죽이려 한 어처구니없는 시련이었다(삼상 18:10, 19:10).

"그가 스스로 이르기를 내가 다윗을 벽에 박으리라 하고 사울이 그 창을 던졌으나 다윗이 그의 앞에서 두 번 피하였더라"(삼상 18:11).

다윗은 자신을 인정한 사울로부터 생명의 위협을 받는다. 시련은 가까운 데서 있었다. 그것도 권세자로부터 온 것이다. 다윗은 그 상황을 피하였다. 피할 수밖에 없었다. 결국 사울이 그를 떠나게 하였다.

그리스도인이 영적 승리나 축복을 맛보고 그다음에 오는 시련을 이상하게 여겨서는 안 된다. 이는 사탄의 시기와 질투와 두려움으로 오는 것이기 때문이다. 사탄의 도구는 가까운 사람, 특히 권위자로부터 오는 이해할 수 없는, 상식적이지 못한 시련으로 온다. 그럴 때 하나님의 도우심으로 피해가도록 기도해야 할 것이다. 대항하여 얻어질 것은 없는 것이다. 육적 싸움은 결국 사탄만 좋은 일을 시키는 것이다.

사울은 다윗을 창으로 죽일 수 없으니까 작전을 바꾸어 두 가지로 유혹한다. 사울이 자신의 첫째 딸인 메랍을 주겠다고 한 것이다. 비록 사울이 다윗을 자신의 손으로 죽이지 않고 전쟁에서 블레셋 족속에게 죽임당하기를 바라고 전략으로 말한 것이지만, 다윗은 그의 겸손함으로 이 계략에 넘어가지 않게 되었다.

"사울이 다윗에게 이르되 내 맏딸 메랍을 네게 아내로 주리니 오직 너는 나를 위하여 용기를 내어 여호와의 싸움을 싸우라 하니 이는 그가 생각하기를 내 손을 그에게 대지 않고 블레셋 사람들의 손을 그에게 대게 하리라 함이라 다윗이 사울에게 이르되 내가 누구며 이스라엘 중에 내 친속이나 내 아버지의 집이 무엇이기에 내가 왕의 사위가 되리이까 하였더니"(삼상 18:17~18).

다윗은 결코 졸지에 얻은 명성과 군대 직책을 의식하여 그 이상의 마음을 품고 기회를 찾는 사람이 아니었다. 자신의 주어진 역할에 충성된 모습을 보이는 것으로 만족하는 사람이었다. 그랬기에 다윗은 사울의 악한 계략에 넘어가지 않을 수 있었다.

하나님 마음에 맞는 사람은 어디서나 자신에게 주어진 일에 충성을 다하고 교만하지 않아 그 이상의 마음을 가지지 않음으로 사탄의 계략에 걸려 넘어가지 않는다. 그리스도인이 자신에게 주어진 일의 중요도나 사이즈나 역할에 따라 자신의 존재를 더 낮게 여기거나 못났다고 생각하는 것은, 자신을 더 의식하고 자기를 사랑하는 위험한 모습이다. 하나님을 사랑하고 하나님과 함께 사는 신앙은 그리스도인에게 높은 영적 자존감을 갖게 만들어 어떤 상황에서도 자신을 못났거나 잘났다고 생각하지 않는 것이다.

사울은 창으로 안 되니까 이제는 다른 방법으로 다윗을 유혹하려고 했다.

두 번째는, 미갈을 통하여 다윗을 블레셋 족속에게 죽게 하려는 계획이다.

"사울의 딸 미갈이 다윗을 사랑하매 어떤 사람이 사울에게 알린지라 사울이 그 일을 좋게 여겨"(삼상 18:20).

사울의 딸 미갈이 다윗을 사랑하자 사울은 하나의 은밀한 계략을 가지는데, 신하들이 다윗에게 가서 왕도 기뻐하고 신하들도 좋아하니 왕의 사위가 되는 것이 어떻겠느냐고 유혹한다. 그러나 다윗은 결코 그 계략에 넘어가지 않는다. 자신의 모습을 잊지 않고 겸손하였기 때문이다.

"다윗이 이르되 왕의 사위 되는 것을 너희는 작은 일로 보느냐 나는 가난하고 천한 사람이라 한지라"(삼상 18:23).

사탄의 유혹이 올 때 마음을 낮추는 것이 승리하는 비결이다.

"사람의 마음의 교만은 멸망의 선봉이요 겸손은 존귀의 길잡이니라"(잠 18:12).
"하나님이 교만한 자를 물리치시고 겸손한 자에게 은혜를 주신다 하였느니라"(약 4:6).
"그러므로 하나님의 능하신 손 아래에서 겸손하라 때가 되면 너희를 높이시리라"(벧전 5:6).

다윗의 시험은 '나는 그런 만한 사람이다', '나는 특별한 사람이다', '그 정도 대우는 받아도 된다'라는 의식을 갖게 함으로 유혹한다.
다윗은 골리앗을 죽인 공적이 있고 사울 왕도 백성도 다 자신을 지지하고 있으니 충분히 그런 생각을 가질 수 있었다. 사탄은 이런 시험으로 그리스도인을 유혹한다. 어쩌면 정당한 대우를 받고 그럴 만한 존재라고 믿게 하여 그 시험에 넘어가 죽음에 이르는 고통을 받게 하는 것이다.
그러나 다윗은 겸손하여 이 사울의 계략에 이기는 듯하였으나 또 다른 유혹에 지고 만다. 사울의 요구를 받아들인 것이다. 다윗의 자랑할 만한 거리요 승리한 것을 가지고 유혹한 것이다.

"사울이 이르되 너희는 다윗에게 이같이 말하기를 왕이 아무것도 원하지 아니하고 다만 왕의 원수의 보복으로 블레셋 사람들의 포피 백 개를 원하신다 하라 하였으니 이는 사울의 생각에 다윗을 블레셋 사람들의 손에 죽게 하리라 함이라 사울의 신하들이 이 말을 다윗에게 아뢰매 다윗이 왕의 사위 되는 것을 좋게 여기므로 결혼할 날이 차기 전에"(삼상 18:25~26).

다윗이 드디어 사울의 계략에 말려들었다. 안타까운 일이다. 다윗은 자신이 잘할 수 있는 것과 자랑할 만한 것으로 사탄이 유혹한다는 것을 몰랐을 것이다. 미갈의 사랑도 물리친 다윗이 자신의 장점과 능력 있는 것을 건드리자 넘어간 것이다. 사울은 결코 다윗을 사위로 삼고 싶은 것이 아니라 블레셋 족속과의 싸움에서 죽기를 바라고 세운 계략에 다윗이 넘어간 것이다.

다윗이 사울의 사위가 되는 것이 죄가 될 수는 없지만 다윗을 죽이려는 사울의 계략에 말려들었다는 것은 다윗에게 좋은 일은 아니었다. 미갈이 다윗을 사랑하고, 사울이 다윗을 신뢰하여 자신의 사위가 되기를 바라고 블레셋 족속과의 싸움에서 이겨 주기를 원하는 요소들이 다윗을 결국 위험에 한걸음 가까이 가게 하였다.

여기에서 아쉬운 것은, 다윗이 이런 상황에서 자신의 겸손보다 하나님을 더욱 의지하여 하나님의 뜻을 물어 보았어야 하는데, 상황과 다른 사람의 말을 의지하여 판단했다는 것이다. 그리스도인들은 상황이 여러 가지로 판단하기 어려울 때는 사람들의 말과 상황을 기준 삼지 말고 하나님의 말씀과 성령의 음성을 귀 기울여야 한다.

사울은 무서운 계략으로 딸 미갈을 주었으나 하나님은 여전히 다윗과 함께하고 계셨다. 이 말은 다윗의 마음이 하나님 마음에서 벗어나지 않고 그 마음 안에 있었다는 것이다. 이런 다윗의 모습에 사울은 두려움을 느꼈다. 그리고 평생에 다윗의 대적이 된다.

"여호와께서 다윗과 함께 계심을 사울이 보고 알았고 사울의 딸 미갈도 그를 사랑하므로 사울이 다윗을 더욱더욱 두려워하여 평생에 다윗의 대적이 되니라"(삼상 18:28~29).

과연 그리스도인은 세상 앞에서 자신의 삶을 통해 하나님이 함께 계심을 보여주고 하나님과 함께 사는 자임을 나타낼 수 있는가? 성경책을 끼고 교회에 가고 식사 시간에 기도하는 것으로 세상 사람들이 그리스도인인 줄 아는 것이 다인가? 신앙생활은 교회에 오고가는 것을 의미하는 것이 아니고 성경 말씀을 읽는 것이 전부가 아니다. 세상에서 세상 사람들에게 자신이 하나님과 함께 살고 하나님이 함께 계심을 알리는 것이다.

하나님의 사람들은 자신의 삶에서 하나님이 함께 계심을 다른 사람들에게 나타냈다.

"그때에 아비멜렉과 그 군대 장관 비골이 아브라함에게 말하여 이르되 네가 무슨 일을 하든지 하나님이 너와 함께 계시도다"(창 21:22).

하나님은 하나님 마음에 맞는 자를 귀하게 만들어가시기를 원한다.

"블레셋 사람들의 방백들이 싸우러 나오면 그들이 나올 때마다 다윗이 사울의 모든 신하보다 더 지혜롭게 행하매 이에 그의 이름이 심히 귀하게 되니라"(삼상 18:30).

다윗과 일대 삼

사무엘상 19장

그리스도인의 삶이 어려울 때 하나님은 피할 길을 예비하시고 인도하신다.

"사람이 감당할 시험밖에는 너희가 당한 것이 없나니 오직 하나님은 미쁘사 너희가 감당하지 못할 시험 당함을 허락하지 아니하시고 시험 당할 즈음에 또한 피할 길을 내사 너희로 능히 감당하게 하시느니라"(고전 10:13).

그리스도인의 삶이 사방이 벽이라 해도 하나님은 결코 그대로 망하게 하시지 않고 도움의 손길을 통해 피하게 하신다. 그리스도인의 삶의 축복의 반 이상은 사람으로부터 온다고 해도 과언이 아니다. 하나님은 사람을 통해 하나님의 축복과 계획을 이루어 가신다. 다윗도 사울의 위협 속에서 세 사람의 도움으로 피할 길을 찾았다.

먼저 요나단이 아버지 사울에게 담대하게 다윗을 변호하였다.

"요나단이 그의 아버지 사울에게 다윗을 칭찬하여 이르되 원하건대 왕은 신하 다윗에게 범죄하지 마옵소서 그는 왕께 득죄하지 아니하였고 그가 왕께 행한 일은 심히 선함이니이다 그가 자기 생명을 아끼지 아니하고 블레셋 사람을 죽였고 여호와께서는 온 이스라엘을 위하여 큰 구원을 이루셨으므로 왕이 이를 보고 기뻐하셨거늘 어찌 까닭 없이 다윗을 죽여 무죄한 피를 흘려 범죄하려 하시나이까"(삼상 19:4~5).

요나단은 사울의 아들이라는 위치에서 다윗을 변호하기에 너무나 적합한 도움자였다. 다윗은 요나단의 도움으로 다시금 사울 왕 앞에 있게 되었다. 그러나 그것도 잠시뿐 사울 왕이 다시금 악신에게 괴로움을 당할 때 다윗을 단창으로 죽이려 하여 도망하게 되었다.

그런 상황에서 다시금 다윗을 돕는 자가 있었으니 다윗의 아내 미갈이었다. 미갈의 도움으로 다윗은 자기 집 창문을 통해 도망하게 된다. 미갈은 다윗을 위해 사울의 군사와 사울에게 거짓말을 하였다. 그리고 다윗은 그 길로 라마에 있는 사무엘을 찾아가서 두 사람은 나욧으로 피하였다. 그러나 그곳에도 사울의 전령들이 세 차례나 다윗을 찾으러 왔으나 그때마다 그들도 생각지 않은 하나님의 영으로 예언을 하게 된다. 나중에는 사울도 왔으나 그도 벗은 몸으로 하루 밤낮을 예언하게 된다. 그렇게 하여 다윗은 세 사람의 도움으로 사울 왕으로부터 피할 길을 얻었다.

그리스도인이 살아가면서 이해할 수 없는 일들을 겪으면서 왜 자신은 이런 일을 당해야 하는가 고민하고 슬퍼하고 낙심하는 일들이 많다. 특히 사람 관계에 있어서 이유 없이 자신을 미워하거나 싫어하고 손해 나게 하는, 그래서 눈물 나게 하는 사람들을 만나고 오랜 시간 괴로움을 당할 수 있다.

그럴 때 사울 왕에게 일방적인 위협을 당하며 두려움의 시간을 가졌던 다윗을 생각해야 한다.

다윗 자신을 고통스럽게 하는 사울 왕 한 사람이 있었지만 하나님은 다윗을 위해 도움자 세 사람을 준비하시고 돕게 하셨다

그리스도인은 자신을 괴롭히는 한 사람만 보지 말고 그런 상황에서 하나님이 도우시기 위해 준비하신 세 사람을 보아야 한다. 그럴 때 위로와 힘을 얻게 되고 감당할 수 있게 된다. 자신을 망하게 하려는 사탄의 세력은 더 큰 세 배의 하나님의 도우심을 결코 이길 수 없다.

다윗의 궁금증

사무엘상 20장

다윗은 사무엘과 함께 라마 나욧에 있어도 문제는 없었다. 그러나 다윗은 그곳에서 나와 요나단을 찾아가서 자신의 무죄함을 말한다. 다윗이 사무엘과 함께 있지 않고 요나단을 만난 것은 지극히 인간적인 태도이다. 그리고 자신이 무죄함을 요나단에게 강조하는 것에서 드디어 다윗은 육신적인 모습을 보인다.

다윗의 무죄는 요나단도 알고 있는 것이었다. 그럼에도 다윗은 육신적인 마음에서 요나단을 찾아간 것이다.

다윗은 아무런 잘못 없이 생명의 위협을 사울 왕에게 받으면서, 처음에는 영적인 자세를 가지다가 어느새 영적으로 지쳐 현실적인 사람, 육신적인 사람으로 변하고 있다. 다윗이 영적인 사람, 하나님의 사람 사무엘과 있는 라마 나욧을 떠났다는 사실은, 다윗이 영적으로 멀어지고 육적으로 가까워지고 있음을 암시해 준다. 다윗은 사무엘보다 요나단이 자신의 문제를 풀어 줄 수 있고 의지할 수 있는 사람이라고 생각한 것이다.

"다윗이 라마 나욧에서 도망하여 요나단에게 이르되 내가 무엇을 하였으며 내 죄악이 무엇이며 네 아버지 앞에서 내 죄가 무엇이기에 그가 내 생명을 찾느냐"(삼상 20:1).

그리스도인이 영적이면 영적인 사람을 찾고 좋아하지만 육적이면 육적인 사람을 찾고 육적인 사람을 좋아한다. 어떤 사람을 편안하게 생각하고 좋아하는지를 알면 자신의 수준을 알 수 있는 것이다.

그리스도인이 오랜 시간 현실적인 문제를 상대하다 보면 처음에는 신앙적으로 풀려고 하다가, 시간이 지나면 영적으로 지쳐 육신적인 생각을 가지고 문제를 쉽게 풀려고 하는 태도를 가진다. 그것이 위급하거나 중한 것이면 더욱 육신적으로 돌아가는 것이 빠르다. 여기에서 다윗은 '나'라는 단어를 세 번이나 말하고 있다. 이것은 자신에게만 몰두하고 있는 모습을 보여준다. 위급한 상황에서 하나님보다는 자신이 더 중요한 존재임을 다윗은 말한다.

다윗은 자신의 현재의 삶이 죽음과 가까이 있다고 고백한다.

"나와 죽음의 사이는 한 걸음뿐이니라"(삼상 20:3).

이것은 다윗이 얼마나 고통스러운 상황에 놓여 있는지 그 마음 상태를 말하는 것이다. 문제를 만날 때 문제를 푸는 것보다 더 중요한 것은 자신의 영적 태도를 계속 유지하는 영적인 힘을 가지는 것이다. 다윗은 하나님이 현실적인 문제를 해결하여 주실 때까지 견디지 못하고 요나단이라는 사람을 통해 하나님을 대신하여 해답을 얻고자 했다. 요나단에게 질문한 것은 사실 다윗이 하나님 앞에서 진지하게 물었어야 하는 것들이다.

많은 그리스도인들이 하나님과 깊은 교통에서 하나님께 답을 얻어야 할 것을 사람에게서, 환경에서 쉽게 얻고 판단하려 하는 잘못을 저지른다. 다윗은 자신이 무엇이 잘못되었는지, 왜 계속 자신을 죽이려고 하는지를 사울 왕에게서 알고 싶었다. 다윗의 이 궁금증은 그 마음에 두려움이 있고 자신의 정당성을 말하고 싶은 데서 나온 것이다. 이 두 가지가 다윗을 하나님의 시간을 기다리지 못하게 하고 사람에게 달려가게 했다.

 누구든 잘못 없는 자신의 문제 앞에 자신의 정당성을 주장하고 억울함을 알리고 싶어한다. 그리스도인도 마찬가지이다. 그러나 그것이 문제를 푸는 해답이 아님을 다윗의 생애를 통해 보여주신다. 다만 하나님이 현실로 판단하여 주실 때까지 인내하며 하나님을 의지하는 것이 최선이 아닐까?

 다윗은 자신의 문제를 하나님을 의지하여 풀려고 하는 것보다 문제를 풀어줄 수 있는 영향력 있는 요나단을 찾아가서 거짓말을 포함한 현실적인 방법을 제안한다.

"다윗이 요나단에게 이르되 내일은 초하루인즉 내가 마땅히 왕을 모시고 앉아 식사를 하여야 할 것이나 나를 보내어 셋째 날 저녁까지 들에 숨게 하고 네 아버지께서 만일 나에 대하여 자세히 묻거든 그때에 너는 말하기를 다윗이 자기 성읍 베들레헴으로 급히 가기를 내게 허락하라 간청하였사오니 이는 온 가족을 위하여 거기서 매년제를 드릴 때가 됨이니이다 하라 그의 말이 좋다 하면 네 종이 평안하려니와 그가 만일 노하면 나를 해하려고 결심한 줄을 알지니"(삼상 20:5~7).

 다윗이 거짓말까지 하면서 요나단을 통해 사울 왕의 의중을 알 필요가 있었을까? 이미 지난날의 사울의 모습에서 알 수 있지 않았을까? 다윗이 사울에게 자신의 정당성과 억울함을 알리려는 시도가 통하였는가? 오히려 사울의 악함을 확인하였을 뿐이다. 허무한 시도였다. 하나님이 기뻐할 수 없는 다윗의 방법이었다.

다윗을 위한 요나단의 노력은 정말 대가 없이 다윗을 사랑하고 있음을 보여준다. 다윗은 어떻게 해서 이런 사랑을 요나단에게 받을 수 있는가? 다윗이 요나단을 통해 받는 사랑은 하나님이 다윗을 사랑하는 것을 대신 보여주는 것이다. 그 사랑이 요나단을 껴안고 울게 만든다.

> "아이가 가매 다윗이 곧 바위 남쪽에서 일어나서 땅에 엎드려 세 번 절한 후에 서로 입 맞추고 같이 울되 다윗이 더욱 심하더니"(삼상 20:41).

다윗의 처세술

사무엘상 21장

사람이 한 번 잘못하기가 어렵지 그것을 반복하는 것은 어렵지 않다. 다윗은 요나단에게 거짓말을 전하라고 한 후에 놉에 있는 아히멜렉에게도 거침없이 거짓말을 했다. 불행하게도 거짓말이 다윗이 삶을 이어 가는 수단이 되어 가고 있는 것이다. 그러나 거짓말은 결국 하나님 앞에서 스스로를 위험한 함정에 빠뜨리는 것이다.

"다윗이 제사장 아히멜렉에게 이르되 왕이 내게 일을 명령하고 이르시기를 내가 너를 보내는 것과 네게 명령한 일은 아무것도 사람에게 알리지 말라 하시기로 내가 나의 소년들을 이러이러한 곳으로 오라고 말하였나이다……다윗이 제사장에게 대답하여 이르되 우리가 참으로 삼 일 동안이나 여자를 가까이 하지 아니하였나이다 내가 떠난 길이 보통 여행이라도 소년들의 그릇이 성결하겠거든 하물며 오늘 그들의 그릇이 성결하지 아니하겠나이까 하매"(삼상 21:2, 5).

다윗은 없는 이야기를 만들어 아히멜렉에게 말한 것이다. 자기 혼자였음에도 다른 사람이 있는 것처럼 거짓말을 했다. 다윗은 떡 다섯 덩이를 얻고자 거짓말을 한 것이다. 이것은 다윗이 살기 위해 보여준 첫 번째 처세술이다. 골리앗을 믿음으로 담대히 죽인 다윗이 이제는 먹을 것을 위해 제사장에게까지 가서 거짓말을 하고 있다. 아히멜렉이 이 거짓말을 믿고 하나님에게 바쳐진 거룩한 진설병을 다윗에게 주어 먹게 했다. 다윗은 하나님을 의지하여 하나님이 도우시는 것으로 살아가는 것이 아니라 자신이 살기 위해 스스로 제사장에게 찾아가서 양식을 구하는 모습을 보인다.

　하나님은 하나님의 사람을 더욱 엄격한 태도로 보신다. 다윗은 단순한 거짓말로 잠시 배고픔을 면하였지만 다윗의 거짓말로 인해 후에 수많은 사람들이 억울한 죽임을 당하게 된다. 다윗은 처음부터 아히멜렉을 찾아가지 말아야 했다. 그 당시에 사울이 다윗을 죽이려는 것을 모든 백성이 알고 있었고 제사장인 아히멜렉도 알고 있었다. 그래서 다윗을 돕거나 그와 관계된 것을 알면 사울에게 어려움을 당할 줄도 알았다. 그런데도 다윗은 자신만을 생각하여 거짓말을 하고 아히멜렉을 곤란하게 만들었다.

　이것이 아히멜렉 옆에 있었던 도엑, 곧 사울의 신하요 사울의 양치기 목자장에 의하여 큰 불행을 가져온다. 하나님의 사람이 어려움에 처했을 때, 하나님은 그 사람 스스로 해결하도록 사람을 찾고 방법을 찾게도 하시지만, 하나님이 보내시는 사람과 상황을 기다리게 함으로 해결해 주기도 하신다. 그러나 여기서는 다윗이 스스로 아히멜렉을 찾아가서는 안 되었다. 왜냐하면 다윗이 아히멜렉을 찾아간 일로 말미암아 자신은 거짓말을 하게 되고 아히멜렉과 수많은 사람이 죽임을 당했기 때문이다.

　자신의 배고픔이나 어려움을 해결하려는 다윗의 방법이 잘못된 것이었다. 그리스도인들이 하나님의 도우심을 받고 사는 것은 정상적인 일이다. 그러나 하나님이 어떤 방법으로 도와주실지를 아는 것은 중요한 문제이다. 가만히 믿음으로 기다림으로 하나님의 도우심을 받아야 하는지 아니면 자신이 나가서 도움을 청해야 하는지를 분별해야 한다. 이럴 때 하나님이 원하시는 방법과 자신의 방법이 다르면 다윗처럼 곤란한 일이 생긴다.

특히 다윗이 거짓말을 할 때 그곳에 도엑이 있었다는 것을 영적 해석으로 보면, 사탄은 그리스도인들이 어려움을 당할 때 옆에서 잘못된 모습을 보기 원한다는 것이다. 다윗의 거짓이 죄 없는 아히멜렉에게 큰 불행을 가져왔다(삼상 22장). 다윗의 거짓말의 죄가 더 큰 남의 불행을 가져오는 원인을 제공했다. 다윗의 거짓말이 사울로 하여금 아히멜렉과 수많은 생명을 죽이는 데 간접적으로 도운 것과 같다. 그리스도인이 하나님 앞에서 짓는 하나의 죄는 자신만이 아니라 다른 사람에게도 악영향을 준다는 것을 알아야 한다.

그런데 후에 다윗은 이 불행한 사건을 아히멜렉의 아들 아비아달로부터 들으면서, 곁에 있었던 도엑이 사울에게 분명히 말할 줄 알았다고 했다(삼상 22:22). 다윗은 그 큰 불행이 자신의 탓이라고 가슴 아프게 인정한다(삼상 22:22). 그리스도인은 어떤 상황에서도 죄를 범해서는 안 된다. 그것은 또 다른 문제와 불행을 가져온다는 것을 다윗을 통해 하나님은 말씀하신다.

다윗은 아직까지는 환경의 어려움을 통해 자신의 모든 생각을 비우게 하시는 하나님의 마음을 알지 못한 것 같다. 이해할 수 없는 고난, 자신의 잘못 없이 오는 고통스런 현실은, 단지 살아가면서 만나는 자연스러운 현상만은 아니다. 특히 그리스도인에게는 자신의 존재를 가치 있고 수준 높게 하시는 하나님의 마음이 있는 것이다. 그것은 자신을 비우게 하기 위함이다. 자신의 생명에 대한 애착마저도 버리게 하심으로 하나님이 온전히 지배하는 자가 되고, 자아의 죽음을 통해 하나님만 바라는 존재가 되게 하신다.

바울은 하나님이 아시아에서 고난을 당하게 허락하신 하나님 마음을 알게 되었고 그것을 고백한다. 이러한 바울의 고백을 하나님은 맞다고 인정하고 성경으로 기록하게 하신다.

> "형제들아 우리가 아시아에서 당한 환난을 너희가 모르기를 원하지 아니하노니 힘에 겹도록 심한 고난을 당하여 살 소망까지 끊어지고 우리는 우리 자신이 사형 선고를 받은 줄 알았으니 이는 우리로 자기를 의지하지 말고 오직 죽은 자를 다시 살리시는 하나님만 의지하게 하심이라"(고후 1:8~9).

다윗도 바울 같은 심정이었을 것이다. 하나님은 동일하시다. 바울에게 환난을 허락하신 하나님의 마음은 다윗에게도 동일하게 가지셨던 마음이다. 다윗은 죽은 자도 살리시는 전능하신 하나님을 의지하는 것이 최선이었으므로 자신의 생존 전략을 의지하는 태도를 버렸어야 했고, 버릴 때 아히멜렉과 같은 불행은 없었을 것이다.

다윗은 또 어처구니없는 모습을 보이는데, 바로 자신이 물맷돌로 죽인 골리앗의 칼을 취한 것이다. 자신을 보호해야 할 무기가 없음에 두려움을 느끼고 아쉬운 대로 골리앗의 칼을 잡는다. 이것은 다윗이 하나님을 의지하는 믿음과 담대함이 사라지고 얼마나 두려움을 가리고 있는가를 알려 준다. 물맷돌로 골리앗을 죽인 다윗이 지금은 자신이 살기 위해 자신이 죽인 골리앗의 칼을 집어드는 최초의 사람이 된다.

이것은 영적인 사람이 육적인 사람이 되면 어디까지 가는지를 보여 주는 장면이다. 어떻게 보면 다윗 안에 있는 두려움이 하나님을 의지하는 신앙을 버리고 자신을 보호해 주는 칼을 잡게 만든 것이다. 하나님을 의지해서 죽인 골리앗의 칼, 자신이 살기 위해 그의 칼을 잡는 것은 수치다. 그리스도인이 믿음으로 살다가 어느 순간부터 계산으로 살면서 세상을 두려워하고 타협하고 나중에는 세상을 의지하는 것과 같다. 이것은 그리스도인으로서의 수치다.

다윗은 또 하나의 거짓된 모습을 보이는데, 이것이 다윗의 두 번째 처세술이다. 다윗은 가드 왕 아기스를 찾아갔다. 거기에서 자신을 알아보는 사람들 때문에 미친 척한다.

"그들 앞에서 그의 행동을 변하여 미친 체하고 대문짝에 그적거리며 침을 수염에 흘리매"(삼상 21:13).

하나님은 하나님의 사람들이 세상에서 숨어 지내거나 존재감 없는 사람이 되기를 원치 않으신다. 첫 번째로, 세상에 물들어 타락하는 것을 막기 위해서이다. 아브라함도 이삭도 애굽과 그랄에서 아내에 대해 거짓말을 한 것을 드러내심으로 아브라함으로 하여금 그곳에서 나오게 하셨다.

두 번째로, 하나님은 그리스도인의 존재가 드러나고 영향을 주는 존재로 만드셨기 때문이다.

"너희는 세상의 소금이니 소금이 만일 그 맛을 잃으면 무엇으로 짜게 하리요 후에는 아무 쓸데없어 다만 밖에 버려져 사람에게 밟힐 뿐이니라 너희는 세상의 빛이라 산 위에 있는 동네가 숨겨지지 못할 것이요 사람이 등불을 켜서 말 아래에 두지 아니하고 등경 위에 두나니 이러므로 집안 모든 사람에게 비치느니라"(마 5:13~15).
"이는 너희가 흠이 없고 순전하여 어그러지고 거스르는 세대 가운데서 하나님의 흠 없는 자녀로 세상에서 그들 가운데 빛들로 나타내며"(빌

2:15).

"항상 우리를 그리스도 안에서 이기게 하시고 우리로 말미암아 각처에서 그리스도를 아는 냄새를 나타내시는 하나님께 감사하노라"(고후 2:14).

세 번째는, 그리스도인다운 존재감을 드러냄으로 하나님의 뜻을 성취하게 하시기 위함이다.

다윗 스스로는 살아남기 위해 어쩔 수 없었다고 말했을지 모른다. 그러나 과연 다윗이 가드에 왜 갔을까? 이곳은 골리앗의 고향이다. 왜 가드에까지 가서 미친 짓을 하게 되나? 다른 곳은 없었는가? 다윗은 골리앗의 칼을 가지고 블레셋 땅 가드에 갔다. 그것은 분명 다윗의 어리석은 행동이다.

그리스도인이 위기에 처하면 무엇보다도 분별력이 필요하다. 조급하거나 두려워하면 분별력이 없어져 황당하고 어리석은 행동을 하게 되고, 하나님의 뜻과 반대로 행하거나 사탄에게 틈을 주게 되는 것이다.

다윗의 이런 태도는 결국 두려움 때문이었다.

"다윗이 이 말을 그의 마음에 두고 가드 왕 아기스를 심히 두려워하여"(삼상 21:12).

이 두려움이 하나님을 바라는 마음을 버리게 하고, 하나님의 인도하심보다는 자신의 생각을 따라가게 하고, 죄를 짓게 하고, 다른 사람에게 피해를 주고, 다시 모든 것을 원점으로 되돌린다. 하나님의 사람이 가장 두려워할 것은 두려움 그 자체이다. 두려움이 존재가치와 신앙의 수준을 떨어뜨리기 때문이다.

엘리야도 목숨을 걸고 갈멜 산에서 혼자서 영적 전쟁을 치른 후 담대함이 사라지고 영적 긴장이 풀리고 지쳤을 때 이세벨의 말 한마디에 두려움을 느껴 딴사람같이 행동한다.

"이세벨이 사신을 엘리야에게 보내어 이르되 내가 내일 이맘때에는 반드시 네 생명을 저 사람들 중 한 사람의 생명과 같게 하리라 그렇게 하지 아니하면 신들이 내게 벌 위에 벌을 내림이 마땅하니라 한지라 그가 이 형편을 보고 일어나 자기의 생명을 위해 도망하여 유다에 속한 브엘세바에 이르러 자기의 사환을 그곳에 머물게 하고"(왕상 19:2~3).

하나님은 두려움을 주시지 않는다.

"하나님이 우리에게 주신 것은 두려워하는 마음이 아니요 오직 능력과 사랑과 절제하는 마음이니"(딤후 1:7).

그렇다면 다윗은 왜 두려움을 가졌을까?

"내가 하나님을 의지하고 그 말씀을 찬송하올지라 내가 하나님을 의지하였은즉 두려워하지 아니하리니 혈육을 가진 사람이 내게 어찌하리이까……내가 하나님을 의지하였은즉 두려워하지 아니하리니 사람이 내게 어찌하리이까"(시 56:4, 11).
"여호와는 내 편이시라 내가 두려워하지 아니하리니 사람이 내게 어찌할까"(시 118:6).

그것은 다윗은 영혼 깊은 데까지 하나님을 의지하지 못했기 때문이다. 환경과 사람을 이길 만큼의 하나님을 의지하는 마음이 부족했다. 이것은 하나님을 향한 집중력의 부족이라고 말할 수 있다.
또한 다윗은 하나님은 완전한 내 편이 되어 주셔서 자신을 지키고 도우신다는 믿음이 부족하였다. 다윗의 이런 상황을 허락하신 하나님은, 다윗을 더욱더 하나님으로 인하여 어떤 것에도 두려움이 없는 존재로 만들어 가고, 오로지 하나님에 의해 살고 하나님께만 집중하여 모든 것을 잊을 수 있는 존재로 만들어 가기 원하셨다.

"상전의 손을 바라보는 종들의 눈같이, 여주인의 손을 바라보는 여종의 눈같이 우리의 눈이 여호와 우리 하나님을 바라보며 우리에게 은혜 베풀어 주시기를 기다리나이다"(시 123:2).

이런 모습을 가질 때 다윗은 하나님 마음 안에서 죽고 살 수 있는 존재가 될 수 있다. 그리스도인이 자신의 삶 속에 일어나는 일들에 대해 두려워하는 것을 당연하게 여기는 것은 잘못된 생각이다. 두려워하지 않을 수 있는 신앙이 있다. 그것은 결코 자신의 의지로만 되는 것이 아니다. 하나님을 향한 집중력만이 두렵지 않게 한다.

그러나 진정으로 두려워해야 할 것은 하나님의 말씀이 정확하다는 것과, 죄를 짓는 것이다. 또한 사역자는 사역으로 하나님께 버림 받는 것에 두려움을 가져야 한다.

"내가 내 몸을 쳐 복종하게 함은 내가 남에게 전파한 후에 자신이 도리어 버림을 당할까 두려워함이로다"(고전 9:27).

바울이 하나님께 쓰임 받았지만 자신의 모습이 하나님이 바라시는 존재가 되어 있지 않음으로 인해 하나님 마음에서 제외되는 것을 두려워했다.

다윗과 억울한 죽음

사무엘상 22장

다윗은 가드를 떠나 아둘람 동굴로 피신한다. 혼자서 외로움과 두려움, 슬픔을 가지고 있을 때 하나님은 다윗에게 소중한 사람, 곧 부모 형제를 비롯하여 400명을 보내 주신다. 그리스도인이 혼자라고 생각하고 절망할 때 하나님은 결코 혼자가 아니라고 말씀하며 곁에서 힘이 되는 사람들을 보내신다.

사실 그 400명은 다윗과 같이 마음과 삶이 성한 곳이 없는 사람들이었다. 그러나 다윗에게는 위로의 사람들이었고, 그들도 다윗을 통해 위로를 받아야 할 사람들이었다.

하나님은 하나님의 사람을 홀로 두지 않으시고 위로와 힘이 되도록 사람을 보내신다. 동시에 다윗이 그들의 지도자가 되었다는 것은, 자신도 힘든데 누군가를 이해하고 도와주어야 하는 위치에 있게 되었다는 것이다. 이것은 누군가를 도움으로 인해 자신도 도움을 받게 하시려는 하나님의 섭리이다. 사람을 도울 때 하나님은 사람의 도움을 받게 하신다. 하나님은 그리스도인이 혼자 겪는 것을 혼자만의 쓸쓸한 추억으로 남기지 않고 누군가를 위로하고 이해하고 사랑하도록, 그런 사람이 자신에게 오든지 자신이 그런 사람들에게 가든지 이끄신다.

다윗은 자기를 따르는 자들을 모압 왕에게 부탁한다. 그러면서 중요한 말을 한다.

> "다윗이 거기서 모압 미스베로 가서 모압 왕에게 이르되 하나님이 나를 위하여 어떻게 하실지를 내가 알기까지 나의 부모가 나와서 당신들과 함께 있게 하기를 청하나이다 하고"(삼상 22:3).

다윗은 자기를 따르는 자들을 모압 왕에게 맡기면서 하나님이 자신을 어떻게 하실지를 알기 원한다는 말을 한다. 다윗은 여전히 하나님이 자신을 위하신다는 신앙고백을 한다. 그리고 하나님이 어떻게 자신을 위하는지를 알기 원한다는 고백을 한다.

자신이 어려운 처지에 있고 도움을 받고 있는 상황에서 도움을 주는 사람을 향하여 이런 고백을 했다는 것은, 다윗이 얼마나 자신의 신앙을 중요시하고 그 신앙이 그를 자존감 있게 만들어 주고 있는지를 알려 준다. 그리스도인이 자신의 삶이 어려워지고 남의 도움을 받는 입장이 될 때, 다윗과 같이 자신 있게 하나님이 자신을 어떻게 위하시는지, 어떻게 도울지를 당당하게 말할 수 있는가?

다윗은 상황의 변화를 이야기하지 않고 하나님이 자신을 위해 어떻게 움직이시는지를 말하고 있다. 다윗은 상황이 어떻게 돌아가는지를 알고 싶은 것이 아니라 자신을 위해 하나님이 어떻게 움직이시는지를 알기 원했다. 하나님을 상황보다 더 중요하게 여기지 않고는 이런 고백을 할 수 없다. 다윗의 이 고백은 위기 상황 속에 하나님이 자신을 위해 움직이고 계신다는 것을 확신하고 하는 말이다. 지극히 현실적인 삶의 현장에서 지극히 영적인 하나님의 손길을 의식하는 것이다. 삼차원적인 육적인 삶을 사차원적인 영적으로 해석하고 있는 것이다.

다윗은 선지자 갓을 통해 유다 땅으로 가라는 하나님의 인도하심을 받게 되었다. 이것은 하나님의 사람이 어떻게 할지 모를 때 하나님의 사람을 보내어 때와 현장에 대한 하나님의 인도하심을 주신다는 것을 의미한다.

사울은 도엑의 고자질을 듣고 아히멜렉을 죽인다. 아히멜렉의 죽음은 다윗의 거짓말에서 시작되었다. 다윗의 거짓말은 엄청난 결과를 가져오게 된 것이다. 아히멜렉만이 아니라 많은 사람들이 죽었다. 에봇을 입은 제사장 85명이 함께 죽음을 당하고 놉에 있는 남자와 여자, 아이와 갓난아기, 소와 나귀, 양들이 죽임을 당한다.

"왕이 도엑에게 이르되 너는 돌아가서 제사장들을 죽이라 하매 에돔 사람 도엑이 돌아가서 제사장들을 쳐서 그날에 세마포 에봇 입은 자 팔십 오 명을 죽였고 제사장들의 성읍 놉의 남녀와 아이들과 젖 먹는 자들과 소와 나귀와 양을 칼로 쳤더라"(삼상 22:18~19).

아히멜렉의 아들인 아비아달이 도망하여 다윗에게 그 사실을 알렸을 때 다윗은 이렇게 반응했다.

"다윗이 아비아달에게 이르되 그날에 에돔 사람 도엑이 거기 있기로 그가 반드시 사울에게 말할 줄 내가 알았노라 네 아버지 집의 모든 사람 죽은 것이 나의 탓이로다"(삼상 22:22).

다윗은 아히멜렉의 불행은 자신으로 인하여 시작되었음을 정직하게 인정하였다. 다윗은 사울이 잔인하여 그렇게 살인을 저질렀다고 사울을 탓할 수도 있었지만 자신으로 인한 불행임을 인정한 것이다. 과정으로서 사울과 결과로서 수많은 사람의 죽임을 말하지 않고 원인이 된 자신을 탓하고 있다.

하나님의 사람은 천사가 아니기에 얼마든지 실수와 잘못과 죄를 저지를 수 있다. 그러나 실수와 잘못과 죄를 지었을 때 그다음에 어떻게 하는가가 하나님의 관심사항이다. 왜냐하면 자신의 문제를 알고 겸손하게 인정하는 사람이 하나님의 은혜와 고치시는 하나님의 손길을 경험할 수 있기 때문이다.

그리스도인의 작은 죄가 더 큰 죄로 가고 실수가 더 큰 실수로 가는 것은 죄와 실수를 정직하게 인정하지 않고 핑계와 변명을 대고, 다른 원인의 탓으로 돌리기 때문이다. 이런 행동은 용서하시는 하나님의 은혜를 경험하지 못하는 원인이고 더 나은 결과를 가져오는 데 장애물이 된다.

그러나 다윗은 자신이 아히멜렉에게 거짓말을 한 부분에 대해서는 잘못을 인정하지 않았다. 다만 자신이 아히멜렉에게 간 것 때문에 그가 억울하게 죽었다는 것만을 자신의 탓으로 인정하였다. 다윗이 아히멜렉에게 거짓말을 한 부분은 가볍게 여기거나 정당화시키고 죄라고 여기지 않았음을 말한다.

다윗은 자신이 아히멜렉에게 거짓말을 할 때 그 자리에 있었던 도엑이 사울에게 고할 줄 알았다고 고백했는데, 그렇다면 이것 또한 다윗의 실수이다. 도엑이 사울에게 말할 줄 알고 있었다면 왜 거기에서 거짓말을 멈추거나 다른 방법을 취하지 않았을까?

거기에는 한편으로 '**설마 그럴까?**'라는 또 다른 생각이 있었던 것이다. 설마가 사람을 잡았다. 그리스도인들이 안일한 생각을 가지고 말하거나 행동한 것이 나중에 큰 후회를 가져오는 경우가 있다. 사탄은 우리를 죄로 유혹하거나 어떤 위험한 행동을 할 때 이 방법을 많이 사용하여 성공한다. '**괜찮겠지**' 하는 생각이 나중에 감당하지 못할 불행을 가져와 크나큰 후회를 하게 된다. 그러므로 그리스도인은 조그마한 것이라도 안일함을 버려야 한다. 그것이 사탄의 유혹에 넘어가지 않는 비결이다.

　다윗의 거짓말하는 현장에, 후에 사울을 통해 많은 억울한 죽음을 가져오게 될 도엑이 있었다는 것은, 그리스도인들의 옳지 않은 현장에는 사탄이 출동하여 그리스도인의 잘못을 사용하려고 기다리고 있음을 보여준다. 하나님이 기뻐하시는 현장에는 성령과 천사가 있지만 죄의 현장에는 사탄과 악한 영이 있다. 자신의 죄와 잘못을 저지르는 것을 보는 사람은 없어도 그 현장에는 사탄이 보고 있고 듣고 있다. 나중에 그리스도인 자신에게 큰 후회를 안겨 주기 위해 함께 있는 것이다.

다윗의 질문

사무엘상 23장

다윗은 블레셋 사람들이 그일라를 쳐서 양식을 빼앗아가는 것에 대해 하나님께 묻는다.

"이에 다윗이 여호와께 묻자와 이르되 내가 가서 이 블레셋 사람들을 치리이까 여호와께서 다윗에게 이르시되 가서 블레셋 사람들을 치고 그일라를 구원하라 하시니"(삼상 23:2).

그래서 다윗이 블레셋 사람들에게서 그일라를 구원하려고 하자 부하들이 말린다.

"다윗의 사람들이 그에게 이르되 보소서 우리가 유다에 있기도 두렵거든 하물며 그일라에 가서 블레셋 사람들의 군대를 치는 일이리이까 한지라"(삼상 23:3).

그래서 다윗은 다시 하나님께 묻는다.

"다윗이 여호와께 다시 묻자온대 여호와께서 대답하여 이르시되 일어나 그일라로 내려가라 내가 블레셋 사람들을 네 손에 넘기리라 하신지라"(삼상 23:4).

다윗은 그렇게 하여 그일라 사람들을 블레셋 사람에게서 구원한다. 다윗은 그일라 사람들을 괴롭히는 블레셋 사람들을 정의감에서 도우려는 것을 하나님께 두 번씩이나 묻는 신앙을 보여준다. 다윗이 그 일이 자신과 관계된 것인지를 하나님께 묻고 있는 것이다. 아무리 선한 일, 좋은 일이라도 자신과 관계없는 것이 있다. 다윗은 무슨 일이든 이것이 하나님과 관계가 있는지를 묻는다. 이것이 하나님과 함께 살고 있는 자의 은혜로운 모습이다.

그리스도인은 어떤 일을 만났을 때 그것이 자신과 관계되었는지, 하나님과 관계된 것인지를 묻는 것이 중요하다. 흔히 그리스도인이 선한 일, 정의로운 일이면 하나님께 묻지 않고 그리스도의 양심상 해야 하며 하나님께서 기뻐하실 것이라고 생각한다. 그러나 다윗은 정의로운 일이라도 하나님의 마음을 확인하는 차원에서 하나님께 묻고 있는 것이다.

그리스도인에게 정의보다 앞선 것이 하나님의 마음을 아는 것이다. 다윗은 자기 사람들이 반대할 때 다시금 하나님의 마음을 찾고 있었다. 그리고 하나님의 마음이 확인될 때, 자신의 입장이 편안하고 안전하지 않은데도 거침없이 두려움 없이 그대로 행하고 있다.

다윗은 하나님의 마음을 알지 못하게 상황의 불리함을 말하는 자기 사람들의 말에 흔들리지 않고, 모든 일의 최종 결정권자는 하나님이시며 하나님의 마음을 쫓아야 한다는 모습을 보인다.

이처럼 그리스도인이 사람에게 묻고 사람의 말에 따르는 것이 아니라 하나님의 음성을 통하여 하나님의 마음을 알고 행하는 것이 하나님을 기쁘시게 한다.

그리고 하나님의 마음을 알아가는 데 방해되는 것은 자신에게 가까운 사람들이란 것을 알아야 한다. 다윗은 사람의 인정보다 하나님의 마음을 더 앞서서 생각하고 있음을 알려 준다.

다윗은 여전히 사울과 숨바꼭질을 하고 있었다. 다윗은 숨고 사울은 찾는 삶과 죽음의 숨바꼭질이다. 그런데 다윗은 그일라에 있는 자신을 잡으려는 사울에 대해 아히멜렉의 아들 아비아달이 가져온 에봇을 입고 하나님께 묻는다.

"다윗이 이르되 이스라엘 하나님 여호와여 사울이 나 때문에 이 성읍을 멸하려고 그일라로 내려오기를 꾀한다 함을 주의 종이 분명히 들었나이다 그일라 사람들이 나를 그의 손에 넘기겠나이까 주의 종이 들은 대로 사울이 내려오겠나이까 이스라엘의 하나님 여호와여 원하건대 주의 종에게 일러 주옵소서 하니 여호와께서 이르시되 그가 내려오리라 하신지라 다윗이 이르되 그일라 사람들이 나와 내 사람들을 사울의 손에 넘기겠나이까 하니 여호와께서 이르시되 그들이 너를 넘기리라 하신지라"(삼상 23:10~12).

다윗이 왜 하나님께 물었을까? 당연히 그일라 사람들은 다윗의 사람들을 자신들을 구원해 준 생명의 은인과 같이 생각할 텐데 말이다. 이것은 다윗이 사람을 의지하거나 신뢰하지 않고 하나님만 신뢰하였음을 보여주는 장면이다. 보통 자신의 도움을 받은 사람이 자신을 도울 것이라는 일반적 상식, 믿음을 의지하지 않고 하나님의 생각을 먼저 찾은 것이다.

다윗은 자신의 모든 것은 하나님이 결정하신다는 신앙으로 사람과 상황보다 하나님의 음성을 듣고 순종하는 일에 열심을 내고 있다. 그리고 다윗은 자신의 은혜를 입은 그일라 사람들을 미워하거나 처벌하지 않았다. 다만 하나님만 바라고 인도하심을 받았다. 사람에게 매이지 않았다는 증거다.

그리스도인이 하나님의 인도하심을 받지 못하는 것은 사람과 상황에 매여 혼란스럽고 방황하기 때문이다. 사람과 상황에 매이지 않는 다윗을 하나님이 이렇게 보호하고 계셨다.

"다윗이 광야의 요새에도 있었고 또 십 광야 산골에도 머물렀으므로 사울이 매일 찾되 하나님이 그를 그의 손에 넘기지 아니하시니라"(삼상 23:14).

다윗이 사울에게 잡히지 않은 것은 그가 잘 도망 다니기 때문이 아니라 하나님께서 그를 사울의 손에 넘기지 않으셨기 때문이다. 그것은 하나님이 요나단을 통해 다윗에게 말씀하신다.

"곧 요나단이 그에게 이르기를 두려워하지 말라 내 아버지 사울의 손이 네게 미치지 못할 것이요 너는 이스라엘 왕이 되고 나는 네 다음이 될 것을 내 아버지 사울도 안다 하니라"(삼상 23:17).

그리스도인이 하나님이 자신을 지키시고 도우실 것이라고 믿고 있어도 상황이 급박하게 돌아가거나 어려운 상황이 오래되면 지치고 하나님을 향한 신앙의 수준이 떨어질 수도 있다. 이때 하나님은 사람을 통하여 당신의 뜻을 전달하시기도 한다. 그것으로 그리스도인을 위로해주시고 힘을 주신다.

또 하나, 하나님께서는 당신이 사랑하는 자를 위해 너무나 자연스러운 상황으로 지키시고 도우신다. 다윗을 찾는 사울이 드디어 다윗의 사람들이 광야 남쪽 마온 광야 아라바에 있다는 것을 알고 다윗을 잡으러 가려 했다. 그런데 사울에게 새로운 상황이 생겨 다윗은 또다시 위기를 넘겼다.

"전령이 사울에게 와서 이르되 급히 오소서 블레셋 사람들이 땅을 침노하나이다 이에 사울이 다윗 뒤쫓기를 그치고 돌아와 블레셋 사람들을 치러 갔으므로 그곳을 셀라하마느곳이라 칭하니라"(삼상 23:27~28).

사울은 전령으로부터 블레셋 사람이 쳐들어왔다는 말에 다윗 잡기를 멈추고 블레셋 사람들을 치기 위해 그곳에서 떠났다. 이것을 우연이라고 말할 수 있는가! 하나님이 다윗이 감당 못할 상황으로 갈 때 사울에게 더 급한 상황을 발생시키심으로 다윗을 보호하셨다

"사람이 감당할 시험밖에는 너희가 당한 것이 없나니 오직 하나님은 미쁘사 너희가 감당하지 못할 시험 당함을 허락하지 아니하시고 시험 당할 즈음에 또한 피할 길을 내사 너희로 능히 감당하게 하시느니라"(고전 10:13).

그리스도인은 자신의 삶에서 감당 못할 상황에서 자신이 힘쓰지 않고도 자연스럽게 문제가 사라지는 경우를 종종 경험한다. 그럴 때 그것을 우연이라고 생각하거나 당연한 것처럼 생각한다면 잘못 생각하는 것이다. 그것은 하나님이 믿는 자를 위해 자연스럽게 상황이 종료되도록 이끄신 것이다. 하나님과 함께 사는 자는 그 사실을 명확하게 알 것이다.

다윗과 권위

사무엘상 24장

다윗이 엔게디 광야에 있을 때 사울이 추적하여 다윗을 잡으러 왔다. 그런데 다윗이 숨어 있는 동굴 안에 사울이 들어왔을 때 다윗의 사람들은 사울을 죽일 기회가 왔다고 다윗에게 말하였다. 그러자 다윗은 그들에게 단호히 자신의 신앙을 나타낸다.

"자기 사람들에게 이르되 내가 손을 들어 여호와의 기름 부음을 받은 내 주를 치는 것은 여호와께서 금하시는 것이니 그는 여호와의 기름 부음을 받은 자가 됨이니라 하고 다윗이 이 말로 자기 사람들을 금하여 사울을 해하지 못하게 하니라"(삼상 24:6~7).

다윗은 자신에게 유리한 상황보다 하나님의 말씀을 앞세우고, 자신을 죽이려는 사울을 죽일 수 있는 상황보다 하나님이 기름 부어 세우신 사람이라는 권위를 앞세우는 신앙을 보인다.

그리스도인 중에는 **'어쩔 수 없었다'**는 상황을 앞세워 하나님의 말씀보다 자신의 행동을 정당화하려는 어리석은 행동을 하는 이들이 있다.

그러면서 하나님이 이해하실 것이라고 자기 스스로 생각한다. 이것은 매우 위험한 생각이다. 다윗처럼 어떤 상황에서도 하나님의 말씀보다 상황이 앞설 수는 없는 것이다.

다윗은 사울의 옷자락을 자른 것마저도 마음에 찔림을 받을 만큼 권위에 대한 하나님의 생각을 그대로 가지고 있었다. 다윗은 왕의 신분을 하나님이 세우셨다는 권위를 적대적으로 상대하는 것을 두려워했다.

그리고 그는 왕의 신분에 대해 자신을 겸손하게 비유한다. 또 하나님이 모든 것을 판단하실 것이라고 고백한다.

"이스라엘 왕이 누구를 따라 나왔으며 누구의 뒤를 쫓나이까 죽은 개나 벼룩을 쫓음이니이다 그런즉 여호와께서 재판장이 되어 나와 왕 사이에 심판하사 나의 사정을 살펴 억울함을 풀어 주시고 나를 왕의 손에서 건지시기를 원하나이다 하니라"(삼상 24:14~15).

다윗은 권위에 대한 문제를 자신의 능력으로 풀기보다는 하나님이 풀어 주시고 해결해 주시기를 원하고 있다. 이것이 하나님이 바라시는 것이고, 하나님이 세우신 권위에 대한 올바른 태도이다.

오늘날은 권위 상실 시대라고 말해도 과언이 아니다. 권위를 인정하지 않고 권위를 주신 하나님의 판단을 기다리지 않고 인간 스스로의 힘과 능력으로 해결하려고 할 때 더 큰 불행을 가져오게 마련이다. 교회 안에서 하나님이 세우신 권위가 인간이 가진 지혜와 힘과 능력 앞에서 무너지고 소멸하는 위험한 일들이 일어나고 있다. 하나님이 정확하게 시간 속에서 판단하시는 것을 믿지 않고 기다리는 인내심도 없는 것이다.

권위는 능력보다 크다. 그것을 비유로 설명하면, 경찰복을 입은 경찰관의 권위가 달려오는 16톤짜리 트럭이라는 능력을 손으로 세울 수 있는 것과 같다. 교회 안에 사탄의 역사가 더 크게 일어나게 하는 것들 중에 하나가 영적 권위가 인간의 판단과 힘과 다수의 논리로 인정되지 않고 소멸되는 것이다.

그러므로 하나님이 세우신 영적 권위를 존중하는 것은 권위를 세우신 하나님을 존중하는 것이다. 다윗이 왕의 권위를 존중할 때 하나님은 사울의 마음을 돌이키게 하셨다. 사울은 의외의 말을 한다.

"보라 나는 네가 반드시 왕이 될 것을 알고 이스라엘 나라가 네 손에 견고히 설 것을 아노니 그런즉 너는 내 후손을 끊지 아니하며 내 아버지의 집에서 내 이름을 멸하지 아니할 것을 이제 여호와의 이름으로 내게 맹세하라 하니라"(삼상 24:20~21).

이것은 모든 것을 다 가지고 있고 얼마든지 더 많은 것을 가지고 다윗을 이길 수 있는 사울이, 오히려 다윗에게 왕이 될 것을 말하고 자신의 집안을 부탁하는 이상한 상황이 되었다. 다윗이 권위를 상대하는 올바른 태도가 결국 사울의 마음을 바꾸고 아무 문제 없이 끝나게 만들었다.

하나님이 주신 권위를 가진 사람이 권위를 올바르게 사용하지 못한다는 이유로 그 권위를 마음대로 흔드는 것은 위험한 일이고 하나님 앞에 범죄하는 행위이다. 이럴 때 다윗처럼 하나님께 맡기고 하나님의 판단이 나타날 때까지, 하나님의 방법으로 해결하실 때까지 기다려야 한다. 권위의 능력이 있고 없고를 떠나서 하나님이 세우신 권위는 존중되어야 한다.

또한 하나님께 권위를 받은 자가 자격이 되든 안 되든 그것을 판단하고 권위의 책임을 물으시는 분은 하나님이시지 인간이 아닌 것이다.

다윗의 성급함

사무엘상 25장

다윗은 나발에게 자기 사람들의 양식을 정중하게 요청한다.

"다윗이 나발이 자기 양 털을 깎는다 함을 광야에서 들은지라 다윗이 이에 소년 열 명을 보내며 그 소년들에게 이르되 너희는 갈멜로 올라가 나발에게 이르러 내 이름으로 그에게 문안하고 그 부하게 사는 자에게 이르기를 너는 평강하라 네 집도 평강하라 네 소유의 모든 것도 평강하라 네게 양 털 깎는 자들이 있다 함을 이제 내가 들었노라 네 목자들이 우리와 함께 있었으나 우리가 그들을 해하지 아니하였고 그들이 갈멜에 있는 동안에 그들의 것을 하나도 잃지 아니하였나니 네 소년들에게 물으면 그들이 네게 말하리라 그런즉 내 소년들이 네게 은혜를 얻게 하라 우리가 좋은 날에 왔은즉 네 손에 있는 대로 네 종들과 네 아들 다윗에게 주기를 원하노라 하더라 하라"(삼상 25:4~8).

그러나 나발은 건방진 태도로 다윗의 요청을 무시한다. 여기에서 다윗의 인간적인 모습을 발견한다. 자신들이 나발의 것을 방해하거나 손해를 끼치지 않았고 보호해 주었다는 것을 굳이 상기시키며, 다윗 자신을 나발에게 '네 아들'이라는 말까지 써가며 도움을 청하고 있는 것이다. 이것은 낯간지러운 표현이다. 그렇게까지 하지 않아도 되었다. 이것은 다윗다운 모습이 아닌 것이다.

그렇게까지 해서 얻은 것은 무엇인가? 자존심만 상했다. 그리스도인이 자신이 원하는 것을 얻고자 인간적인 계산을 하며 낮아지지 않아도 될 상황에 낮아지면서까지 비굴한 모습을 보이며 얻을 것은 없다. 하나님은 하나님의 자녀가 비굴한 데까지 낮아지는 것을 허락하시지 않고, 사탄은 그 낮아짐을 비웃는다. 그리스도인으로서의 영적 자존심과 자존감을 지킬 때 하나님은 반드시 이것을 지켜주신다.

다윗이 다윗다운 모습일 때 하나님께서 역사하는데, 여기서는 다윗이 다윗답지 못했기에 하나님의 도우심이 나타나지 않은 것이다. 그리스도인들이 자기답게 모든 일을 할 때 하나님 앞에서 보기 좋은 것이며 하나님께서 도우신다. 그렇다면 왜 하나님이 이때 도우시는가? 그리스도인이 자기답게 행동할 때에 그 속에 그 사람에게 맞는 하나님의 도우심이 준비되어 있기 때문이다. 나발에게 무시당하고 모멸감을 갖게 된 다윗은 성급한 태도를 보인다.

> "다윗이 자기 사람들에게 이르되 너희는 각기 칼을 차라 하니 각기 칼을 차매 다윗도 자기 칼을 차고 사백 명 가량은 데리고 올라가고 이백 명은 소유물 곁에 있게 하니라"(삼상 25:13).

그런데 남편의 잘못됨을 알고 다윗의 모습에 두려움을 느낀 나발의 아내가 다윗을 지혜롭게 상대하여 다윗이 나발의 집을 치는 것이 중단되고 나발의 입장에서 큰 화를 면하였다. 그러나 나발은 자신의 죄악 때문에 결국 하나님의 징계로 10일 만에 죽고 만다.

> "그 사람의 이름은 나발이요 그의 아내의 이름은 아비가일이라 그 여자는 총명하고 용모가 아름다우나 남자는 완고하고 행실이 악하며 그는 갈렙 족속이었더라"(삼상 25:3).

다윗의 요청을 거절한 것이 나발의 죽음을 앞당겼다. 다윗은 자신을 죽이려 쫓아다니는 사울 왕에게는 왕이라는 신분과 하나님이 세우신 권위이기 때문에 참고 피하였지만, 나발에 대해서는 그를 위해 수고한 것에 대한 보상을 받지 못하자 기다림 없이 바로 수치를 느끼고 분노하며 칼을 차고 나발에게 간다. 다윗에게서 이 두 모습은 매우 대조적이다.

이러한 다윗의 모습은 자신보다 크고 힘 있는 사람에게는 참고 기다리고 이해하려고 하면서, 자신보다 부족하거나 약한 사람에게는 참고 이해하고 용서하는 마음이 없고 받은 것만큼 대가를 치르게 하는 이중적 모습으로 오늘날 교회 안에도 있다. 큰 것은 잘 감당하다가 작은 것에 걸려 넘어지는 그리스도인을 보게 된다. 그런 사람이 다윗이다.

작은 것을 우습게 보는 것은 또 다른 사탄에게 틈을 보이는 것과 같다. 나중에 다윗은 밧세바를 취할 때 또다시 범죄하게 된다. 그것이 다윗의 일생을 두고 비극을 가져온다. 족장 시대에도 에서가 장자의 명분을 가볍게 여기고 작게 여긴 것으로 장자의 축복을 잃게 되는 것을 볼 수 있다.

이 부분에서 다윗의 내면에 공로의식과 보상심리가 있다는 것을 발견할 수 있다.

> "다윗이 이미 말하기를 내가 이자의 소유물을 광야에서 지켜 그 모든 것을 하나도 손실이 없게 한 것이 진실로 허사라 그가 악으로 나의 선을 갚는도다"(삼상 25:21).

다윗은 나발에게서는 자신이 나발을 위해 수고한 것을 알아주기 바라고, 자신이 이런 수고를 했다는 공로의식과 그것에 합당한 보상을 받겠다는 보상의식이 작용한 것이다. 그 의식이 나발과 그 식구들을 죽이려는 생각까지 하게 된 것이다.

오늘날 그리스도인도 교회 안에서 공로의식과 보상의식 때문에 다툼과 상처를 내고 있다. 그 모든 것이 하나님의 은혜로 된 것인데도 인정하지 않고 자신이 행한 것을 더 크게 보아서 문제가 생기는 것이다. 어쩌면 다윗은 사울 왕에게 받은 마음의 고통이 그대로 나발에게 나타나고 있는 것인지도 모른다.

하나님의 사람도 인간적인 부분이 있기에 마음에 쌓인 부정적 마음이 하나님 앞에서 치유 받지 못하거나 풀지 못하면 자신보다 약한 상대에게 폭발하거나 보복하는 이중적 모습을 보이기도 한다. 다윗은 아비가일이 아니면 나발을 칼로 처리했을지도 모른다. 그러나 다윗이 잠시 아비가일의 말을 들음으로 자신의 생각을 바꾼다. 다윗은 그렇게 나발에게 분노하면서도 아비가일이라는 연약한 여자의 말을 듣는 낮은 마음을 가지고 있었다.

나발은 하나님이 처리하시는 인물이었지 다윗이 처리해야 할 인물이 아니다. 그러기에 하나님은 아비가일을 통해 멈추게 하신 것이다. 그것처럼 그리스도인이 하나님 마음에서 벗어날 때에, 그것이 정당한 것이라도 하나님 마음에서 아니라고 하신다면 그 길을 막고 하나님이 원하시는 길을 가게 하신다. 그리스도인은 하나님이 원하지 않으시는 길을 갈 때에 아비가일이라는 상황과 사람을 통한 세미한 하나님의 음성을 들을 수 있어야 한다.

다윗의 똑같은 시험

사무엘상 26장

다윗은 사울을 죽일 수 있는 두 번째 기회를 만난다. 첫 번째는, 23장에서 사울이 삼천 명을 데리고 다윗을 잡으러 왔다가 엔게디의 한 굴에서 만난 기회이다. 다윗은 그때 사울을 죽일 수 있었지만 옷자락만 자른 후 자신의 행위를 사울에게 알리면서 사울이 돌아가게 했다.

두 번째로, 사울이 삼천 명을 데리고 하길라 산길 옆에 여시몬을 마주보고 진을 친 것을 알고 다윗은 부하 아비새를 데리고 사울이 잠들어 있는 곳까지 갔다. 거기서 아비새는 다윗한테 사울을 죽일 기회라고 말하지만 다윗은 23장의 사건에서처럼 단호하게 말한다.

"다윗이 아비새에게 이르되 죽이지 말라 누구든지 손을 들어 여호와의 기름 부음 받은 자를 치면 죄가 없겠느냐 하고 다윗이 또 이르되 여호와께서 살아 계심을 두고 맹세하노니 여호와께서 그를 치시리니 혹은 죽을 날이 이르거나 또는 전장에 나가서 망하리라 내가 손을 들어 여호와의 기름 부음 받은 자를 치는 것을 여호와께서 금하시나니 너는 그의 머리

곁에 있는 창과 물병만 가지고 가자 하고"(삼상 26:9~11).

다윗은 23장의 사건보다도 더욱 구체적으로 자신의 신앙을 고백하고 있다. 하나님이 하실 일은 하나님이 처리하신다는 것이다. 하나님이 하실 일을 사람이 처리할 때는 죄가 된다는 것을 알고 있는 것이다. 그래서 다윗은 사울의 창과 물병을 몰래 가지고 와서 사울에게 그것을 알린다. 다윗은 두 번째 권위의 시험과 복수의 기회를 만났을 때도 흔들림 없이 오히려 더 확실한 신앙의 모습을 보여주고 있다.

다윗은 두 번째 권위의 시험을 어떻게 이길 수 있었나? 한 번의 시험은 신앙으로 이길 수 있지만 두 번째도 동일한 상황이 온다면 쉽게 이길 수 있겠는가! 쉽지 않을 것이다. 그러나 그의 신앙의 수준이 떨어지지 않았음을 두 번째 유혹을 이김으로 알 수 있다. 그런 다윗을 믿었기에 하나님은 수많은 사울의 군사들을 다윗이 온 것조차 모르게 깊이 잠들게 하셨다.

"다윗이 사울의 머리 곁에서 창과 물병을 가지고 떠나가되 아무도 보거나 눈치 채지 못하고 깨어 있는 사람도 없었으니 이는 여호와께서 그들을 깊이 잠들게 하셨으므로 그들이 다 잠들어 있었기 때문이었더라"(삼상 26:12).

그리고 다윗은 사울을 향해 두 번째 신앙의 고백을 한다.

"원하건대 내 주 왕은 이제 종의 말을 들으소서 만일 왕을 충동시켜 나를 해하려 하는 이가 여호와시면 여호와께서는 제물을 받으시기를 원하나이다마는 만일 사람들이면 그들이 여호와 앞에 저주를 받으리니"(삼상 26:19).

다윗은 자신을 죽이시는 분이 여호와이시면 기꺼이 죽을 수 있다는 고백이다. 그리고 자신을 죽이는 것이 사람이면 하나님께 저주를 받는다고 확신을 가지고 말한다. 자신은 이유를 알 수 없고 이해할 수 없고 자신의 생각에는 잘못이 없다 해도, 하나님이 자신을 죽이신다면 피하지 않고 죽을 수 있다는 것이다. 이는 자기 생명보다 더 하나님 앞에서 순종하는 것을 중요하게 여기는 신앙을 보여주는 것이다.

또한 자신을 죽이는 것이 사람들이 하는 것이면, 아무런 잘못이 없는 자신을 죽이는 것은 죄악이므로 그 사람은 하나님께 저주를 받은 것이라고 하여 자신의 무죄함에 복수하시는 하나님을 확신한다. 이 고백으로 다윗이 얼마나 하나님을 신뢰하는지, 또 그가 보이지 않는 하나님을 보이는 사람보다 얼마나 더 존재감 있게 확신하는가를 알 수 있다.

그리고 다윗은 자기가 믿는 하나님을 이렇게 고백한다.

"여호와께서 사람에게 그의 공의와 신실을 따라 갚으시리니 이는 여호와께서 오늘 왕을 내 손에 넘기셨으되 나는 손을 들어 여호와의 기름 부음을 받은 자 치기를 원하지 아니하였음이니이다 오늘 왕의 생명을 내가 중히 여긴 것같이 내 생명을 여호와께서 중히 여기셔서 모든 환난에서 나를 구하여 내시기를 바라나이다 하니라"(삼상 26:23~24).

자신의 부끄럽지 않은 태도에 하나님이 도우실 것이라고 확신하고 있는 것이다.

블레셋 땅에서의 다윗

사무엘상 27~29장

다윗은 쫓겨다니는 두려움과 피곤함에 하나님보다는 사람을 더 크게 보는 모습을 보였다.

"다윗이 그 마음에 생각하기를 내가 후일에는 사울의 손에 붙잡히리니 블레셋 사람들의 땅으로 피하여 들어가는 것이 좋으리로다 사울이 이스라엘 온 영토 내에서 다시 나를 찾다가 단념하리니 내가 그의 손에서 벗어나리라 하고"(삼상 27:1).

다윗의 피곤함이 결국 불신앙적인 생각을 가지게 했다. 르비딤에서 모세의 기도의 피곤함이 아말렉 족속을 이기게 하고, 광야의 행렬에서 피곤함 때문에 뒤처진 이스라엘 백성들은 아말렉 족속에게 잡혀 죽었다. 엘리야의 갈멜 산에서의 영적 전쟁의 피곤함이 이세벨의 말에 놀라 달아나 로뎀나무 아래 있게 했다. 예수님의 제자들은 겟세마네 동산에서의 피곤함 때문에 예수님과 같이 기도하지 못하고 잠들어버려서 결국 예수님을 두고 도망갔다. 육적이든 영적이든 피곤함은 신앙과 심령과 삶에 피해를 주고 있다.

특히 영적인 피곤함은 하나님에 대해 게으르게 하고 불신앙을 가져다준다. 다윗은 사울을 두려워해서 블레셋 땅으로 들어갔다. 그것은 지극히 전략적이다. 하나는 블레셋 땅에 있는 중요한 도시 가드의 아기스 왕에게 들어감으로 아기스를 도와 이스라엘에 긴장감을 줄 수 있었고, 실제로 아기스 왕은 자기 땅에 거주하는 다윗이 유다 땅에 침범하여 싸워 이기고 온 것으로 알고 있었다. 그러나 사실 다윗은 유대 땅이 아닌 아기스 왕에게는 위협적이지 않은 사람들을 침범하였던 것이다.

> "다윗과 그의 사람들이 올라가서 그술 사람과 기르스 사람과 아말렉 사람을 침노하였으니 그들은 옛적부터 술과 애굽 땅으로 지나가는 지방의 주민이라"(삼상 27:8).

그러나 다윗은 아기스에게 다르게 말을 한다.

> "아기스가 이르되 너희가 오늘은 누구를 침노하였느냐 하니 다윗이 이르되 유다 네겝과 여라무엘 사람의 네겝과 겐 사람의 네겝이니이다 하였더라"(삼상 27:10).

그곳은 아기스의 적대국인 이스라엘 땅의 사람들이기 때문에 아기스는 드디어 다윗에 대해 착각하기에 이른다.

> "아기스가 다윗을 믿고 말하기를 다윗이 자기 백성 이스라엘에게 심히 미움을 받게 되었으니 그는 영원히 내 부하가 되리라고 생각하니라"(삼상 27:12).

다윗은 블레셋 땅에서 살아남아 일 년 사 개월을 보냈다. 그러는 가운데 블레셋 사람들이 이스라엘과 싸우기 위해 군대를 소집할 때 아기스는 다윗에게 함께해야 한다고 말을 한다. 이것은 다윗에게 절대적인 위기 상황이었다. 아기스를 위해 자기 민족 이스라엘을 쳐야 하는 것이다. 이때 다윗은 아기스에게 절대 순종할 것을 말한다.

"그때에 블레셋 사람들이 이스라엘과 싸우려고 군대를 모집한지라 아기스가 다윗에게 이르되 너는 밝히 알라 너와 네 사람들이 나와 함께 나가서 군대에 참가할 것이니라 다윗이 아기스에게 이르되 그러면 당신의 종이 행할 바를 아시리이다 하니 아기스가 다윗에게 이르되 그러면 내가 너를 영원히 내 머리 지키는 자를 삼으리라 하니라"(삼상 28:1~2).

다윗이 말한 대로 다윗의 무리가 이스라엘과 싸운다는 것은 비극이요 하나님 앞에서 범죄이다. 그러나 하나님은 다윗도 어떻게 할 수 없는 이 문제를 인간의 죄성을 가지고 해결하여 주신다. 블레셋 고위직에 있는 사람들이 다윗을 시기하고 두려워하여 자기들과 함께 이스라엘과 싸우게 해서는 안 된다고 말한다. 다윗이 싸움에서 이겨 더욱 왕의 신임을 받으면 자신들의 입지가 좁아지고 위험해질 수 있다고 생각하는 것이다.
그리고 이스라엘과의 싸움에서 다윗의 사람들이 자신들을 칠까 두려워했다.

"블레셋 사람의 방백들이 그에게 노한지라 블레셋 방백들이 그에게 이르되 이 사람을 돌려보내어 왕이 그에게 정하신 그 처소로 가게 하소서 그는 우리와 함께 싸움에 내려가지 못하리니 그가 전장에서 우리의 대적이 될까 하나이다 그가 무엇으로 그 주와 다시 화합하리이까 이 사람들의 머리로 하지 아니하겠나이까"(삼상 29:4).

하나님은 악을 하나님의 마음에 있는 사람을 위하여 선하게 사용하신다.

"여호와께서 온갖 것을 그 쓰임에 적당하게 지으셨나니 악인도 악한 날에 적당하게 하셨느니라"(잠 16:4).

다윗이 이스라엘 사람들과 싸움을 안 할 수 없는 상황 때문에 괴로워할 때, 다윗을 싫어하는 방백들이 다윗을 원래 있던 시글락으로 돌려보내라고 왕에게 청하고 있다. 이것은 다윗이 원했던 일이었다. 아기스는 할 수 없이 다윗을 그가 있던 곳 시글락으로 돌려보낸다. 하나님은 다윗이 어떻게 할 수 없는 불가항력적인 상황에서 너무나 자연스럽게 다윗의 문제를 해결하여 주신다.

그리스도인은 자신이 해결할 수 있는 부분이 있다면 하나님은 그것을 사용하여 해결하여 주시지만, 자신이 해결할 수 있는 방법이 하나도 없다면 하나님께서 하나님의 방법으로 해결하여 주신다. 다윗은 자기가 이스라엘 군인들과 대치하고 조만간 전쟁을 치러야 한다고 생각할 때 얼마나 가슴이 조마조마했을까? 그러나 하나님은 하나님의 마음에 있는 사람을 어처구니없는 상황, 황당한 상황, 비극적 상황에 놓이기를 허락하지 않으신다.

이런 상황은 사실 근본적으로 사울을 향한 다윗의 두려움에서 시작된 것이다.

"다윗이 그 마음에 생각하기를 내가 후일에는 사울의 손에 붙잡히리니 블레셋 사람들의 땅으로 피하여 들어가는 것이 좋으리로다 사울이 이스라엘 온 영토 내에서 다시 나를 찾다가 단념하리니 내가 그의 손에서 벗어나리라 하고"(삼상 27:1).

다윗이 있지도 않을 장래에 대한 비극적 상황을 두려움으로 미리 생각함으로 이런 위험천만한 상황을 가져온 것이다. 그러나 하나님은 은혜로 다윗을 위태로운 상황에서 건져주셨다. 그리스도인이 두려움을 가지고 행동하는 것은 지극히 위험스런 결과를 가져온다. 두려움으로 하는 행동은 결코 하나님이 지지할 수 없고 사탄의 올무에 빠지게 한다.

"사람을 두려워하면 올무에 걸리게 되거니와 여호와를 의지하는 자는 안전하리라"(잠 29:25).

또한 다윗은 블레셋 고위직 사람들의 다윗을 향한 험담이 다윗을 구해줄 것이라고 생각지 못했을 것이다. 어쩌면 다윗은 그 순간에 하나님께서 극적으로 해결해 주시기를 바라며 기도했을 것이다. 그런데 아기스 왕이 이스라엘과 싸우기를 멈추거나, 이스라엘이 화해를 요청하거나, 자연환경을 통해 블레셋 사람들이 물러가거나 하지 않으시고 자연스러운 방법으로 다윗을 이스라엘과의 싸움에서 빠지게 하신 것이다. 결코 사람이 할 수 없는 초자연적인 사건으로 해결하신 것이 아니다

그리스도인들은 하나님이 자신을 도우실 때 자기가 원하는 방식이나 방법대로 도우시기를 바라고 기다리다가 하나님이 다른 방법으로 도우시면 그것을 알지 못하거나 무시한다. 그래서 하나님의 도우심을 놓치기도 한다. 그리스도인들은 결코 자신의 방법으로 도우실 것이라고 생각지 말아야 한다. 하나님은 하나님의 방법으로 도우신다.

그리스도인은 어떻게 하나님의 방법이 올지 모르지만 다만 좋으신 하나님을 신뢰해야 한다.

아말렉을 물리친 다윗

사무엘상 30장

다윗은 자신이 머물던 시글락으로 돌아올 때 예상치 못한 엄청난 비극을 겪게 되었다. 다윗이 자기 사람들과 전쟁에 나간 후에 시글락에 남아 있던 사람들이 아말렉 사람들에게 잡혀간 것이다. 다윗의 아내도 함께 잡혀갔다. 이런 절망적인 상황에 남아 있었던 시글락 사람들이 다윗을 돌로 치려 하는 위급한 상황까지 만났다. 이때 하나님께서는 다윗에게 용기를 주신다.

> "백성들이 자녀들 때문에 마음이 슬퍼서 다윗을 돌로 치자 하니 다윗이 크게 다급하였으나 그의 하나님 여호와를 힘입고 용기를 얻었더라"(삼상 30:6).

다윗은 아말렉에게 잡혀간 자기 사람들과 남아 있었던 사람들의 위협에서 절망하고 두려워할 수 있었지만 하나님의 도우심을 알기에, 상황이나 사람의 도움 없이 스스로 절망적인 상황을 이겨낼 힘이 있었다.

이것은 다윗이 어디에서 능력과 힘을 얻는지를 알 수 있는 대목이다.

"**그의 하나님 여호와를 힘입고 용기를 얻었더라**"는 말씀을 자세히 알아보면 원어로 '그의 하나님 여호와 안에서 스스로 강하게 하였다'라는 뜻이다. '여호와 안에서'의 자세한 뜻은 '하나님께서 자신과 함께하심을 믿고 하나님의 도우심으로 말미암아'라는 뜻으로 쓰일 수 있다.

다윗은 항상 하나님을 자신과 함께하시는 하나님으로 굳세게 믿고 돌에 맞을 수 있는 상황에서도 하나님이 자신에게 주신 언약을 믿고 스스로 자신감을 가지고 있었다. 이것이 오늘날 그리스도인들이 가져야 할 신앙의 모습이다.

바울도 다윗과 같은 고백을 한다.

"내게 능력 주시는 자 안에서 내가 모든 것을 할 수 있느니라"(빌 4:13).

다윗의 이러한 모습은 순간적으로 나온 신앙의 모습이 아니라 평소에 하나님을 사람보다 상황보다 더 의지하고 하나님과 교통하는 신앙이 있기에 가능한 것이었다. 그리스도인이 얼마나 환경과 사람을 뛰어넘는 신앙을 가졌는지를 알려면, 그 사람이 위급한 상황에서 어디에 마음을 더 집중하는가를 보면 된다. 다윗 같은 신앙은 열심히 교회생활을 하고, 영적 행위를 갖는다고 되는 것이 아니라 하나님과 깊은 교통을 가진 자만이 가질 수 있는 모습이다.

또한 이쯤 되면 다윗은 분노하며 급히 자기 사람들을 데리고 아말렉 족속에게 달려갈 수 있는데 다윗은 그렇게 하지 않았다.

"다윗이 아히멜렉의 아들 제사장 아비아달에게 이르되 원하건대 에봇을 내게로 가져오라 아비아달이 에봇을 다윗에게로 가져가매 다윗이 여호와께 묻자와 이르되 내가 이 군대를 추격하면 따라잡겠나이까 하니 여호와께서 그에게 대답하시되 그를 쫓아가라 네가 반드시 따라잡고 도로 찾으리라"(삼상 30:7~8).

다윗은 먼저 하나님을 생각하고 하나님의 마음을 헤아리기 위해 하나님을 찾고 물었다. 어떻게 보면 아말렉을 쫓아 달려가는 것이 당연한 것인데, 다윗은 먼저 하나님의 마음을 알고 싶어한 것이다. 그리고 하나님의 마음에 따라 순종하기를 원하였던 것이다.

어떤 일에 자신이 정당하고도 당연한 행위를 가진다 해서 그것이 다 하나님이 허락하고 인정하거나 지지하는 것이 아님을 알아야 한다. 선하고 의로운 행위가 중요한 것이 아니라 그보다 앞서 하나님의 마음을 아는 것이 우선이다. 하나님 마음을 따라 행하는 것이 선이고 의이다.

"너는 범사에 그를 인정하라 그리하면 네 길을 지도하시리라"(잠 3:6).

다윗은 위기의 상황과 중요한 상황에서 하나님의 뜻을 묻고 그 뜻 앞에 절대적 순종을 보임으로 하나님의 도우심을 받았다. 오늘날 그리스도인은 자신의 감정과 생각과 상황보다 다른 사람의 타당한 말보다 하나님의 뜻을 먼저 묻고 그 뜻을 무엇보다 우선순위에 두어 순종하는 신앙이 필요하다.

다윗은 자기 사람 육백 명을 데리고 아말렉을 잡으러 갔으나 중간에 이백 명은 지쳐 브솔 골짜기에서 남고 사백 명만 데리고 아말렉을 추격한다. 그러다 우연히 들판에서 만난 애굽 사람을 식량과 물을 주어 도와줄 때 그 사람으로 인하여 아말렉 사람들이 있는 처소를 알게 되어 그들을 쳐서 이기고, 잡혀간 자기 사람들을 구출하여 다시 시글락으로 돌아온다.

하나님께서 명하신 일에는 반드시 돕는 상황이나 사람을 만난다. 하나님의 크신 도움의 시작은 오히려 생각하지 않았던 작은 것에서 시작되는 것을 본다. 아말렉이 있는 장소를 알고 쳐서 이긴 이 큰 전쟁의 실마리는 병들고 죽어 가던 한 애굽 사람, 곧 아말렉 족속인 주인으로부터 버림받은 사람이었다. 그를 무시하지 않고 가던 길에서 만났을 때 작은 도움을 주었더니 그 사람으로 인하여 큰 전쟁을 승리로 이끌 실마리를 찾게 된 것이다.

그리스도인은 하나님이 이끄시는 길에 만나게 되는 작은 일도 작게 봐서는 안 된다. 그것이 하나님이 주시는 큰일의 시작이 될 수 있기 때문이다. 또한 삶 속에서 자신의 작은 도움을 요청하는 손길 앞에 무시하거나 무관심하여 그냥 지나쳐 가지 말아야 한다. 어쩌면 그 작은 도움을 요청하는 사람이 자신에게 큰 도움을 줄 사람일 수 있다는 것을 이 사건으로 말씀하신다.

"그 주인이 이르되 잘하였도다 착하고 충성된 종아 네가 적은 일에 충성하였으매 내가 많은 것을 네게 맡기리니"(마 25:21).

그리고 아말렉의 전리품을 나누는 과정에서 피곤에 지쳐 남아 있던 이백 명에게는 전리품을 줄 수 없다고 하는 일부 사람들도 있었지만, 다윗은 함께 전리품을 나누어야 한다고 말하여 나누었다.

"다윗이 이르되 나의 형제들아 여호와께서 우리를 보호하시고 우리를 치러 온 그 군대를 우리 손에 넘기셨은즉 그가 우리에게 주신 것을 너희가 이같이 못하리라 이 일에 누가 너희에게 듣겠느냐 전장에 내려갔던 자의 분깃이나 소유물 곁에 머물렀던 자의 분깃이 동일할지니 같이 분배할 것이니라 하고"(삼상 30:23~24).

다윗은 싸움도 승리도 하나님이 주신 것이므로 어떤 식으로든 공평하게 함께하는 것이 하나님이 원하시는 것이라고 생각했다. 그래서 그렇게 자기 사람들을 설득하고 있다. 직접 싸운 사백 명이 전리품의 주인이 아니고 그 전리품은 하나님이 주신 것이므로, 하나님은 모두가 함께 공평하게 나누는 것이 하나님 마음이라고 말하는 것이다.

고린도 교회에서 바울파와 아볼로파로 나뉘어 누가 더 나은 사역자인가 하면서 싸울 때 바울은 이렇게 말한다.

"어떤 이는 말하되 나는 바울에게라 하고 다른 이는 나는 아볼로에게라 하니 너희가 육의 사람이 아니리요 그런즉 아볼로는 무엇이며 바울은 무엇이냐 그들은 주께서 각각 주신 대로 너희로 하여금 믿게 한 사역자들이니라 나는 심었고 아볼로는 물을 주었으되 오직 하나님께서 자라나게 하셨나니 그런즉 심는 이나 물 주는 이는 아무것도 아니로되 오직 자라게 하시는 이는 하나님뿐이니라 심는 이와 물 주는 이는 한 가지이나 각각 자기가 일한 대로 자기의 상을 받으리라"(고전 3:4~8).

하나님은 차별 없이 각각 맡은 역할이 다르며, 각각의 역할에 충실할 때 하나님은 각자 역할에 맞는 상을 공평하게 주신다는 것이다. 다윗은 하나님이 아말렉과 직접 싸움을 한 사람이나 지쳐 남아 있어 자신들의 소유물을 지킨 사람들이나 역할에서 차이가 있을 뿐이니 동일하게 승리의 전리품을 나누어야 한다고 하나님의 마음을 대변하고 있다.

이것은 오늘날 교회 안에 그리스도인들이 함께 하나님의 일을 나누어서 할 때, 하나님이 원하지도 않으시는 영적 차별을 두어 한쪽은 우월감, 다른 한쪽은 열등감을 가지고 하나님의 일을 하는 모습으로 나타난다. 하나님의 일에는 높고 낮음이 없고, 오로지 하나님의 부르심에 충성된 종으로서 자기 역할에 최선을 다하는 것뿐이다.

그럴 때 하나님은 각자 맡은 역할에 합당한 상을 주신다.

"그러나 이제 하나님이 그 원하시는 대로 지체를 각각 몸에 두셨으니 만일 다 한 지체뿐이면 몸은 어디냐 이제 지체는 많으나 몸은 하나라 눈이 손더러 내가 너를 쓸 데가 없다 하거나 또한 머리가 발더러 내가 너를 쓸 데가 없다 하지 못하리라 그뿐 아니라 더 약하게 보이는 몸의 지체가 도리어 요긴하고 우리가 몸의 덜 귀히 여기는 그것들을 더욱 귀한 것들로 입혀 주며 우리의 아름답지 못한 지체는 더욱 아름다운 것을 얻느니라 그런즉 우리의 아름다운 지체는 그럴 필요가 없느니라 오직 하나님이 몸을 고르게 하여 부족한 지체에게 귀중함을 더하사 몸 가운데서 분쟁이 없고 오직 여러 지체가 서로 같이 돌보게 하셨느니라 만일 한 지체가 고통을 받으면 모든 지체가 함께 고통을 받고 한 지체가 영광을 얻으면 모든 지체가 함께 즐거워하느니라 너희는 그리스도의 몸이요 지체의 각 부분이라"(고전 12:18~27).

그렇다! 그리스도의 몸의 지체 같은 그리스도인이 같이 고통을 받고 같이 영광을 얻는 것이 하나님의 마음이다.

사울의 죽음과 다윗

사무엘하 1~2장

다윗을 통해 하나님이 세우신 권위자를 어떻게 생각하는가를 나타내신다.

아말렉 사람이 죽어 가는 사울의 요청으로 사울을 죽였다. 그는 죽은 사울의 왕관과 팔찌를 가지고 와서 다윗에게 자신이 죽인 것처럼 상황을 설명하였다. 이에 다윗은 기뻐한 것이 아니라 금식하며 슬퍼하였다. 그러면서 다윗은 아말렉 사람을 책망하며 죽이라고 부하에게 말한다.

"다윗이 그에게 이르되 네가 어찌하여 손을 들어 여호와의 기름 부음 받은 자 죽이기를 두려워하지 아니하였느냐 하고 다윗이 청년 중 한 사람을 불러 이르되 가까이 가서 그를 죽이라 하매 그가 치매 곧 죽으니라 다윗이 그에게 이르기를 네 피가 네 머리로 돌아갈지어다 네 입이 네게 대하여 증언하기를 내가 여호와의 기름 부음 받은 자를 죽였노라 함이니라 하였더라"(삼하 1:14~16).

아말렉 사람이 사울을 의도적으로 죽인 것이 아니라고 해도 다윗은 사울을 죽인 것에 대해 죽음으로써 대가를 치르게 한 것이다. 하나님은 다윗을 통하여 자신의 뜻으로 세우신 권위자가 사람으로 인하여 무너지는 것을 원치 않으신다는 사실을 보여주신다.

하나님이 세우신 권위자의 판단은 하나님의 주권이다. 사람으로 그 누구도 함부로 할 수 없음을 보여주는 것이다. 오늘날 하나님이 세우신 공동체에서 하나님이 세우신 권위자를 함부로 인간의 판단과 힘으로 무너뜨리는 것을 안타깝게 보게 된다. 권위자가 설령 잘못되었다고 해도 결국 그 권위자를 판단하고 처리하시는 것은 하나님의 몫이다. 하나님이 세우신 권위를 인간이 강제로 무너뜨리는 데는 합당한 이유가 있을 수 없다. 하나님이 세우신 권위를 인간이 강제로 무너뜨리는 것은 하나님의 권위에 도전하는 것과 같다

비유로 말하면, 각 나라에 파송된 대사를 상대하는 것은 대사를 보낸 그 나라를 상대하는 것과 같다. 권위자가 권위를 바로 사용되기를 옆에서 도와주고 기도하는 것이 최선이다. 그렇지 못할 때는 권위자에 대한 하나님의 판단이 있기를 기도하는 것이 최선이다.

다윗은 죽은 사울의 장례를 치러 준 사람들이 길르앗 야베스 사람들이라는 것을 듣게 된다. 그래서 그들을 향해 다윗은 축복의 메시지를 전한다.

"다윗이 길르앗 야베스 사람들에게 전령들을 보내 그들에게 이르되 너희가 너희 주 사울에게 이처럼 은혜를 베풀어 그를 장사하였으니 여호와께 복을 받을지어다 너희가 이 일을 하였으니 이제 여호와께서 은혜와 진리로 너희에게 베푸시기를 원하고 나도 이 선한 일을 너희에게 갚으리니(삼하 2:5~6).

이 메시지는 권위자를 도운 자에게 들려 주시는 하나님의 음성이다. 어떤 모양이든 권위자를 도울 때 그것은 하나님을 돕는 것이 되어 하나님이 복을 주시는 계기가 된다. 하나님은 권위자를 돕는 것을 선한 일이라고 생각하시고 보상으로 갚으시는 하나님이다.

특히 권위자가 위험에 처하거나 도움이 필요해서 곁에서 도울 때 그것은 하나님을 기쁘시게 하는 것이다. 그리고 축복받는 비결이다.

다윗은 어디로 가야 할지를 모를 때 하나님께 묻는다.

> "그 후에 다윗이 여호와께 여쭈어 아뢰되 내가 유다 한 성읍으로 올라가리이까 여호와께서 이르시되 올라가라 다윗이 아뢰되 어디로 가리이까 이르시되 헤브론으로 갈지니라"(삼하 2:1).

다윗은 자기 자신의 생각이 있었겠지만 하나님이 하시는 것이 가장 옳다고 생각하기에, 부모에게 항상 묻는 어린아이같이, 행동하기 전에 늘 하나님께 묻는 신앙으로 하나님의 인도하심을 받았다

여기에서 다윗이 하나님께 자신이 가야 할 곳을 인도받는 것이 훌륭한 점은, 먼저 사울이 죽었으니 다른 사람 같으면 자신의 사람들을 모아서 사울의 잔당을 부수고 자신이 왕이 되는 작업을 할 것 같은데, 다윗은 그러지 않고 조용히 하나님의 인도하심을 기다리고 있었다는 것이다. 결코 하나님보다 앞서지 않고 하나님의 뜻을 알기를 원했기 때문이다.

두 번째로, 그리스도인의 신앙과 삶에서 가장 중요한 부분을 다윗이 여기에서 제시하고 있는 것이다. 하나님께 항상 묻고 답을 주신 대로 사는 것이 가장 최선의 삶이요 지혜의 삶이다. 다윗은 하나님께 묻고 하나님이 질문에 답을 주실 때, 자신의 생각과 비교하거나 자신의 생각

과 다르면 불순종하거나 핑계와 변명을 하지 않았다. 하나님이 말씀하신 것을 최종의 답, 최고의 답으로 여기고 그대로 순종하는 다윗이 하나님의 마음에 맞는 모습이다.

다윗은 헤브론에서 유다의 왕으로 등극한다. 그리고 그곳에서 칠 년 육 개월 동안 유다의 왕으로 있었다.

> "유다 사람들이 와서 거기서 다윗에게 기름을 부어 유다 족속의 왕으로 삼았더라……다윗이 헤브론에서 유다 족속의 왕이 된 날 수는 칠 년 육 개월이더라"(삼하 2:4, 11).

다윗이 칠 년 육 개월 동안 유다의 왕으로 있으면서 이스라엘의 왕이 되기 위해 열심 내지 않고 있었다는 것이 중요하다. 왕이라는 신분과 칠 년 육 개월이라는 시간은 충분히 이스라엘의 왕이 되기 위해 애쓸 수 있는 조건이 된다. 그러나 다윗은 결코 유다의 왕으로서 시간이 흘러가도 조급해하거나 이스라엘 왕이라는 매력에 빠지지 않고 하나님의 때를 기다렸다. 다윗은 하나님을 향한 신앙이 앞서지 않고는 떨쳐버리기 쉽지 않는 두 가지를 떨쳐냈다.

그리스도인이 자신에게 유리한 위치나 역할을 가지면 더 큰 것을 얻기 위해 조급해하고 열심을 내려 한다. 꼭 하나님이 그렇게 하라고 시킨 것처럼 말이다. 그리고 자신이 가진 여건으로 무언가 할 수 있는 일이 있음에도 아무것도 이루지 못하고 시간만 흘러간다고 생각되면 괴로워한다. 그러나 자신에게 무언가 할 수 있는 여건과 시간이 있다고 하나님의 뜻과 상관없이 열심을 낸다는 것은 위험한 일이다.

하나님의 뜻이 나타날 때까지 시간을 보내는 것을 많은 그리스도인은 그냥 시간을 낭비하는 것이라고 잘못 생각한다. 흘러가는 시간 속에서 생산적인 무언가를 하는 것이 지혜로운 것처럼 생각한다. 그러나 다윗은 유다의 왕이 되었다고 사울의 아들 이스보셋을 없애거나 영토 확장을 늘리고 이스라엘의 왕이 되기 위해 전략적으로 움직이지 않았다는 것이 다윗의 훌륭한 점이다.

칠 년 육 개월이 흘러가더라도 하나님의 뜻이 움직일 때까지 다윗은 기다리는 신앙을 가진 것이다. 진정 하나님의 마음을 가진 자라면 여건과 시간을 초월하여 하나님의 뜻을 기다리는 신앙이 필요하다

다윗의 두 사람

사무엘하 3장

다윗은 하나님이 계획하신 대로 이스라엘의 왕으로 세워지고 있었다. 그러나 다윗이 동서남북으로 뛰어 자신의 왕좌를 만들어 간 것이 아니라 자신이 수고하지 않고도 하나님이 허락하신 환경과 사람을 통하여 만들어지고 있었다

그 한 사람이 사울 집안의 아브넬이었다. 그는 사울 왕가에서 사울의 아들 이스보셋 다음으로 실권을 가진 자였으나 다윗이 이스라엘의 왕이 되도록 돕겠다고 다윗에게 말한다. 그리고 그 시작으로 다윗의 첫 아내였던 사울의 딸인 미갈을 다윗에게 보낸다.

아브넬은 사울의 족속인 베냐민 족속에까지 가서 그들을 설득하여 다윗이 이스라엘의 왕이 되어야 한다고 설득하여 동의하게 만든다. 원래 베냐민 족속은 다윗이 강제로 억압하여 다스리지 않는 한 다윗을 왕으로 인정하지 않을 족속이었다.

"아브넬이 또 베냐민 사람의 귀에 말하고 아브넬이 이스라엘과 베냐민의 온 집이 선하게 여기는 모든 것을 다윗의 귀에 말하려고 헤브론으로 가니라"(삼하 3:19).

이것은 다윗이 이스라엘의 온 족속을 돌아다니면서 스스로 해야 할 일이고 애써야 할 것이나, 하나님은 아브넬을 통하여 다윗이 통합 이스라엘의 왕으로 등극하는 데 돕게 하신다.

"아브넬이 자기를 대신하여 전령들을 다윗에게 보내어 이르되 이 땅이 누구의 것이니이까 또 이르되 당신은 나와 더불어 언약을 맺사이다 내 손이 당신을 도와 온 이스라엘이 당신에게 돌아가게 하리이다 하니"(삼하 3:12).

이것은 다윗에게 주시는 하나님의 은혜이다. 그리고 하나님의 일은 하나님이 하신다는 것을 알 수 있다. 오히려 인간이 하나님을 돕는다고 하다가 오히려 하나님의 계획을 망칠 수 있다. 꼭 어린아이가 엄마를 도와 설거지를 한다고 하지만 결국 깨끗하게 씻지 않아 엄마가 두 번 일을 하는 것과 같다.

다윗을 이스라엘의 왕으로 세우는 것은 하나님이 계획하신 일이다. 사람이 만들거나 어쩌다 상황적으로 그렇게 된 것도 아니다. 그러므로 다윗이 왕이 되었다 해도 자랑하거나 교만할 수가 없다. 다만 자신이 수고하지 않고 얻은 하나님의 도우심이요 하나님의 은혜이다. 하나님께 그저 감사할 뿐이다.

모든 그리스도인들은 각자에게 하나님이 계획하신 일들이 있다. 그것을 알고 이루도록 애쓰는 그리스도인과 모르고 자기 방식대로 사는 그리스도인이 있다. 하나님의 계획을 아는 그리스도인이라도 자신의 선한 의지로 하나님의 계획을 이루려고 하나님이 하실 일을 자신이 하려고 애쓰고 열심을 내는 그리스도인도 있다. 그렇게 할 때 그것은 하나님의 계획을 돕는 것이 아니라 방해하는 것이요 하나님의 계획을 연기시키는 일이 된다.

하나님의 계획을 알 때 자신이 할 일과 하나님이 하실 일을 구분하여 지혜롭게 행하는 것이 중요하다. 자신이 더 열심을 낸다고 해서 자신을 향한 하나님의 계획이 더 빨리 이루어지거나 더 많이 이루어지지는 않는다. 또한 자신을 향한 하나님의 계획을 이루어 가는 데 하나님께서 하시는 일을 가만히 있어 구경해야 하는 때가 있다. 움직일 때도 있지만 멈춰 서서 하나님의 일하심을 보며 감사하는 것이 최선일 때가 있는 것이다.

"너희는 여호와의 선하심을 맛보아 알지어다"(시 34:8).
"이르시기를 너희는 가만히 있어 내가 하나님 됨을 알지어다"(시 46:10).

열심이 넘쳐 하나님이 하실 일을 자신이 다 하든지 혹은 하나님께서 멈추라고 하시는데 멈추지 않고 열심히 달려가는 경우가 있다. 이런 태도는 문제이다. 설령 자신에게 향하신 하나님의 계획이 이루어져도 자랑하지도 교만하지도 말아야 한다. 그것은 하나님이 하셔서 이루신 일이기 때문이다. 다만 부족한 자신을 사랑하고 축복하시는 하나님께 온전히 감사해야 한다.

다윗은 아브넬 덕분에 이스라엘이라는 공동체의 연합을 빨리 가져올 수 있었다. 다윗에게 아브넬은 축복의 사람이었다.

"사람의 행위가 여호와를 기쁘시게 하면 그 사람의 원수라도 그와 더불어 화목하게 하시느니라"(잠 16:7).

다윗이 하나님 앞에서 하나님이 원하시고 기뻐하시는 일을 행함으로 하나님께서는 다윗의 적인 아브넬을 통해 하나님의 계획을 이루시는 놀라운 일을 행하신다. 그러나 아브넬의 수고를 원점으로 돌리게 하는 어리석은 사람이 등장하는데 그가 바로 요압이다. 요압은 전장에서 죽은 동생 아사헬의 복수를 위해, 다윗과 대면하고 나와 자기 처소로 돌아가는 아브넬을 다윗 모르게 헤브론에서 죽인다. 이 사건은 이스라엘 족속들이 자신들과 화친하려는 아브넬을 다윗이 죽였다고 오해하여 다윗과의 관계를 끊고 적대시할 수도 있게 만들었으며, 이스라엘 족속의 공동체의 연합을 깨뜨릴 수 있는 위험한 일이었다. 요압의 행위는 어리석을 뿐 아니라 다윗을 위험으로 빠뜨리는 행위였다.

이 사실을 안 다윗은 요압을 책망하며 그 집안을 향해 무서운 예언을 하게 된다. 되돌릴 수 없는 상황에서 다윗이 보여준 모습은 다른 족속에게 다시금 오해를 없애고 다윗을 위기에서 건진다.

> "다윗이 요압과 및 자기와 함께 있는 모든 백성에게 이르되 너희는 옷을 찢고 굵은 베를 띠고 아브넬 앞에서 애도하라 하니라 다윗 왕이 상여를 따라가 아브넬을 헤브론에 장사하고 아브넬의 무덤에서 왕이 소리를 높여 울고 백성도 다 우니라……석양에 뭇 백성이 나아와 다윗에게 음식을 권하니 다윗이 맹세하여 이르되 만일 내가 해 지기 전에 떡이나 다른 모든 것을 맛보면 하나님이 내게 벌 위에 벌을 내리심이 마땅하니라 하매 온 백성이 보고 기뻐하며 왕이 무슨 일을 하든지 무리가 다 기뻐하므로 이날에야 온 백성과 온 이스라엘이 넬의 아들 아브넬을 죽인 것이 왕이 한 것이 아닌 줄을 아니라"(삼하 3:31~32, 35~37).

다윗은 자신의 적인 아브넬이 죽었을 때 좋아한 것이 아니라 온 백성과 함께 진심으로 그의 죽음을 슬퍼하며 금식하였다. 아브넬을 적으로 본 것이 아니라 자신을 향하신 하나님의 계획을 이루는 중요한 사람으로 보고 있었던 것이다. 그리고 그의 죽음으로 인하여 이스라엘의 연합을 가져오지 못할 수도 있기에 슬퍼한 것이다.

다윗은 자신이 아브넬을 죽였다는 오해와 함께 연합이 깨질 수 있고 자신의 적들이 많아질 수 있는 상황을 변명 없이 진실한 태도로 대하였다. 또 아브넬의 죽음을 슬퍼함으로 그로 인해 발생될 수 있는 위기를 사라지게 했다. 다윗의 이런 태도가 전화위복을 가져와 온 백성이 다윗을 신뢰하여 무엇을 하든 기뻐하고 스스로 오해를 풀게 되었다는 것이다.

그리고 다윗은 아브넬을 죽인 요압을 책망하거나 분노하지 않았다. 다만 되돌릴 수 없는 그 일에 대해 자신의 진실한 태도만을 가지고 있었다. 만약에 요압을 다윗이 죽였다면 또 다른 다윗에게 불행의 씨앗을 갖게 되었을 것이다.

하나님이 이끄시는 그리스도인의 삶에는 아브넬 같은 사람이 있는가 하면 요압같이 나는 원하지 않았는데도 결국에는 나에게까지 손해를 끼치는 사람도 있다. 만약 이렇게 자신과 상관없이 원하지 않는 손해를 보거나 예상 밖의 위기 혹은 사람을 만나면 어떻게 해야 할까? 하나님은 어떻게 하기를 원하시는가?

다윗의 태도가 정답이다. 원망하거나 분노하거나 체념하는 것이 아니라 그 상황을 하나님 앞에서 또 하나의 기회로 볼 수 있어야 한다. 하나님의 사람은 절대로 악한 것이 끝까지 악한 것으로 끝나지 않고 하나님은 사랑하시는 자의 끝을 선으로 갚아 주시는 것이다.

그러므로 위기에서 끝까지 진실된 모습으로 선을 행하면 합력하여 선을 이루어 주신다. 끝없는 오해를 풀기 위한 자기 변명은 헛수고가 될 수 있다. 자신을 위기로 몰아놓은 사람을 원망하는 것은 부질없는 태도이다.

다윗이 더 중요하게 여긴 것

사무엘하 4장

군지휘관 바아나과 레갑이 사울의 아들 이스보셋이 침상에서 잘 때 그를 죽인 후 다윗에게 찾아와 자신들이 이스보셋을 죽였다고 말하며 다윗의 신임을 얻기 원했다.

"헤브론에 이르러 다윗 왕에게 이스보셋의 머리를 드리며 아뢰되 왕의 생명을 해하려 하던 원수 사울의 아들 이스보셋의 머리가 여기 있나이다 여호와께서 오늘 우리 주 되신 왕의 원수를 사울과 그의 자손에게 갚으셨나이다 하니"(삼하 4:8).

그때 다윗은 사울을 죽인 아말렉 사람을 이야기하며, 아무 잘못 없는 이스보셋을 죽인 두 사람에게 이렇게 말한다.

"전에 사람이 내게 알리기를 보라 사울이 죽었다 하며 그가 좋은 소식을 전하는 줄로 생각하였어도 내가 그를 잡아 시글락에서 죽여서 그것을 그

소식을 전한 갚음으로 삼았거든 하물며 악인이 의인을 그의 집 침상 위에서 죽인 것이겠느냐 그런즉 내가 악인의 피 흘린 죄를 너희에게 갚아서 너희를 이 땅에서 없이하지 아니하겠느냐 하고 청년들에게 명령하매 곧 그들을 죽이고 수족을 베어 헤브론 못가에 매달고 이스보셋의 머리를 가져다가 헤브론에서 아브넬의 무덤에 매장하였더라"(삼하 4:10~12).

바아나와 레갑은 자신들의 행동을 칭찬하고 상을 줄 것이라고 착각한 것이다. 그러나 다윗은 비록 적이지만 아무 잘못도 없이 자신의 유익을 위해 왕을 죽인 두 사람에게 죽음으로 대가를 치르게 했다.

다윗은 이스보셋이 죽은 것을 확인할 때 이제 자신에게 유리할 수 있는 상황이 되었으니 기뻐할 수도 있었다. 그러나 그는 기뻐하지 않고 자신들의 실리를 위해 자기 왕을 죽인 두 사람의 죄악을 죽음으로 처리한다. 다윗은 결과가 자신에게 유리하게 된 것에 기뻐하지 않고 두 사람의 죄악을 들어 거부하고 있는 것이다. 과정이 올바르지 않고 결과만 가지고 다윗의 신임을 얻고자 했던 두 사람은 잘못 생각한 것이다.

하나님은 이렇게 말씀하신다.

"창기가 번 돈과 개 같은 자의 소득은 어떤 서원하는 일로든지 네 하나님 여호와의 전에 가져오지 말라 이 둘은 다 네 하나님 여호와께 가증한 것임이니라"(신 23:18).

하나님은 하나님께 드리는 예물 중에서 과정이 하나님께 죄악된 것은 바치지 말라고 하신다. 하나님은 결과보다 과정을 중요하게 여기시기 때문이다.

다윗은 하나님의 마음을 가지고 과정이 악한 두 사람을 하나님을 대신하여 처리한 것이다. 결과만 좋으면 과정이 어떻든 좋다고 하는 것은 위험한 생각이다. 하나님은 결과만을 보시는 것이 아니라 결과를 가져오는 과정을 더 중요하게 보신다. 과정이 바르지 못하면 결과가 좋아도 하나님은 영광을 받으시지 않고 축복도 되지 못한다. 오히려 바르지 못한 과정으로 인해 결과와 상관없이 하나님께 책망을 듣고 징계를 받을 수 있다.

예수님의 달란트 비유 속에서도 두 달란트를 남긴 종이 다섯 달란트를 남긴 종과 같은 칭찬을 받게 된 것은 주인을 향한 충성된 착한 마음으로 장사한 과정이 있었기 때문이다. 주인은 결코 남긴 양에 따라 칭찬을 달리한 것이 아니라 과정에서 충성된 모습 때문에 칭찬이 동일한 것이다.

> "그 주인이 이르되 잘하였도다 착하고 충성된 종아 네가 적은 일에 충성하였으매 내가 많은 것을 네게 맡기리니 네 주인의 즐거움에 참여할지어다 하고"(마 25:21).

그리스도인이 과정에서 하나님을 기쁘시게 할 수 없다면 결과로도 절대로 하나님을 기쁘시게 할 수 없는 것이다. 결과와 상관없이 과정으로서 하나님이 평가하시기 때문이다.

세우는 자와 무너뜨리는 자

사무엘하 5장

　하나님이 세우신 사람은 자기 노력으로 하나님의 계획을 이루는 자가 아니라 하나님이 준비하신 것으로 이루는 자이다. 그렇게 함으로 하나님이 영광을 받으시게 한다.
　다윗은 헤브론에서 유다를 칠 년 육 개월을 다스리고, 삼십 세에 온 이스라엘의 왕이 되어 예루살렘에서 삼십삼 년간 다스린다. 그런데 다윗이 유다 한 지역의 왕에서 한 나라의 왕이 된 것은 다윗의 노력으로 된 것이 아니다. 이스라엘의 모든 족속의 장로가 헤브론에 찾아와서 다윗과 언약을 맺고 다윗에게 기름 부어 이스라엘의 왕으로 인정하였기 때문이다.

> "이에 이스라엘 모든 장로가 헤브론에 이르러 왕에게 나아오매 다윗 왕이 헤브론에서 여호와 앞에 그들과 언약을 맺으매 그들이 다윗에게 기름을 부어 이스라엘 왕으로 삼으니라"(삼하 5:3).

　또한 두로 왕 히람이 사람들을 보내서 다윗을 위해 왕궁을 지어 주었다.

"두로 왕 히람이 다윗에게 사절들과 백향목과 목수와 석수를 보내매 그들이 다윗을 위하여 집을 지으니"(삼하 5:11).

이 모든 것이 다윗을 존귀하게 여기시는 하나님의 손길이며, 하나님 앞에 존귀한 자는 사람 앞에서 존귀함을 갖게 하신다. 그리고 하나님은 다윗이 이스라엘 왕으로서의 능력으로 여부스 족속이 있는 예루살렘을 싸워 차지하게 하신다.

다윗이 예루살렘을 차지하는 것은 이스라엘 왕으로서 중요한 일이었다. 예루살렘은 원래 베냐민의 기업이 되었으나(수 18:28) 유다 지파가 그들을 쫓아내는 데 실패하고(수 15:63), 그 후에 유다 자손들이 그곳을 빼앗았으나(삿 1:8) 나중에 다시 예루살렘을 차지한 베냐민 자손들은 그들 가운데 거주하는 여부스 사람들을 쫓아내지 못했다(삿 1:21). 결국 예루살렘은 여부스 사람의 도시가 되었다.

다윗은 예루살렘이 베냐민 지파에 속해 있기에 사울 집안이 자기에게 굴복하기 전까지 점령하려는 시도를 하지 않았다. 그러다가 이스라엘의 왕이 되고 나서 역사가 깊고 왕의 도시인 예루살렘을 여부스 족속에서 빼앗아 오는 것이 다윗이 이스라엘의 왕으로 등극한 후 처음 하는 일이 되었다. 결국 다윗은 예루살렘을 빼앗아 온다. 그리고 그 예루살렘에 하나님이 거하실 처소가 만들어진다.

"다윗이 시온 산성을 빼앗았으니 이는 다윗 성이더라"(삼하 5:7).

이 일은 왕으로서의 신분과 왕이 거하는 처소로서 예루살렘이라는 장소가 중요함을 말한다. 하나님의 사람이 어떤 장소(현장)를 가지느냐가 얼마나 중요한지를 알려 준다. 전략적으로 또 영적으로 중요한 위치를 가지는 것은 앞으로 하나님의 뜻을 이루는 데 중요한 역할을 하기 때문이다.

이후에 예루살렘에 성전이 만들어지듯이 하나님이 원하시는 장소에 하나님이 나타나시는 것은 당연한 것이다. 그리스도인이 영적 신분으로 축복되더라도 하나님이 축복할 수 없는 현장에 있다면 그것은 불행이다. 하나님이 축복하시고 임재하시는 현장에 늘 머물러 있음으로 인하여 하나님의 뜻과 계획이 이루지는 존재가 되어야 한다. 다윗이 예루살렘을 빼앗은 후에 10절 말씀이 나오는 것은 우연이 아니다.

"만군의 하나님 여호와께서 함께 계시니 다윗이 점점 강성하여 가니라" (삼하 5:10).

다윗에게 일어나는 이 모든 일들이 다윗과 함께하시는 하나님의 능력이었음을 말한다. 그리스도인의 신앙목표는 하나님과 함께하는 존귀한 사람이 되는 것이다. 어떤 위대한 일을 하거나 큰 능력을 나타내는 것이 아니다.

또한 다윗이 이스라엘 왕이 되었다는 것을 들은 블레셋 사람들이 다윗을 치기 위해 르바임 골짜기에 모였다. 하나님이 은혜와 능력을 부어주실수록 사탄의 역사도 커진다. 그리스도인에게 하나님의 은혜와 도우심이 클수록 사탄은 시기하고 두려워하여 넘어뜨리려고 다가온다.

그럴 때 어떻게 해야 하나? 다윗은 싸울 만한지 아닌지, 싸움에 이길지 질지를 나름 평가하며 행동을 결정한 것이 아니라 하나님께 곧장 묻는다.

"다윗이 여호와께 여쭈어 이르되 내가 블레셋 사람에게로 올라가리이까 여호와께서 그들을 내 손에 넘기시겠나이까 하니 여호와께서 다윗에게 말씀하시되 올라가라 내가 반드시 블레셋 사람을 네 손에 넘기리라 하신지라"(삼하 5:19).

다윗은 모든 결정을 하나님이 하시도록 자신을 비우고 하나님께 묻는다. 그리고 다윗은 블레셋 사람과의 싸움에서 이길지 질지를 묻는 것이 아니라 하나님이 자신에게 승리를 주시겠느냐고, 하나님과 블레셋 사람들과의 싸움의 결과를 하나님께 담판 짓고 있는 것이다.

다윗은 블레셋 사람들과 싸워 봐서 이길지 질지를 그때 가서 아는 것이 아니라 이미 블레셋 사람들의 군사력을 무시한 채 하나님께 자신에게 승리를 주시겠느냐고 하나님의 마음을 묻고 있는 것이다. 그럴 때 하나님은 속마음을 다윗에게 알려 주신다. 그래서 다윗은 블레셋 사람들을 하나님이 말씀하신 대로 담대히 바알브라심에서 싸워 이긴다.

그리스도인은 어떤 문제든 먼저 하나님께 묻고 행동하는가? 또한 어떤 문제든 모든 결정은 하나님이 하시고 그분이 승리를 주시면 지금 어떤 상황이라도 이길 것을 믿고 확신을 가지고 나아갈 수 있는가? 다윗을 통해 하나님은 그리스도인들에게 묻는다.

다윗은 또다시 르바임 골짜기에 올라온 블레셋 사람들과 싸우게 되었다. 그러자 다시금 다윗은 하나님께 묻는다. 그때 하나님은 다른 방법으로 공격하여 이기도록 말씀하신다.

"다윗이 여호와께 여쭈니 이르시되 올라가지 말고 그들 뒤로 돌아서 뽕나무 수풀 맞은편에서 그들을 기습하되 뽕나무 꼭대기에서 걸음 걷는 소리가 들리거든 곧 공격하라 그때에 여호와가 너보다 앞서 나아가서 블레셋 군대를 치리라 하신지라 이에 다윗이 여호와의 명령대로 행하여 블레셋 사람을 쳐서 게바에서 게셀까지 이르니라"(삼하 5:23~25).

왜 하나님은 낯선 공격 방법을 알리시는가? 하나님께서는 다윗이 상식에서 벗어나거나 이해할 수 없는 방법을 말씀하셔도 그대로 순종할 것을 아셨기에 그렇게 말씀하신 것이다. 뽕나무 꼭대기에서 걸음 걷는 소리가 전쟁과 무슨 상관인가! 그러나 그것이 공격의 신호라고 하나님은 말씀하신다. 전쟁에서 이해할 수 없는 사인이다. 그러나 하나님이 하라는 대로 다윗은 그대로 행하여 전쟁에서 이겼다

이것은 이스라엘 백성이 여리고 성을 열세 바퀴를 돌고 큰 함성을 지를 때 무너진다는 하나님의 말씀 앞에 누구도 군소리 없이 행함으로 기적을 경험한 것과 같은 이치다. 하나님이 아브라함에게 이삭을 번제로 바치라는 이해할 수 없는 명령을 하시자, 아브라함은 하나님 마음을 알기에 그대로 믿음으로 순종할 때 하나님은 칼을 든 아브라함의 손을 멈추게 하셨다.

하나님은 하나님과 마음이 교통되는 사람은 테스트를 하시듯 이해할 수 없는 방법을 요구하신다. 그런데 세상 사람은 이해할 수 없으나 하나님과 마음이 교통되는 사람은 그것이 이해되고 순종이 된다는 것이다. 하나님의 사람은 하나님의 방법을 알 수는 없지만 순종할 수 있다. 여기에서 한 가지 짚고 넘어갈 것은, 처음 블레셋 족속이 쳐들어올 때는 하나님이 **'올라가라'**(삼하 5:19)고 하시고, 두 번째 쳐들어올 때는 **'올라가지 말라'**(삼하 5:21) 하시며 이해할 수 없는 명령을 하신 것이다. 이는 하나님이 다윗에게 첫 번째 블레셋을 공격할 때보다 좀더 세밀한 순종을 요구해도 순종할 수 있는 신앙을 가졌음을 인정하신 것이다.

그리스도인이 하나님을 섬기면 섬길수록 하나님은 좀 더 높은 순종을 요구하신다. 순종의 강도를 높이시는 것이다. 그것을 순종할 때에 하나님의 역사를 보게 하신다. 그리스도인이 하나님과 함께 살 때에 시간이 흐를수록 그분의 요구가 세밀해지고 담대함을 요구한다는 것을 느끼고 있다면 하나님과 교감이 잘 이루어지고 있는 것이다. 또한 그분 앞에서 잘 성장하고 있다는 증거이다.

다윗과 언약궤

사무엘하 6장

다윗에게서 하나님이 기뻐하시는 두 가지 모습이 보인다. 한 가지는 하나님의 궤 즉 언약궤를 예루살렘으로 가져오는 것이다. 하나님은 언약궤에 대해 모세에게 이렇게 말씀하셨다

> "속죄소를 궤 위에 얹고 내가 네게 줄 증거판을 궤 속에 넣으라 거기서 내가 너와 만나고 속죄소 위 곧 증거궤 위에 있는 두 그룹 사이에서 내가 이스라엘 자손을 위하여 네게 명령할 모든 일을 네게 이르리라"(출 25:21~22).

그런데 이 언약궤는 오랜 시간이 지나면서 이스라엘 백성이 언약궤를 수준 낮은 부적 같은 개념으로 생각하여 결국 블레셋 손에 들어가 다곤 신전에 있다가 돌아왔다. 그때 벧세메스 사람들이 궤 안을 들여다보다가 죽임을 당했다(삼상 6:19). 그 후에 궤는 기럇여아림에 있다가 아비나답의 집에 칠십 년 동안 방치되었다. 이에 다윗은 법궤를 마음 깊

이 생각하고 하나님께 제사 드려질 처소로 가져오기로 결심하였다.

　귀중한 하나님의 것이 방치되는 것을 원하지 않았고 하나님의 것이 원래대로의 존귀함을 받도록 준비하는 다윗의 모습에 하나님이 기뻐하셨다.

　그처럼 그리스도인이 하나님의 것을 존귀하게 여기는 태도가 있어야 한다. 가령 교회 안의 물건이나 하나님께 드려지는 십일조와 헌물, 하나님이 기뻐하시는 물건들을 귀하게 여기는 태도가 중요하다. 귀하게 여긴다고 해서 그것들이 우상이 되어서는 안 된다.

　어떤 그리스도인은 자신이 가진 것보다 못한 것을 하나님께 드리기도 한다. 차라리 하나님께 드리지 말았어야 한다.

　또 하나는 다윗이 사람들을 의식하지 않고 예루살렘으로 들어오는 여호와의 궤를 보면서 기쁨으로 여호와 앞에서 춤을 추는 모습이다. 다윗은 하나님의 궤가 합당한 장소로 모셔지기를 간절히 바라고 힘썼다. 바알레유다에 있는 아비나답의 집에 있는 하나님의 궤를 아비아답의 두 아들 웃사와 아효가 하나님의 궤를 수레에 싣고 가져오다가 나곤의 타작마당에 이르러 소들이 무언가에 놀라 뛰므로 하나님의 궤가 떨어질 위기에 처했다. 그러자 웃사가 손으로 하나님의 궤를 잡다가 하나님의 진노를 사게 되어 죽게 된다. 다윗은 그곳을 베레스웃사라고 불렀다.

　순간 다윗은 자신이 하나님이 기뻐하시는 일을 하는데 죽임을 당하는 일이 왜 생기는지 알지 못했다.

　그럴 때 다윗은 깊이 자신의 문제를 살펴보게 된다. 그리스도인은 문제를 만났을 때 문제만 가지고 판단할 것이 아니라 문제를 만난 자신을 깊이 돌아봐야 한다. 그것이 문제를 푸는 해답이 된다.

　다윗은 하나님의 궤를 옮기는 과정 속에서 실수를 한 것을 알게 되었다. 하나님의 궤는 수레에 싣는 것이 아니다. 수레로 옮기는 방법은 이방 족속이 하는 방법이었다. 그리고 하나님의 궤에 손을 대는 행위는 어떤 이유로든 하나님에게 용납될 수 없는 것이었다. 하나님이 하나님의 궤에 손을 대지 말라고 말씀하셨기 때문이다. 그리고 고핫 자손만이 언약궤를 어깨에 메고 운반할 수 있게 하셨다.

"그 채를 궤 양쪽 고리에 꿰어서 궤를 메게 하며 채를 궤의 고리에 꿴 대로 두고 빼내지 말지며"(출 25:14~15).

"웃시엘의 아들 엘리사반은 고핫 사람의 종족과 조상의 가문의 지휘관이 될 것이며 그들이 맡을 것은 증거궤와 상과 등잔대와 제단들과 성소에서 봉사하는 데 쓰는 기구들과 휘장과 그것에 쓰는 모든 것이며"(민 3:30~31).

"진영을 떠날 때에 아론과 그의 아들들이 성소와 성소의 모든 기구 덮는 일을 마치거든 고핫 자손들이 와서 멜 것이니라 그러나 성물은 만지지 말라 그들이 죽으리라"(민 4:15).

이 세 가지가 다윗의 하나님의 궤에 대한 잘못된 모습이다. 결국 이 사건은 다윗의 무지이거나 무시해도 될 만큼의 가벼운 생각으로 시작되었다. 그리스도인이 하나님 말씀에 대해 무지하거나 가볍게 여기면 그 대가를 치르게 되며, 무지와 무시함이 변명이 될 수 없음을 알아야 한다. 아무리 마음의 뜻이 좋다 할지라도 하나님 말씀을 무시한 절차는 결국 안 한 것보다 못한 결과를 가져왔다.

이 사건의 근본적인 문제는 다윗이 이 언약궤를 가져오는 일에 대해 하나님께 묻지 않았다는 것이다. 자신의 선함을 앞세워서 하나님도 기뻐하실 것이라는 생각에 이 언약궤를 언제 어떻게 가져올지를 묻지 않은 것이 치명적인 문제이다.

그리고 그 중요한 것을 하나님과 의논한 것이 아니라 자기 부하와 백성과 의논하여 결정했다는 것이다.

> "다윗이 천부장과 백부장 곧 모든 지휘관과 더불어 의논하고……우리가 우리 하나님의 궤를 우리에게로 옮겨오자 사울 때에는 우리가 궤 앞에서 묻지 아니하였느니라 하매 뭇 백성의 눈이 이 일을 좋게 여기므로 온 회중이 그대로 행하겠다 한지라"(대상 13:1, 3~4).

다윗은 자신의 잘못으로 인하여 생긴 사건으로 자기 자신이 하나님의 방법에 대해 무지함으로 경솔하게 대했음을 알고 스스로 화를 낸다. 그리스도인은 문제를 만났을 때 문제를 만든 환경이나 사람을 탓할 것이 아니라 다윗처럼 자신의 문제를 발견하고 그것을 부끄러워하거나 냉정하게 자신을 판단해야 문제를 풀 수 있다. 그리고 아무리 하나님께 좋은 일을 한다 해도 하나님이 원치 않는 방법을 사용하게 되면 축복은커녕 오히려 징계를 받을 수 있다. 하나님을 기쁘시게 하려면 하나님이 기뻐하시는 방법으로 해야 한다는 것을, 하나님께서는 이 사건을 통해 말씀하신다.

다윗은 여호와의 궤는 사람들이 어깨에 메어 가는 것이 하나님의 방법인 것을 알게 되어 그렇게 실천했다. 다윗은 이것을 뒤늦게야 알고 하나님의 방법으로 옮기려 했으나 두려워했다. 다윗은 두려움 때문에 여호와의 궤를 예루살렘으로 옮겨오지 못했다. 그래서 언약궤가 오벤에돔으로 옮겨졌다.

> "다윗이 그날에 여호와를 두려워하여 이르되 여호와의 궤가 어찌 내게로 오리요 하고 다윗이 여호와의 궤를 옮겨 다윗 성 자기에게로 메어 가기를 즐겨하지 아니하고 가드 사람 오벧에돔의 집으로 메어 간지라……여호와의 궤를 멘 사람들이 여섯 걸음을 가매"(삼하 6:9~10, 13).

그 후 석 달간 여호와의 궤를 모신 오벧에돔의 집에 하나님의 축복이 임함을 알고 빠르게 다윗 성에 모셔들이게 한다. 다윗은 웃사를 치신 하나님의 진노가 사라짐을 알고 다시금 여호와의 궤를 율법에 기록한 대로 가져오기를 힘쓴다. 다윗은 하나님이 함께하심의 상징이요 임재의 상징인 여호와의 궤를 모시게 됨을 수많은 군사가 있는 것보다 더 기뻐했던 것이다.

다윗은 여호와의 궤로 인하여 두려움을 가지고 있었는데, 이제 자기 성으로 들어오는 하나님의 궤를 보며 기쁨을 감추지 못하고 춤을 추었다. 그 춤은 사람에게 보여주기 위함이 아니고 여호와 앞에서 하나님을 기쁘시게 하기 위한 것이었다. 상식적으로 왕으로서 보여줄 모습이 아니고 부끄러운 모습이 될 수 있었으나 다윗은 아랑곳하지 않고 하나님 보시라고 춤을 추었다.

그리스도인은 하나님이 기뻐하신다면 사람을 의식하지 않고 행할 수 있는 사람이 되어야 한다. 오늘날 전도가 활발하게 이루어지지 않는 것은 사람에 대한 두려움, 사람을 하나님보다 더 의식하기 때문이다.

교회 안에서 그리스도인들이 하나님 앞에서 신앙생활 한다는 의식보다는 사람에게 보여주거나 자신을 위하여 신앙생활 하는 모습을 볼 때 안타깝다. 주님은 우리의 구원을 이루시는 십자가의 수모를 부끄러워하지 않으셨다.

"믿음의 주요 또 온전하게 하시는 이인 예수를 바라보자 그는 그 앞에 있는 기쁨을 위하여 십자가를 참으사 부끄러움을 개의치 아니하시더니 하나님 보좌 우편에 앉으셨느니라"(히 12:2).

그리스도인은 주를 위해 자신을 의식하거나 다른 사람을 의식하여 부끄러움을 느끼지 않을 만큼의 하나님 앞에서의 의식이 충만해야 한다. 그리고 신앙의 모든 것이 자신을 위한 것으로 시작하여 다른 무엇을 위해 한다는 것은 진정한 동기가 될 수 없다. 모두 그분의 영광과 기쁨을 위하여 할 수 있는 순전한 신앙이 어느 때보다 필요한 때가 지금이다.

"그런즉 너희가 먹든지 마시든지 무엇을 하든지 다 하나님의 영광을 위하여 하라"(고전 10:31).
"주를 기쁘시게 할 것이 무엇인가 시험하여 보라"(엡 5:10).

다윗은 하나님을 기쁘시게 하는 제사도 잊지 않고 행하였다. 하나님이 기뻐하시는 것이면 무엇이든 행하는 다윗의 모습이다.

"여호와의 궤를 멘 사람들이 여섯 걸음을 가매 다윗이 소와 살진 송아지로 제사를 드리고……여호와의 궤를 메고 들어가서 다윗이 그것을 위하여 친 장막 가운데 그 준비한 자리에 그것을 두매 다윗이 번제와 화목제를 여호와 앞에 드리니라"(삼하 6:13, 17).

다윗은 미갈에게 다시 한 번 신앙고백을 한다.

"다윗이 미갈에게 이르되 이는 여호와 앞에서 한 것이니라 그가 네 아버지와 그의 온 집을 버리시고 나를 택하사 나를 여호와의 백성 이스라엘의 주권자로 삼으셨으니 내가 여호와 앞에서 뛰놀리라 내가 이보다 더 낮아져서 스스로 천하게 보일지라도 네가 말한 바 계집종에게는 내가 높임을 받으리라 한지라"(삼하 6:21~22).

얼마나 아름다운 신앙고백인가!

이 고백에서 다윗은 다시 한 번 자신의 신앙을 세 가지를 강조한다. 먼저, 모든 것을 하나님 앞에서 한다는 순전한 신앙을 말한다. 두 번째는, 자신을 왕으로 세워 주신 것에 대한 겸손과 감사의 신앙을 말한다. 세 번째는, 결코 사람에게 낮아짐을 당하지 않도록 하나님이 높여주신다는 신앙을 말한다.

다윗은 하나님의 마음을 알고 있는 자요 하나님의 마음을 어떻게 기쁘시게 하는지를 아는 지혜를 가진 사람이었다. 다윗의 신앙고백은 오늘날 그리스도인들의 신앙고백이 되어야 한다.

그리고 그리스도인은 자신의 신앙을 지지해 줄 수 있는 가까운 사람들이 오히려 자신의 신앙을 오해하고 비난하는 것에 마음의 상처를 받고 실망하고 슬퍼하고 괴로워한다. 그럴 때 다윗과 같이 오히려 담대한 신앙고백과 함께 사람으로부터의 시련에 승리하는 자가 되어야 한다.

하나님과 다윗의 감동스런 대화

사무엘하 7장

 다윗은 자신이 왕으로 모든 것이 평안하고 좋은 환경에서 살 때 하나님의 궤가 장막에 있는 것에 대해 마음이 불편하였다. 직접 고백은 하지 않았지만 하나님의 궤가 자신보다 좋은 곳에 모셔지기를 원하였다. 다윗은 평안할 때 더욱더 하나님을 기쁘시게 하는 것에 대한 생각을 가지게 되었다. 이것은 다윗이 삶이 평안할 때에 더욱 좋은 영적 상태를 가지게 되었음을 의미한다.

 오늘을 사는 그리스도인은 위급할 때는 위급해서 하나님을 잊고 살고, 평안할 때는 평안한 대로 육신에 치우쳐 하나님을 멀리한다. 그러나 그리스도인의 진정한 평안과 쉼은 하나님의 마음에 가까이 가는 것이다. 그래서 하나님을 기쁘시게 하는 생각이 나타나야 한다.

 "여호와께서 주위의 모든 원수를 무찌르사 왕으로 궁에 평안히 살게 하신 때에 왕이 선지자 나단에게 이르되 볼지어다 나는 백향목 궁에 살거늘 하나님의 궤는 휘장 가운데에 있도다"(삼하 7:1~2).

다윗은 자기에게 베푸신 하나님의 은혜를 알고 하나님을 위하여 자신이 할 수 있는 것을 하고 싶었다.

소수의 그리스도인은 모든 것이 자기 뜻대로 되고 평안해지면 그 모든 것이 자신이 잘해서 그런 줄 알고 교만하거나 자기를 위해 계획을 세우고 하나님을 존중하지 않는다. 하나님께 게으른 신앙생활을 하며 육신적으로 돌아간다.

그런 태도가 결국 하나님만이 주실 수 있는 더 크신 축복과 은혜를 더 이상 경험하지 못하는 원인이 된다. 다윗은 자신의 평안이 자신만을 위한 것이 아니라 하나님을 위한 평안이라고 생각한 것이다. 그래서 다윗은 하나님을 위한 것을 찾고 있었다.

사울은 처음에는 겸손한 자였으나 왕이 되고 나서는 왕의 신분에 취하여 하나님을 무시하고 불순종하는 자가 되어 결국 하나님으로부터 버림당하는 비극을 맞는다. 그러나 다윗은 자신이 어려울 때나 잘될 때나 하나님을 생각하고 하나님을 높이기 원하는 신앙을 가지고 있었다. 다윗은 어떤 상황에서도 변하지 않는 하나님을 향한 신앙을 가지고 있었다. 이것이 하나님 마음을 감동시키는 모습이다.

하나님은 그 이전에 누구도 하나님의 궤가 있는 성전을 지을 생각을 하지 않고 있었기에, 하나님은 성전을 지어 달라는 말씀을 그 누구에게도 말하지 않았다고 말씀하신다. 하나님이 이 말씀을 하신 것은 이제야 하나님의 마음에 있는 것을 알아주는 다윗이 있기 때문이다. 하나님은 하나님의 마음을 모르는 자거나 알고 싶지 않은 자에게는 굳이 알리지 않으신다. 그러나 하나님의 마음에 있는 것을 알고 싶거나 하나님의 마음을 따라 사는 자에게는 그 마음을 다 표현하신다.

"이스라엘 자손과 더불어 다니는 모든 곳에서 내가 내 백성 이스라엘을 먹이라고 명령한 이스라엘 어느 지파들 가운데 하나에게 내가 말하기를 너희가 어찌하여 나를 위하여 백향목 집을 건축하지 아니하였느냐고 말하였느냐"(삼하 7:7).

하나님은 다윗의 고백에 다윗이 하나님의 궤가 있는 성전을 지어 드린 것처럼 여기시고 기뻐하시며 다윗에게 축복을 말씀하신다. 하나님은 다윗에게 이스라엘의 축복과 다윗 집안에 대한 축복을 말씀하셨다.

오늘날 그리스도인이 하나님이 말씀하시지 않지만 하나님이 원하시는 것을 알고 행할 때 하나님은 구하지 않아도 축복을 주시는 하나님이시다. 하나님의 마음을 헤아려 아는 자가 지혜 있는 자요 구하지 않아도 축복을 받는 비결이다.

다윗의 신앙이 변하지 않을 수 있었던 것은 다윗은 자신이 처음에 누구였는지를 늘 잊지 않았기 때문이다. 그리고 하나님도 이 부분을 말씀하신다. 하나님도 다윗 자신이 처음에 어떤 모습이었는지를 늘 잊지 않기를 바라셨던 것이다.

"다윗 왕이 여호와 앞에 들어가 앉아서 이르되 주 여호와여 나는 누구이오며 내 집은 무엇이기에 나를 여기까지 이르게 하셨나이까"(삼하 7:18). "그러므로 이제 내 종 다윗에게 이와 같이 말하라 만군의 여호와께서 이와 같이 말씀하시기를 내가 너를 목장 곧 양을 따르는 데에서 데려다가 내 백성 이스라엘의 주권자로 삼고"(삼하 7:8).

처음 모습을 잊지 않고 늘 겸손하며 하나님의 은혜를 알고 하나님을 높이는 신앙이 하나님도 원하시는 신앙이다. 자신을 불러주신 처음 자리, 처음 모습을 잊지 않고 사는 그리스도인은 하나님의 은혜가 늘 떠나지 않을 것이다.

다윗을 승리케 하신 하나님

사무엘하 8장

"그 후에 다윗이 블레셋 사람들을 쳐서 항복을 받고 블레셋 사람들의 손에서 메덱암마를 빼앗으니라"(삼하 8:1).

"그 후에 다윗이 블레셋 사람들을 쳐서 항복을 받고 블레셋 사람들의 손에서 가드와 그 동네를 빼앗고"(대상 18:1).

이스라엘 왕이 되고 나서 블레셋 땅을 쳐서 이기고 메덱암마를 빼앗는데, 그 땅이 바로 가드와 그 동네이다. 가드는 어떤 땅인가? 골리앗의 고향이며, 다윗이 미친 척해야 했던 곳이며, 나중에 다윗이 빌붙어 살았던 곳이 아닌가? 그곳을 이제는 당당하게 싸워 이겨 그들로 하여금 종이 되게 한 것이다.

메덱암마는 '**모성의 굴레**'라는 뜻으로 다윗에게는 의미가 있는 말이다. 다윗이 그 땅을 정복함으로 자신의 수치와 부끄러움의 굴레를 끊어놓고 이스라엘의 부끄러움을 끊어놓는 것을 의미한다. 그러므로 이 사건을 통하여 그리스도인은 영적인 힘을 가짐으로 그동안 세상과 죄와 사탄에게 수치와 부끄러움을 받아왔던 굴레를 끊을 수 있는 존재가 되어야 한다는 것이다. 이것이 하나님의 뜻이다.

다윗은 계속된 다른 족속과의 전쟁에서 항상 승리하게 되어 그들이 다윗의 종이 되어 조공을 바친다.

그것은 다윗의 군사력이 아니라 하나님이 이기게 하시기 때문이다.

"다윗이 다메섹 아람에 수비대를 두매 아람 사람이 다윗의 종이 되어 조공을 바치니라 다윗이 어디로 가든지 여호와께서 이기게 하시니라……다윗이 에돔에 수비대를 두되 온 에돔에 수비대를 두니 에돔 사람이 다 다윗의 종이 되니라 다윗이 어디로 가든지 여호와께서 이기게 하셨더라"(삼하 8:6, 14).

이미 다윗은 과거 골리앗과 싸울 때부터 모든 전쟁은 하나님께 속한 것이라고 하여 하나님이 전쟁의 주도권과 결정권을 가지신 분으로 믿고 있었던 그 신앙이 다윗을 이기는 자로 만들었다. 그런데 교회 안의 그리스도인 중에는 자신의 일이든 하나님의 일이든 이루어 가는 것에 대하여 하나님이 하셨다고 하지만, 어디에서 하나님이 함께하셔서 도우셨는지 알지 못하고 상투적인 말로 할 뿐이고, 더 깊이 들어가면 자신의 열정과 지혜를 더욱 가치 있게 여기고 자랑하고 싶어하는 경우를 많이 보게 된다.

그러나 그것은 하나님이 원하시는 신앙의 모습이 아니다. 하나님은 그런 신앙을 인정하지 않는다. 하나님이 결정적으로 도우시고 이기시게 하셨다는 증거와 확신을 가지고 사는 것이 하나님과 함께 사는 비결이다.

"또 여호와의 구원하심이 칼과 창에 있지 아니함을 이 무리에게 알게 하리라 전쟁은 여호와께 속한 것인즉 그가 너희를 우리 손에 넘기시리라"
(삼상 17:47).

하나님은 다른 족속과의 전쟁에서 이기게 하심으로 그를 존귀하게 만들어 주셨다.

하나님의 마음을 알아주는 자는 하나님의 성품대로의 축복을 경험하게 되는 것이다. 다윗은 이기게 하시는 하나님을 알고 있었고, 그 은혜의 보답으로 전쟁에서 이긴 귀한 전리품을 하나님께 드린다. 이것이 하나님 마음과 서로 교통되는 자의 모습이다.

"하맛 왕 도이가 다윗이 하닷에셀의 온 군대를 쳐서 무찔렀다 함을 듣고 도이가 그의 아들 요람을 보내 다윗 왕에게 문안하고 축복하게 하니 이는 하닷에셀이 도이와 더불어 전쟁이 있던 터에 다윗이 하닷에셀을 쳐서 무찌름이라 요람이 은 그릇과 금 그릇과 놋 그릇을 가지고 온지라 다윗 왕이 그것도 여호와께 드리되 그가 정복한 모든 나라에서 얻은 은금 곧 아람과 모압과 암몬 자손과 블레셋 사람과 아말렉에게서 얻은 것들과 소바 왕 르홉의 아들 하닷에셀에게서 노략한 것과 같이 드리니라"(삼하 8:9~12).

다윗은 하나님이 이기신 전쟁에서 얻은 전리품은 하나님께 속한 것이라는 신앙으로 드린다. 이것이 귀한 전리품보다 다윗의 신앙이 더욱 빛나는 부분이다. 하나님도 다윗이 드려진 전리품보다 다윗의 신앙으로 인하여 더 기뻐하셨을 것이다.

그리스도인이 하나님께 드리는 예물이 과연 하나님이 기뻐하시는 예물인가를 생각하게 된다. 의무적으로 형식적으로 드려지는 예물을 하나님이 정말 축복하실 수 있을까? 하나님이 베풀어 주신 은혜와 축복을 깊이 감사해서 기쁨으로 드리는 예물이 얼마나 되겠는가 싶다. 그리고 예물을 드린다 해도 하나님이 예물보다 드려지는 사람의 마음과 신앙을 더 귀하게 여기고 기뻐하신다는 것을 알고 드려지는 예물은 또 얼마나 되겠는가?

은혜를 갚는 다윗

사무엘하 9~10장

다윗은 지난날 사울의 아들 요나단에게 받은 도움과 요나단과의 언약을 생각하여 요나단에게 자녀가 있는지를 묻는다. 자녀가 있다면 요나단에게 받은 은혜를 갚고 언약을 이루려고 하는 것이다.

"다윗이 이르되 사울의 집에 아직도 남은 사람이 있느냐 내가 요나단으로 말미암아 그 사람에게 은총을 베풀리라 하니라"(삼하 9:1).

그래서 시바라는 사울의 종이 와서 므비보셋이라는 절름발이 아들이 있음을 알린다. 다윗은 그를 오라 하여 재산상의 축복과 다윗 왕과 식탁을 함께할 수 있는 특권을 준다.

"너는 내가 사는 날 동안에 여호와의 인자하심을 내게 베풀어서 나를 죽지 않게 할 뿐 아니라 여호와께서 너 다윗의 대적들을 지면에서 다 끊어 버리신 때에도 너는 네 인자함을 내 집에서 영원히 끊어 버리지 말라 하고 이에 요나단이 다윗의 집과 언약하기를 여호와께서는 다윗의 대적들을 치실지어다 하니라……요나단이 다윗에게 이르되 평안히 가라 우리 두 사람이 여호와의 이름으로 맹세하여 이르기를 여호와께서 영원히 나와 너 사이에 계시고 내 자손과 네 자손 사이에 계시리라 하였느니라 하니"(삼상 20:14~16, 42).

"왕이 사울의 시종 시바를 불러 그에게 이르되 사울과 그의 온 집에 속한 것은 내가 다 네 주인의 아들에게 주었노니 너와 네 아들들과 네 종들은 그를 위하여 땅을 갈고 거두어 네 주인의 아들에게 양식을 대주어 먹게 하라 그러나 네 주인의 아들 므비보셋은 항상 내 상에서 떡을 먹으리라 하니라 시바는 아들이 열다섯 명이요 종이 스무 명이라 시바가 왕께 아뢰되 내 주 왕께서 모든 일을 종에게 명령하신 대로 종이 준행하겠나이다 하니라 므비보셋은 왕자 중 하나처럼 왕의 상에서 먹으니라"(삼하 9:9~11).

다윗은 약속을 지키고 자신이 받은 은혜를 잊지 않고 갚는다. 이것은 하나님의 성품과 같은 것이다. 하나님도 그리스도인과의 약속을 반드시 지키시고 하나님께 행한 모든 것, 작은 것도 기억하시고 축복으로 되갚아 주시는 분이다.

그리스도인은 다른 사람에게 준 은혜만을 기억하는 것이 아니라 받은 은혜를 기억하고 갚고자 하는 것이 하나님이 기뻐하시는 것이다. 다윗은 암몬 자손의 왕인 나하스에게 어떤 은혜를 입었는지는 모르지만 아들 된 하눈에게 그 은혜를 갚으려고 했다. 다윗이 은혜를 입은 것을 갚으려는 것은 하나님의 성품에서 나타난다. 그리스도인은 하나님께 받은 은혜만이 아니라 사람에게 받은 도움을 결코 잊어서는 안 되고 반드시 선으로 갚아야 하며, 그것이 하나님의 성품을 가진 자의 모습이다.

"그 후에 암몬 자손의 왕이 죽고 그의 아들 하눈이 대신하여 왕이 되니 다윗이 이르되 내가 나하스의 아들 하눈에게 은총을 베풀되 그의 아버지가 내게 은총을 베푼 것같이 하리라 하고 다윗이 그의 신하들을 보내 그의 아버지를 조상하라 하니라"(삼하 10:1~2).

그러나 암몬의 귀족들이 오해하고 다윗의 사신들에게 수염을 반쯤 자르고 겉옷을 엉덩이 중간까지 잘라 보내는 수치스러운 행동을 한다. 그것이 발단이 되어 암몬 사람은 아람 군대의 도움을 받아 이스라엘과 싸우나 결국 아람 군대는 다윗의 군대에 지고 만다. 그 결과 아람 사람들이 이스라엘을 두려워해서 암몬 자손을 돕지 못하게 된다. 암몬 자손들은 선을 악으로 갚아 해를 입은 것이다.

하나님은 다윗의 모습을 통해 선으로 악을 갚는 자는 결코 이길 수도 축복될 수도 없음을 말씀하고 계신다.

"누구든지 악으로 선을 갚으면 악이 그 집을 떠나지 아니하리라"(잠 17:13).

결국 암몬 자손은 다윗에 의해 전쟁에서 패배하여 그 백성은 이스라엘에게로 와서 낮은 수준의 사람으로 전락한다.

"요압이 암몬 자손의 랍바를 쳐서 그 왕성을 점령하매……그 왕의 머리에서 보석 박힌 왕관을 가져오니 그 중량이 금 한 달란트라 다윗이 자기의 머리에 쓰니라 다윗이 또 그 성읍에서 노략한 물건을 무수히 내오고 그 안에 있는 백성들을 끌어내어 톱질과 써레질과 철도끼질과 벽돌구이를 그들에게 하게 하니라 암몬 자손의 모든 성읍을 이같이 하고 다윗과 모든 백성이 예루살렘으로 돌아가니라"(삼하 12:26, 30~31).

물론 암몬 자손들이 다윗에게 잘못을 하였으나, 다윗 자신이 베푸는 호의에 오해하고 무시하였다 하여 그들을 쳐서 종으로 삼은 것은 아쉽다. 그리스도인이 자신의 호의를 무시한다고 해서 분노하거나 되갚아주려는 것은 분명 잘못된 것이다. 오히려 안타깝게 여기고 불쌍하게 여겨야 한다. 그것이 하나님의 마음이다.

자신의 생명을 주기 위해 오신 예수님을 잡아 죽이는 유대인들에게 예수님은 그들을 불쌍히 여기시고 기도하셨다.

"아버지 저들을 사하여 주옵소서 자기들이 하는 것을 알지 못함이니이다"(눅 23:34).

다윗과 밧세바

사무엘하 11장

다윗의 생애에서 가장 슬프고 고통스러운 사건이 일어난다. 다윗이 우리아의 아내를 취하고 우리아를 전장에서 고의적으로 죽게 만든 이중의 죄악을 짓게 된 것이다.

"다윗이 행한 그 일이 여호와 보시기에 악하였더라"(삼하 11:27).

다윗은 왜 그런 범죄를 지을 수밖에 없었을까?

"그해가 돌아와 왕들이 출전할 때가 되매 다윗이 요압과 그에게 있는 그의 부하들과 온 이스라엘 군대를 보내니 그들이 암몬 자손을 멸하고 랍바를 에워쌌고 다윗은 예루살렘에 그대로 있더라 저녁 때에 다윗이 그의 침상에서 일어나 왕궁 옥상에서 거닐다가 그곳에서 보니 한 여인이 목욕을 하는데 심히 아름다워 보이는지라"(삼하 11:1~2).

다윗은 겨울이 지나고 봄이 되어 전쟁하기 좋은 때에 암몬에 대한 군사 활동을 재개했을 때, 왕으로서 전쟁에 나가 선봉장이 되어야 당연한 것인데 나가지 않았다. 있어야 할 현장에 없고 없어야 할 현장에 있는 것이 다윗의 첫 번째 잘못이다. 그리스도인은 당연히 있어야 할 현장에 있지 않고 있지 말아야 할 현장에 있게 되면 사탄에게 틈을 주고 범죄하게 된다.

그리고 다윗의 두 번째 문제는 게으름이다. 저녁 때에 침상에서 일어났다는 것은 일할 시간에 잠을 잤다는 것이다. 그리스도인의 게으름은 죄와 같고 그 결말은 비참하다

"좀더 자자, 좀더 졸자, 손을 모으고 좀더 누워 있자 하면 네 빈궁이 강도 같이 오며 네 곤핍이 군사같이 이르리라"(잠 6:10~11).

그리스도인의 게으름은 잠언에 나오는 말씀처럼 하나님의 은혜와 축복에서 멀어져 불행한 삶을 산다는 것을 강조하신다. 육적인 게으름뿐만 아니라 영적인 게으름은 더욱 심각한 영적인 질병과 범죄를 낳는다.

다윗의 범죄의 세 번째 문제는 보지 말아야 할 것을 본 것이다. 그는 이런 고백을 한다.

"내 눈을 돌이켜 허탄한 것을 보지 말게 하시고"(시 119:37).

맞다! 보지 말아야 할 것을 본 것이 다윗을 타락시킨 원인이 되었다. 그리스도인도 있지 말아야 할 현장에서 보지 말아야 할 것을 보는 것은 타락된 행위이다. 행함의 정결함만큼 눈의 정결함도 매우 필요한 항목이다. 눈이 정결할 때 행위도 정결해진다.

"눈은 몸의 등불이니 그러므로 네 눈이 성하면 온몸이 밝을 것이요 눈이 나쁘면 온몸이 어두울 것이니 그러므로 네게 있는 빛이 어두우면 그 어둠이 얼마나 더하겠느냐(마 6:22~23).

네 번째 문제는 다윗의 욕심이 작용한 것이다. 다윗에게는 이미 여러 아내가 있었다. 그러나 더 가지고 싶은 욕심이 그를 불행의 늪으로 인도한 것이다.

"욕심이 잉태한즉 죄를 낳고 죄가 장성한즉 사망을 낳느니라"(약 1:15).

이 네 가지 다윗의 문제 때문에 다윗은 사탄이 더 이상 유혹하지 않았는데도 스스로 더 구체적인 범죄로 들어가게 된 것이다. 다윗은 많은 족속과의 전쟁에서 승리하며 패배한 족속이 조공을 바치는 것에 자신감을 가지고 되었고, 그 자신감이 전쟁에 나가지 않아도 된다는 안일함과 안락함을 불러와 결국 스스로 범죄하고 말았다. 다윗은 고통스럽게 하는 것이 없고 잘되어갈 때 스스로 자신의 축복을 무너뜨리는 어리석음을 보였다.

오늘날 그리스도인도 어려움이 있을 때가 위험한 것이 아니라 오히려 잘되어갈 때, 문제가 없을 때가 더 위험하다는 것을 알아야 한다. 왜냐하면 어려울 때보다 모든 것이 잘될 때가 육신에 치우치고 육신의 소욕을 따르기 쉽기 때문이다.

그리고 약할 때는 하나님이 은혜를 주시지만 강할 때는 하나님보다는 자신을 의지하기에 하나님의 은혜가 소멸될 수 있다. 밧세바와의 간음으로 밧세바의 남편 우리아를 악의적으로 죽게 하고 그로 인해 다윗의 가정과 이스라엘은 큰 어려움을 겪게 된다(삼하 12:13~18, 13~20장). 만약 다윗 자신이 작은 일이라고 생각한 일이 이렇게 엄청난 결과를 가져올 줄 알았다면 처음부터 범죄하지는 않았을 것이다. 작은 것을 작고 하찮은 것으로 본 것이 나중에 막을 수 없는 큰 불행을 불러들였다.

그리스도인은 하나님이 원치 않는 것은 아무리 작은 것이라도 작게 보며 가볍게 여겨서는 안 된다. 사탄은 하나님이 원치 않는 것을 가볍게 여기게 해서 범죄하게 만든다. '이 정도는 괜찮아' 하는 생각이 사탄이 주는 생각이다.

하나님이 원치 않으신 것은 작은 것이라도 작은 것이 아니고 가벼운 것이 아니다. 다윗은 자신이 하나님이 함께하시고 모든 것을 축복해 주시니, 자신이 하나님 앞에 자그마한 죄는 괜찮다 생각했는지도 모른다. 그러나 하나님이 함께하시는 것이 하나님 앞에서 면죄부가 되지 못한다는 것을 알았어야 했다. 그리스도인은 아무리 하나님이 자신을 사랑하고 함께해 주시고 축복하신다고 해도 공의의 하나님을 잊어서는 안 된다. 오히려 하나님의 사랑과 축복을 받는 자가 하나님 앞에서 잘못되었을 때 가차없이 징계하신다는 것을 알아야 한다.

"주께서 그 사랑하시는 자를 징계하시고 그가 받아들이시는 아들마다 채찍질하심이라"(히 12:6).

다윗이 처음에 남의 아내 밧세바를 처음 범할 때는 갈등을 갖고 망설였는지도 모른다. 그러나 한 번 범죄하고 나니 두 번째 범죄는 더욱 대담하게 진행되었다. 차라리 처음 범죄할 때 거기서 멈추고 하나님께, 사람에게 잘못을 인정하고 회개하였다면 더 큰 불행은 없었을 것이다. 그러나 다윗은 첫 번째 범죄를 숨기기 위해 두 번째 범죄를 담대히 진행하였다.

그리스도인은 하나님 앞에서나 사람 앞에서 잘못된 것을 알았을 때 처음부터 잘못을 인정하고 용서를 구해야 한다. 숨겨서 좋은 것은 하나도 없다. 하나님은 잘한 것이든 잘못한 것이든 언젠가는 다 드러내신다. 당장 숨긴다고 해서 그것이 숨겨진 것이 아니라 잠시 숨겨질 뿐 나중에 반드시 드러나고야 만다. 잘못된 것을 숨기거나 변명하거나 합리화시키는 것은 어리석은 일이다. 그러므로 그리스도인은 자신의 정당한 일이나 억울한 일이 남들이 알아주지 않고 정당한 평가를 받지 못하고 더 나아가서 오해받는다고 슬퍼하거나 낙심하지 말아야 한다. 하나님이 언젠가는 올바른 판단을 세상 앞에서 내려 주실 것이다. 모든 것이 정확하게 드러날 때까지 하나님이 알아주시고 있다는 믿음으로 인내해야 한다.

그리스도인은 하나님 앞에 처음 잘못을 하였을 때 그것을 크게 생각하고 두려워할 줄 알아야 한다. 그것이 담대하게 두 번째 범죄를 막는 비결이다. 많은 그리스도인들이 왜 똑같은 범죄를 계속 짓는가, 그리고 작은 범죄가 왜 큰 범죄로 발전하는가에 대한 답은 처음 범죄에 대하여 죽을 만큼의 고통과 두려움을 가지지 않기 때문이다. 그리고 죄의 끝을 생각하지 않기 때문이다. 자신이 생각한 것보다 더 큰 고통과 슬픔과 절망의 끝에 있다는 것을 모르는 것이다.

"죄의 삯은 사망이요"(롬 6:23).

다윗은 자신에게 충성을 다하는 의로운 우리아를 고의적으로 전쟁에서 악한 방법으로 죽게 하였다. 자신에게 해를 끼친 사람에게 범죄하는 것도 큰 죄악인데 자신에게 선한 일을 행한 사람에게 범죄하는 것은 더 큰 범죄일 것이다.

"누구든지 악으로 선을 갚으면 악이 그 집을 떠나지 아니하리라"(잠 17:13).

다윗의 죄의 대가

사무엘하 12장

"다윗이 나단에게 이르되 내가 여호와께 죄를 범하였노라 하매"(삼하 12:13).

다윗의 범죄는 결코 숨겨지지 않았다. 하나님의 선지자 나단이 다윗의 죄를 드러내신다.

나단은 다윗에게, 한 부자가 자기의 손님을 위해 가난한 자의 하나밖에 없는 암양 새끼를 대접했다는 이야기를 들려 주었다. 이야기를 듣고 다윗이 화를 내며 '그런 부자는 죽어야 하고 네 배로 보상해야 한다'고 하자 나단은 '그 부자가 바로 다윗'이라고 정곡을 찌른다. 뒤이어 나단을 통해 하나님은 다윗의 범죄를 말씀하시고 두려운 죄의 대가를 다윗에게 말씀하신다.

"이제 네가 나를 업신여기고 헷 사람 우리아의 아내를 빼앗아 네 아내로 삼았은즉 칼이 네 집에서 영원토록 떠나지 아니하리라 하셨고 여호와께서 또 이와 같이 이르시기를 보라 내가 너와 네 집에 재앙을 일으키고 내가 네 눈 앞에서 네 아내를 빼앗아 네 이웃들에게 주리니 그 사람들이 네 아내들과 더불어 백주에 동침하리라 너는 은밀히 행하였으나 나는 온 이스라엘 앞에서 백주에 이 일을 행하리라"(삼하 12:10~12).

무서운 말씀이다. 다윗이 심은 것에 비해 크게 거두게 하시는 하나님의 징계이다. 그동안 다윗이 하나님과 교통하며 살았다고 해도 죄악 앞에서는 아무런 도움이 되지 못한다. 하나님 앞에서 죄는 그 무엇과도 대신할 것이 없는 것이다.

"만일 의인이 돌이켜 그 공의에서 떠나 범죄하고 악인이 행하는 모든 가증한 일대로 행하면 살겠느냐 그가 행한 공의로운 일은 하나도 기억함이 되지 아니하리니 그가 그 범한 허물과 그 지은 죄로 죽으리라"(겔 18:24).
"너희 죄가 반드시 너희를 찾아낼 줄 알라"(민 32:23).

우리아를 암몬 족속의 칼에 죽게 한 다윗에게 하나님은 다윗 가정에 칼의 역사를 가져올 것이라고 말씀하시고, 남의 아내를 빼앗아 자기 아내를 삼은 것에 대해 다윗의 아내들이 다른 사람에 의해 해를 입을 것을 말씀하셨다. 또 다윗이 은밀하게 행한 범죄로 인하여 다윗의 아내들이 해를 입는 것을 모든 사람이 알게 할 것이라고 말씀하신다.

"스스로 속이지 말라 하나님은 업신여김을 받지 아니하시나니 사람이 무엇으로 심든지 그대로 거두리라"(갈 6:7).

다윗은 이때의 죄로 인하여 오는 고통을 시편 51편에서 고백하고 있다.

"하나님이여 주의 인자를 따라 내게 은혜를 베푸시며 주의 많은 긍휼을 따라 내 죄악을 지워 주소서 나의 죄악을 말갛게 씻으시며 나의 죄를 깨끗이 제하소서 무릇 나는 내 죄과를 아오니 내 죄가 항상 내 앞에 있나이다 내가 주께만 범죄하여 주의 목전에 악을 행하였사오니 주께서 말씀하실 때에 의로우시다 하고 주께서 심판하실 때에 순전하시다 하리이다"(시 51:1~4).

그리고 우리아를 죽인 죄로 인하여 밧세바가 낳은 아이는 죽을 것이라고 말씀하신다. 다윗은 자신이 행한 그대로 무서운 대가를 받게 된 것이다. 비록 다윗이 나단의 말에 바로 자신의 죄를 인정하여 하나님께 사함을 받고 죽임 당하는 것은 면하였지만, 두 번의 죄의 대가는 엄청난 두려움과 고통을 가져다주었다. 하나님이 나단을 다윗에게 보내신 때는 다윗이 밧세바에게 범죄하고, 우리아를 전장에서 죽이고, 밧세바가 아이를 출산한 직후였다. 이 말은 하나님은 다윗의 범죄를 아시고 먼저 범죄 사실을 스스로 회개하기를 기다리셨다는 것을 의미한다.

그러나 다윗은 회개하지 않고 은폐하다가 하나님이 나단을 다윗에게 보내면서 자백하게 된다. 이것은 다윗이 하나님께 회개할 기회를 놓치고 말았음을 의미한다.

하나님은 다윗에게 두 번이나 **"업신여기고'(9~10절)**라는 말씀을 하신다. 이 말씀은 다윗의 범죄는 우발적이거나, 큰 죄악이라는 것을 모르고 행한 것이 아니라, 알면서 고의적으로 의도적으로 행한 죄악이라는 것을 강조하는 말씀이다. 진리의 지식을 어느 정도 가진 그리스도인이 범죄하는 것은 단지 죄만의 문제가 아니라 하나님을 업신여기는, 우습게 여기는 행위임을 하나님은 밝히신다.

범죄는 하나님과의 인격적인 관계를 깨뜨리는 행위이다. 다윗은 밧세바와의 사이에서 낳은 아이를 하나님이 치셔서 다 죽어 가자 하나님에게 아이를 위하여 금식하며 기도한다. 그러나 7일을 기도한 끝에 아이가 죽었고, 다윗은 아이의 죽음이 하나님의 징계요, 하나님의 뜻임을 알고, 그 뜻에 순종하는 의미로 금식을 풀고 음식을 먹는다.

> "이르되 아이가 살았을 때에 내가 금식하고 운 것은 혹시 여호와께서 나를 불쌍히 여기사 아이를 살려 주실는지 누가 알까 생각함이거니와 지금은 죽었으니 내가 어찌 금식하랴 내가 다시 돌아오게 할 수 있느냐 나는 그에게로 가려니와 그는 내게로 돌아오지 아니하리라 하니라"(삼하 12:22~23).

다윗은 금식하며 아이를 하나님이 살려 주시기를 위해 기도하였지만, 아이가 죽는 것이 하나님의 뜻임을 알고 그 뜻에 순종한다. 다윗은 하나님 앞에 자신의 간절한 뜻이 이루어지지 않고 반대로 나타나도 이유 없이 순종하였다.

많은 그리스도인이 기도를 열심히 하면 그 기도대로 응답받아야 한다는 것이 기도의 최선이라고 생각한다. 그러나 기도의 최선은 기도하였지만 자신의 뜻과 다른 결과가 생긴 것도 하나님의 뜻으로 여기고 순종하는 것이다. 기도의 결과에 순종한다는 것은 하나님을 신뢰하는 모습이다.

어떤 그리스도인은 열심히 기도하는 자신을 더 가치 있게 여긴다. 그러나 가치 있게 여겨야 할 것은 기도를 들으시는 하나님이다. 기도의 응답을 기뻐할 것이 아니라 하나님의 뜻 앞에 순종하는 것을 기뻐해야 한다. 자기가 원하는 대로의 기도의 응답을 중요하게 여길 것이 아니라 기도의 응답 속에 있는 하나님의 뜻을 더 중요하게 여겨야 할 것이다.

그런 다윗에게 하나님의 은혜가 나타났으니 밧세바의 두 번째 아이인 솔로몬이다. 솔로몬을 하나님이 사랑하셨다. 그래서 그 이름을 여디디

야라고 지어 주셨다. 정식으로 밧세바가 다윗의 아내로 아이를 낳을 때 하나님은 비로소 아이를 축복하셨다. 다윗이 밧세바의 범죄를 회개하고 그 죄의 대가를 첫 번째 아이가 죽음으로 치르고 나서 합당한 부부가 되었을 때 두 번째 아들 솔로몬을 축복하신 것이다.

자녀의 문제는 그 부모로부터 오는 경우가 많다. 자녀에게 문제가 있다고 자녀 스스로 그 책임을 지게 할 것이 아니라 먼저 부모 된 자들이 자신에게 있는, 하나님과 해결되지 않는 죄와 여러 문제가 자녀에게 물려진 것은 아닌가 생각해야 한다. 밧세바의 첫 번째 자녀는 아버지 다윗의 죄악으로 말미암아 불쌍하게 아버지 대신 죄의 대가를 치른 것이다.

그리스도인으로서 자녀를 축복하는 부모가 되려면 적어도 자녀에게 영향을 미칠 수 있는 부모로서 하나님 앞에 잘못된 일들은 없어야 한다. 그것이 그리스도인 부모로서 최소한 자녀를 사랑하는 방법이다.

다윗의 범죄의 재현

사무엘하 13~14장

다윗이 간음과 살인으로 우리아의 가정을 깨뜨렸다는 범죄가 드디어 다윗의 가정에서 다시 재현되었다.

먼저 다윗이 예루살렘에서 범죄한 것이 예루살렘에서 암논이 다말에게 범죄한 것으로 재현되고, 다윗은 암논에게 속임을 당하며, 다윗이 우리아가 사랑하는 밧세바를 범했듯이 암논은 사랑하는 다말을 범한다.

그 후 또 한 번 다윗의 범죄가 자녀에게서 재현되는데, 다윗이 우리아를 죽인 것이 사전에 철저하게 준비된 일이었듯이, 압살롬이 암논을 죽이기 위해 이 년간 준비를 하였다. 그리고 다윗이 우리아를 죽인 것이 밧세바를 얻기 위한 수단이었듯이 압살롬이 암논을 죽인 것도 왕위의 상속자인 장자 암논을 죽임으로 아버지로부터 왕위를 물려받기 위함이었다. 다윗이 직접 우리아를 죽이지 않고 요압이라는 공범을 만들었듯이 압살롬도 자기 손으로 직접 암논을 죽이지 않고 자기 부하를 동원했고, 다윗이 우리아를 죽이기 전에 술에 취하게 했듯이 암논 역시

술로 즐거워할 때 죽임을 당한다. 이렇듯 다윗이 범한 죄악의 재현이 이렇게 무섭게 일치하고 있다.

다윗의 아들 암논이 이복여동생인 다말을 강간함으로 다말의 오빠이자 다윗의 아들 압살롬이 이 년 후에 암논을 죽인다. 그리고 압살롬은 그술로 도망가서 3년을 거기서 지낸다. 이것은 다윗 가정의 비극의 시작을 알리는 사건이 되었다.

다윗의 자녀 문제는 다윗이 범죄하기 전에는 성경에 자녀가 어떤 문제를 일으켰다고 기록하지 않는데, 다윗이 밧세바와의 범죄 이후로 자녀들이 범죄하기 시작한 것은 중요한 의미가 있다. 그리스도인의 부모의 거룩함이 자녀를 축복되게 하지만 부모의 범죄는 자녀에게 부정적인 영향을 주어서 자녀가 하나님의 제어의 손길을 벗어나 범죄하게 만든다.

이 사건에서 다윗은 아버지로서, 왕으로서 어떤 지혜로운 태도도 보이지 않는다.

"다윗 왕이 이 모든 일을 듣고 심히 노하니라"(삼하 13:21).

다윗은 단지 화를 낸 것 외에는 다른 조처가 없었다. 그것이 압살롬이 암논을 죽이기 위해 이 년 동안 때를 기다리게 만든 것이다. 만약 다윗이 화를 내고 암논을 설득력 있게 징계하거나 지혜로운 태도를 보였다면 압살롬은 암논을 죽이지는 않았을 것이다. 압살롬이 암논에게 복수심을 갖게 하고 2년 동안 준비한 데에는 다윗의 책임도 있었다. 다윗은 아버지로서 잘못을 저지른 암논을 책망하고 징계하는 것과 압살롬에게 위로와 후속조치를 할 수 있는 타이밍을 놓친 것이다. 그것이 압살롬을 2년 동안 복수심에 불타게 하고 결국 암논을 죽이게 한 것이다.

다윗은 오로지 죽은 암논에 대해 슬퍼하는 것이 다였다.

> "압살롬은 도망하여 그술 왕 암미훌의 아들 달매에게로 갔고 다윗은 날마다 그의 아들로 말미암아 슬퍼하니라"(삼하 13:37).

다윗은 하나님의 예언으로 자신의 집안에 자신의 범죄와 같은 사건이 재현될 것을 알고, 이 사건이 일어나기 전이나 일어날 때 바로 지혜로운 방법으로 자녀를 대했다면 더 큰 비극은 막을 수 있었을 것이다.

그리스도인의 가정에 부모로서 자녀를 양육할 때도 지혜로운 훈육 방법과 타이밍이 중요하다. 때늦은 자녀양육은 아무 소용이 없는 결과를 가져올 수 있다. 다윗이 자녀의 마음을 헤아리는 관심을 가지지 못한 것이 비극의 원인이 된다.

다윗은 다말을 보호하고 암논의 성품과 압살롬의 마음을 일찍이 알아야 했다. 그것으로 자녀의 문제가 일어나지 않도록 권위를 가지고 자녀의 질서를 잡아야 했다. 다윗의 자녀에 대한 무관심이 결국 다윗 자신에게도 고통을 안겨주었다. 비롯 왕으로서 할 일이 많겠지만 자신의 자녀를 세밀하게 관심을 가지고 양육하는 것은 더욱 중요한 일이다.

그리스도인이 자신의 할 일 때문에 부모로서 가정과 자녀를 무관심하거나 방치한다면, 자녀로 인하여 자신이 쌓아온 명예와 재정과 업적들이 한순간에 무너지고 마음에 되돌릴 수 없는 후회와 고통의 세월을 보낼 수 있다. 다윗은 압살롬을 잡아 집안의 기강을 세워야 하는데, 잘못을 저지르고 도망가서 삼 년 동안 보지 못한 압살롬을 단지 그리워하기만 하는 모습은 아버지로서 이해가 되면서도 문제가 있다.

> "압살롬이 도망하여 그술로 가서 거기에 산 지 삼 년이라 다윗 왕의 마음이 압살롬을 향하여 간절하니"(삼하 13:38~39).

요압의 지혜로 압살롬이 예루살렘에 왔으나 다윗은 변심하여 압살롬을 보지 않고 자기 집으로 돌려보내서 압살롬은 이 년 동안 다윗을 보지 못했다. 압살롬은 아버지 다윗을 보려고 요압을 불렀으나 오지 않자 요압의 밭에 불을 지름으로 요압을 오게 하여 다윗에게 자신을 불러 주기를 간청한다. 그리하여 압살롬은 드디어 아버지 다윗을 보게 되었으나 이미 그 전에 삼 년 동안 자신을 불러 주지 않은 것부터 시작해서 예루살렘에 왔어도 이 년 동안 다윗이 압살롬을 보지 않은 것, 거기에다 요압을 통해 아버지 다윗을 보려 했으나 오지 않은 요압으로 인해 압살롬은 마음에 큰 상처를 입었다. 비록 자신이 큰죄를 범하였으나 이 때 마음의 상처를 받은 것이 나중에 아버지 다윗을 반역하는 원인이 되었을 것이다.

　다윗이 압살롬을 책망과 징계를 통해 다스리고 다시금 잘할 수 있도록 적당한 시간에 적당한 역할을 맡겼다면 다윗에게 반역하지는 않았을 것이다. 결국 압살롬의 죄악보다도 자식을 향한 올바른 책망의 부족함과 때늦은 손길이 압살롬으로 하여금 더 큰 죄악을 범하게 만든 것이다.

　오늘날 자녀의 문제는 그 자녀를 키우는 부모의 자녀양육의 방법과 부모로서 자녀를 고칠 적절한 때를 놓치는 것이다. 또한 부모로서 자녀의 마음을 헤아려 아는 지혜를 가지는 것이 너무나 중요하다. 부모 입장에서 자녀의 마음을 이해하는 것이 아니라 자녀 입장에서 자녀를 이해하는 것이 필요하다.

　안타깝게도 다윗은 자녀의 마음을 아는 데 실패하였다. 위로 하나님의 마음을 아는 다윗은 밑으로 자녀의 마음을 아는 데 부족했다. 가장 가까운 사람의 마음을 아는 것이 필요하다. 가까운 사람의 마음을 알지 못하면 자신이 더 큰 상처를 받는다.

다윗의 적과 아군

사무엘하 15장

다윗은 믿었던 사람들에게 배신을 당한다. 그의 아들 압살롬이 백성들의 마음을 교묘하게 자기에게로 돌려 아버지 다윗에게 반기를 들게 한다. 거기에다 다윗은 자기 출신 족속인 유다 지파로부터 배신을 당한다. 유다 지파는 헤브론에 온 압살롬을 새로운 왕으로 세움으로써 다윗을 배신한다. 그리고 다윗에게 충성스런 신하요 전략가인 아히도벨도 다윗을 배신하고 압살롬의 전략가가 된다.

왜 다윗의 가까운 친구 같은 아히도벨이 압살롬의 편에 서게 되었는가? 그것은 사무엘하 23장 후반에 다윗의 시위대를 구성했던 삼십칠 명의 명단이 나오는데 그들 중에 **"아히도벨의 아들 엘리암"(34절)**과 **"헷 사람 우리아"(39절)**라는 이름이 나온다. 우리아는 엘리암의 딸 밧세바와 결혼했다(삼하 11:3). 밧세바는 아히도벨의 손녀였고, 우리아는 그의 손녀사위였던 것이다. 그러므로 아히도벨은 집안의 억울함을 풀기 위해 병들어 나이 먹어 가는 다윗보다 반란을 일으킨 젊은 압살롬을 지지하게 된 것이다. 그로 인해 다윗은 충격을 받고 비참한 모습으로 도망을 간다.

"다윗이 감람 산 길로 올라갈 때에 그의 머리를 그가 가리고 맨발로 울며 가고 그와 함께 가는 모든 백성들도 각각 자기의 머리를 가리고 울며 올라가니라"(삼하 15:30).

왜 다윗은 예루살렘에서 병력을 증강시켜 압살롬과 싸우려 하지 않고 도망가야 했는가? 그것은 두 가지 이유일 것이다. 하나는, 아들과 대항하는 것이 부모로서 못할 일 같아서였을 것이다. 두 번째는, 다윗은 압살롬의 반란이 자신이 지은 죄악의 대가인 것을 알고, 압살롬과 싸우는 것은 징계하시는 하나님을 대항하는 것으로 생각해서 도망했을 것이다.

하나님은 그리스도인이 사람에 대한 분별력이 떨어질 때 위기를 통하여 진정으로 자신을 불행하게 만드는 사람이 누구이고, 하나님이 보내주신 돕는 자는 누구이며, 하나님은 자기를 위해 누구를 예비하셨는지 알려 주신다. 그리하여 그리스도인이 온전한 분별력을 갖기 원하신다.

다윗은 마냥 낙심하지 않고 말도 안 되는 상황에서 하나님이 자신을 긍휼히 여기사 이런 상황에서 구원하여 주셔서 원래 모습으로 돌아갈 것을 믿음으로 말한다.

"왕이 사독에게 이르되 보라 하나님의 궤를 성읍으로 도로 메어 가라 만일 내가 여호와 앞에서 은혜를 입으면 도로 나를 인도하사 내게 그 궤와 그 계신 데를 보이시리라"(삼하 15:25).

그리고 다윗은 극한 상황에서도 하나님께 구체적인 도우심을 구하는 것을 잊지 않았다

"어떤 사람이 다윗에게 알리되 압살롬과 함께 모반한 자들 가운데 아히도

벨이 있나이다 하니 다윗이 이르되 여호와여 원하옵건대 아히도벨의 모략을 어리석게 하옵소서 하니라"(삼하 15:31).

그리스도인은 자신이 잘되어 가면 자신도 모르게 잘되게 하는 것들을 믿으려는 경향이 있다. 그래서 하나님을 바라보는 것에 소홀히 하고 하나님께 게으른 모습을 보인다. 이것은 근본적으로 하나님을 향한 믿음이 적어지고 자신을 잘되게 하는 것에 믿음을 더욱 크게 가지면서 생기는 것이다.

그럴 때 다윗과 같이 자신이 믿었던 것에 배신을 당함으로 결코 이 세상의 어떤 것도 믿을 수 없다는 것을 경험하게 하신다. 오로지 믿을 대상은 하나님과 그분의 약속이라는 것을 절실히 깨닫게 하신다.

다윗은 이런 상황을 돌려놓을 현실적인 전략을 가진다(34~37절). 다윗은 결코 감정적으로 위기를 상대하지 않고 좀 더 냉정하게 자신이 당한 위기를 해석하고 해결하기 위한 전략을 세웠다는 것이다. 하나님의 사람이 예상치 못한 위기를 만났을 때 하나님은 거기에 대응하는 하나님의 예비하심을 나타내신다. 다윗에게 새로운 사람이 나타나 다윗을 돕게 하신 것이다. 그들은 잇대와 후새, 제사장 사독과 아비아달, 그리고 두 제사장의 아들 요나단과 아히마아스였다.

그리스도인이 위기를 만났을 때는 위기를 보며 낙심하고 육신적으로 돌아갈 것이 아니라, 그 속에서도 도우시는 하나님의 손길과 예비하심을 찾고자 하고 위기를 해결할 수 있도록 돕는 사람들을 만나야 한다.

"사람이 감당할 시험밖에는 너희가 당한 것이 없나니 오직 하나님은 미쁘사 너희가 감당하지 못할 시험 당함을 허락하지 아니하시고 시험 당할 즈음에 또한 피할 길을 내사 너희로 능히 감당하게 하시느니라"(고전 10:13).

또한 현실적으로 위기를 해결하기 위해 감정에 치우치지 않고 이성적으로 지혜를 가지고 풀어나가야 한다. 애굽에서 구출받아 광야에 나온 이스라엘 백성이 르비딤에서 아말렉을 만났을 때, 모세만 산에 올라가 기도한 것이 아니라 여호수아가 칼을 들어 아말렉과 전략적으로 싸웠다는 것은, 그리스도인들이 위기를 만날 때 어떻게 해야 하는지를 가르쳐 준다.

다윗에게 고통을 더하는 사람들

사무엘하 16장

다윗에게 닥친 어려움에 고통을 더하는 사람이 등장한다.

첫 번째는, 시바는 사울 왕의 손자 므비보셋의 종으로, 사울 왕의 재산을 노리고 다윗에게 자기 주인인 므비모셋이 이스라엘을 자기에게로 얻기를 원한다고 음식을 다윗에게 선물로 주면서 모함한다. 요나단의 아들인 므비보셋은 다윗이 요나단에게 은혜를 입어 왕궁에서 같이 식사할 수 있는 은혜를 준 사람이다.

다윗은 시바의 말을 믿었기 때문에 므비보셋에 대한 분노로 시바에게 사울 왕가의 재산을 주게 된다.

"왕이 시바에게 이르되 므비보셋에게 있는 것이 다 네 것이니라 하니라" (삼하 16:4).

다윗은 한쪽 말만 듣고 성급하게 므비보셋을 오해하고 잘못된 판단을 한 것이다.

그리스도인은 위기를 만날 때 결코 부정적인 말에 귀 기울이거나 거기에 동조하여 잘못된 결정을 하지 말아야 한다. 위기가 사람의 마음을 불안하게 하고 복잡하게 생각하게 하기 때문에 잘못된 판단을 할 가능성이 높다. 그럴수록 차분하고 좀더 시간을 가지고 천천히 판단해도 좋을 것이다. 확실한 증거를 가질 때까지는 판단을 유보해야 한다.

결국 나중에는 하나님께서 시바의 말이 므비보셋을 모함한 것이었음을 목격하게 하신다.

"사울의 손자 므비보셋이 내려와 왕을 맞으니 그는 왕이 떠난 날부터 평안히 돌아오는 날까지 그의 발을 맵시 내지 아니하며 그의 수염을 깎지 아니하며 옷을 빨지 아니하였더라 예루살렘에서 와서 왕을 맞을 때에 왕이 그에게 물어 이르되 므비보셋이여 네가 어찌하여 나와 함께 가지 아니하였더냐 하니 대답하되 내 주 왕이여 왕의 종인 나는 다리를 절므로 내 나귀에 안장을 지워 그 위에 타고 왕과 함께 가려 하였더니 내 종이 나를 속이고 종인 나를 내 주 왕께 모함하였나이다 내 주 왕께서는 하나님의 사자와 같으시니 왕의 처분대로 하옵소서"(삼하 19:24~27).

하나님의 사람은 시간이 흐르면서 그와 관계된 것에 대해 하나님께서 옳고 그름을 판단하여 주심을 알게 하신다. 그때까지 판단을 유보하며 하나님이 밝히 드러내실 때까지 기다려야 한다.

다윗은 여기에서 므비보셋이 진실을 이야기했음에도 불구하고 시바에게 결국 므비보셋의 재산의 반을 갖게 한다.

"왕이 그에게 이르되 네가 어찌하여 또 네 일을 말하느냐 내가 이르노니 너는 시바와 밭을 나누라 하니"(삼하 19:29).

다윗 내면에서 자신도 거짓말을 한 것에 대해 대수롭지 않게 생각했던 것이 시바의 거짓말도 믿는 실수를 하는 것이다. 다윗은 요나단(삼상 20:5~6)과 아히멜렉(삼상 21:2), 가드 왕 아기스 왕에게도(삼상 27:8~10) 거침없이 거짓말을 한 것 때문에 나중에는 오히려 속임을 당하고, 속임을 당하면서도 거짓말을 믿는 경향을 갖게 된 것이다.

그리스도인은 언제 어디서나 진실해야 한다. 그것이 나중에 거짓에 속지 않는 비결이다. 거짓말을 하는 자는 거짓말에 속고 낭패를 당하는 것이다.

두 번째 사람은 시므이라는 사울 왕가의 사람이다. 그는 잘못된 생각을 가지고 죽을 각오를 하고 다윗을 저주한다. 다윗 옆에 있는 아비새가 시므이를 죽이기를 요청하나 다윗는 제지한다.

"왕이 이르되 스루야의 아들들아 내가 너희와 무슨 상관이 있느냐 그가 저주하는 것은 여호와께서 그에게 다윗을 저주하라 하심이니 네가 어찌 그리하였느냐 할 자가 누구겠느냐 하고 또 다윗이 아비새와 모든 신하들에게 이르되 내 몸에서 난 아들도 내 생명을 해하려 하거든 하물며 이 베냐민 사람이랴 여호와께서 그에게 명령하신 것이니 그가 저주하게 버려 두라 혹시 여호와께서 나의 원통함을 감찰하시리니 오늘 그 저주 때문에 여호와께서 선으로 내게 갚아 주시리라 하고"(삼하 16:10~12).

다윗은 지금 아들 압살롬의 반역 때문에 괴로운데, 사울 왕가의 몰락에 대해 잘못 알고 있는 시므이로 인하여 더한 괴로움을 받게 된 것이다. 그러나 다윗은 여기에서 다윗다운 신앙의 모습을 보인다.

터무니없는 말을 겁 없이 하는 시므이를 얼마든지 죽일 수 있으나 그는 겸손하게 시므이를 통해 하나님의 마음과 음성을 들으려고 했던 것이다. 비록 하나님이 시므이를 통하여 다윗을 저주하라고 말씀하신 것은 아니라 할지라도, 다윗은 마음을 낮추어 하나님이 자신을 책망하신 다고 고백한다. 하나님이 하신 말씀이라면 자신은 달게 들어야 한다고 생각하는 것이다. 자신의 잘못이 커 아들도 자신을 해하려고 하는 상황에서 자신 때문에 사울 왕가가 망했다고 생각하며 저주하는 시므이의 태도가 마땅하다 생각하는 것이다.

그리고 하나님은 다윗 자신에게 잘못이 많아서 사람들을 통하여 자신을 고통을 가하는 것이라고 믿는다. 그러면서 다윗은 자신에게 고통을 가하는 사람과 환경을 탓하지 않고 모든 상황의 문제는 자신이라고 생각하고 있었다.

이런 태도가 하나님 앞에 겸손하게 하고 하나님의 긍휼을 구하였다. 그리스도인이 자신의 삶에 어떤 형태의 고통이든 그것의 원인이 외부에 있는 것이 아니라 자기 자신에게 문제가 있어 그렇게 되었다고 하며 회개할 마음을 가지는 것은 하나님 앞에 은혜를 입게 되는 태도이다.

광야생활을 했던 이스라엘 백성들은 시종일관 자신들의 힘든 문제로 모세와 하나님을 원망하였다. 그것이 하나님의 진노를 사서 약속된 가나안을 광야 1세대는 들어가지 못하는 비극을 맛보았다. 위기와 고통의 원인을 자신에게서 찾으려는 것은 하나님 앞에서 올바른 태도이다. 그것이 위기와 고통을 해결하는 키와 같다.

다윗은 자신의 억울함을 살피시는 하나님을 의지하며 나중에 그 억울함의 대해 선한 보상을 주실 하나님을 믿었다. 다윗은 자신을 위기와 고통을 준 사람에게 자신이 복수하는 것이 아니라 자신을 알아주시고 보상해 주시는 하나님을 신뢰하였다.

더 나아가서 원수를 축복함으로 악을 선으로 이기는 것이 하나님의 마음이다.

"내 사랑하는 자들아 너희가 친히 원수를 갚지 말고 하나님의 진노하심에 맡기라 기록되었으되 원수 갚는 것이 내게 있으니 내가 갚으리라고 주께서 말씀하시니라 네 원수가 주리거든 먹이고 목마르거든 마시게 하라 그리함으로 네가 숯불을 그 머리에 쌓아 놓으리라 악에게 지지 말고 선으로 악을 이기라"(롬 12:19~21).

결국 다윗이 어처구니없는 저주를 받았음을 후에 시므이의 고백에서 하나님은 밝혀 주신다.

"바후림에 있는 베냐민 사람 게라의 아들 시므이가 급히 유다 사람과 함께 다윗 왕을 맞으러 내려올 때에 베냐민 사람 천 명이 그와 함께하고 사울 집안의 종 시바도 그의 아들 열다섯과 종 스무 명과 더불어 그와 함께 하여 요단 강을 밟고 건너 왕 앞으로 나아오니라 왕의 가족을 건너가게 하며 왕이 좋게 여기는 대로 쓰게 하려 하여 나룻배로 건너가니 왕이 요단을 건너가게 할 때에 게라의 아들 시므이가 왕 앞에 엎드려 왕께 아뢰되 내 주여 원하건대 내게 죄를 돌리지 마옵소서 내 주 왕께서 예루살렘에서 나오시던 날에 종의 패역한 일을 기억하지 마시오며 왕의 마음에 두지 마옵소서 왕의 종 내가 범죄한 줄 아옵기에 오늘 요셉의 온 족속 중 내가 먼저 내려와서 내 주 왕을 영접하나이다 하니"(삼하 19:16~20).

하나님은 하나님의 사람의 억울함도 시간을 통해 밝혀 주신다. 그러므로 억울함을 가지고 슬퍼하거나 복수하려는 죄악을 지어서는 안 된다.

다윗에게 고통을 주는 또 다른 사람은 아히도벨이다. 그는 원래 다윗을 돕는 전략가였다(삼하 15:12). 그러나 그는 다윗을 떠나 압살롬을 돕는 자가 되어 다윗을 죽이려는 계획을 가지고 있었다. 그는 압살롬에게 아버지 다윗의 후궁들과 동침하라고 조언하여, 압살롬이 그 말대로 실행하면서 자신이 아버지를 능가하는 왕으로서의 우월한 위치를 가지게 되었다고 생각하게 했다.

이것은 나단이 다윗에게 한 예언이 이루어지는 것이다(삼하 12:11). 다윗이 밧세바에게 행한 은밀한 죄악이 그대로 재현된 것이다. 압살롬이 지붕에서 온 이스라엘 백성이 보는 데서 후궁들과 동침함으로 다윗의 죄악의 대가가 아들 압살롬에게서 나타나고 만 것이다. 다윗은 심은 것보다 더 크게 거두게 된 것이다.

"스스로 속이지 말라 하나님은 업신여김을 받지 아니하시나니 사람이 무엇으로 심든지 그대로 거두리라"(갈 6:7).

다윗은 자신을 가장 가까이에서 도왔던 자가 자신이 위기를 만나자 돌이켜 자신을 죽이는 자로 돌변하는 것을 보았다. 하나님은 사람을 의지하는 것이 얼마나 어리석은 일인가를 아히도벨을 통하여 알려 주신다.

다윗을 도운 후새

사무엘하 17장

하나님의 사람이 아무리 위기에 처해 있어도 하나님은 결코 망하거나 죽지 않게 하신다. 그리고 하나님은 크신 능력으로 크게 도우시기도 하시지만 작은 것으로 크게 돕기도 하신다.

다윗이 압살롬에게 쫓겨 지친 상태에 있을 때 압살롬에게 일만 이천 명으로 오늘 다윗을 죽이겠다고 말하는 아히도벨의 계획을 압살롬이 그대로 수용하고 행동하였다면 다윗은 죽었을 것이다. 그러나 하나님은 다윗을 위하여 압살롬에게 다윗의 친구 후새의 계획을 듣고 싶은 마음을 갖게 하셨다. 그리고 후새는 다윗이 피할 수 있는 시간적 여유를 주기 위해 시간을 두고 이스라엘 군사를 많이 모집해 다윗을 치는 것이 좋을 것이라고 말했다. 이때 하나님이 압살롬과 그의 신하들이 후새의 말을 옳게 여기게 하셨다. 그 사실을 두 제사장의 아들인 요나단과 아히마아스가 다윗에게 알렸다. 그리하여 다윗은 무사히 요단강을 건너 압살롬의 추격을 피할 수 있게 되었다. 그리고 마하나임에서 소비와 마길과 바르실래가 다윗을 찾아와 음식과 함께 돕게 된다.

다윗도 어떻게 할 수 없는 상황에 놓였을 때 하나님은 시간과 현장 속에 필요한 사람을 세워 돕게 하셨다. 결국 다윗을 위기에 빠뜨린 아히도벨은 스스로 죽음으로 하나님의 사람 다윗을 괴롭히는 사람은 스스로 불행을 가져오게 한다.

하나님은 하나님의 사람을 사람을 통하여 돕게 하신다. 하나님이 함께하신다는 증거 중에 하나는 자신의 삶 속에 적들이 많고 위기가 있어도 하나님은 사람을 시간 속에 현장 속에 세워 하나님의 사람을 돕게 하신다. 이것이 하나님의 또 다른 사랑의 증거이다.

"내가 사람의 줄 곧 사랑의 줄로 그들을 이끌었고"(호 11:4).

그리스도인이 위기만 보고 마음에 큰 두려움을 가지고 어찌할 바를 몰라 세속적인 방법을 가지고 해결하려고 하면 하나님의 예비하신 사람의 축복을 놓친다. 하나님이 세우신 사람을 만나게 해달라고 기도하는 것이 중요하다. 자신이 어떻게 할 수 없는 상황은 하나님이 도우시는 최적의 상황이다.

리더로서의 다윗

사무엘하 18~20장

다윗은 자신의 군대를 조직적으로 세우고 자신이 직접 전쟁에 나가겠다고 말한다.

> "다윗이 그의 백성을 내보낼새 삼분의 일은 요압의 휘하에, 삼분의 일은 스루야의 아들 요압의 동생 아비새의 휘하에 넘기고 삼분의 일은 가드 사람 잇대의 휘하에 넘기고 왕이 백성에게 이르되 나도 반드시 너희와 함께 나가리라 하니"(삼하 18:2).

이것은 다윗이 얼마나 사람을 잘 세우고 조직을 잘 만드는지를 알 수 있다. 그리고 다윗은 그들과 함께 모든 것을 하기를 원했다. 이 모습이 그를 따르는 자에게 신뢰를 주고 힘을 주고 진정한 리더의 모습을 보여주었다. 이것이 압살롬 군대와의 싸움에서 승리를 얻게 한다.

다윗은 위기에서 사람들을 신뢰하고 적당하게 사람을 세우고 앞선 모범을 보여주는 리더였다. 주님께서 그리스도인은 세상 속에서 빛과 소금 같은 존재임을 말씀하신 것은 그리스도인이 세상 속에서 리더로서 사는 자임을 가르쳐 주신 것이다.

"너희는 세상의 소금이니 소금이 만일 그 맛을 잃으면 무엇으로 짜게 하리요 후에는 아무 쓸데없어 다만 밖에 버려져 사람에게 밟힐 뿐이니라 너희는 세상의 빛이라 산 위에 있는 동네가 숨겨지지 못할 것이요 사람이 등불을 켜서 말 아래에 두지 아니하고 등경 위에 두나니 이러므로 집안 모든 사람에게 비치느니라"(마 5:13~15).

진정한 리더는 다른 사람들을 믿어주고 세워 주고 잘할 수 있도록 역할을 주고 다른 사람이 배우고 신뢰할 수 있도록 먼저 본을 보여주는 삶을 사는 것이다.

다윗을 대적한 압살롬은 우습지 않게 노새를 타고 가다가 나뭇가지에 머리카락에 걸려 결국 요압과 군사들에 의해 비참한 최후를 맞는다. 그 사실을 보고받은 다윗은 죽은 아들 압살롬을 생각하며 슬퍼한다.

비록 자신을 해하려고 했지만 압살롬이 죽었을 때 다윗은 아버지로서 슬퍼하였다. 또한 압살롬의 어리석음에 아비로서 가르치지 못한 것에 통탄의 눈물을 흘렸을 것이다.

그러나 다윗은 반역한 아들 압살롬의 죽음에 너무 슬퍼한 나머지 압살롬의 반역을 없애기 위해 목숨을 걸고 다윗을 따른 사람들이 오히려 자신들의 행동이 잘못된 것처럼 오해하게 만들 수 있는 상황이 되자 요압이 나서서 다윗에게 분별력을 갖도록 충고한다.

"요압이 집에 들어가서 왕께 말씀 드리되 왕께서 오늘 왕의 생명과 왕의 자녀의 생명과 처첩과 비빈들의 생명을 구원한 모든 부하들의 얼굴을 부끄럽게 하시니 이는 왕께서 미워하는 자는 사랑하시며 사랑하는 자는 미워하시고 오늘 지휘관들과 부하들을 멸시하심을 나타내심이라 오늘 내가 깨달으니 만일 압살롬이 살고 오늘 우리가 다 죽었더면 왕이 마땅히 여기실 뻔하였나이다 이제 곧 일어나 나가 왕의 부하들의 마음을 위로하여 말씀하옵소서 내가 여호와를 두고 맹세하옵나니 왕이 만일 나가지 아니하시면 오늘 밤에 한 사람도 왕과 함께 머물지 아니할지라 그리하면 그 화가 왕이 젊었을 때부터 지금까지 당하신 모든 화보다 더욱 심하리이다 하니"(삼하 19:5~7).

다윗은 자신의 육신적인 감정이 자기를 목숨 걸고 따르는 자들의 사기를 떨어뜨리고 떠나가게 하는 원인이 될 수 있음을 요압을 통해 알게 되었다. 그래서 다윗은 자신의 태도가 잘못됨을 알고 백성들 앞에 나아갔다. 진정한 리더는 자신의 감정보다도 자기를 바라보며 따르는 사람들을 먼저 생각하고 그들을 더욱 좋은 방향으로 가도록 절제된 모습을 가져야 한다. 또한 자신의 잘못을 충고하여 주는 사람을 위아래 상관없이 겸손하게 듣고 받아들이며 고치는 것이 리더의 모습이다.

다윗은 요압이 자기 부하이지만 그가 자신의 잘못을 충고하였을 때 겸손하게 받아들이고 올바른 행동을 하였다. 이것은 다윗이 들을 귀가 있는 겸손한 자임을 나타내고 있는 것이다.

다윗은 다시 예루살렘 궁으로 돌아온다. 그는 자기를 버리고 아들 압살롬을 왕으로 세운 유다 지파에게 화해를 원하고, 자신을 저주한 시므이와 사울 왕가를 통하여 자신의 유익을 얻기 위해 다윗을 속인 시바의 잘못도 눈감아 준다. 이것은 다윗이 더 이상 잘잘못을 따져 고통과 분열을 갖지 않고 화합과 용서를 가져 강한 이스라엘을 가지기 위함이다. 리더는 옳고 그름보다 사랑으로 허물을 덮어 연합과 일치를 가져오고 공동체를 부흥시키는 역할을 하는 사람이 되어야 한다.

그러나 안타깝게도 분열과 전쟁은 다윗이 어떻게 할 수 없는 불가항적인 모양으로 전개되어 갔다. 20장에서는 다윗이 예루살렘으로 복귀하는 문제를 놓고 다윗을 돕는 유다 지파와 그 유다 지파에 감정이 있는 이스라엘 지파 간에 다툼이 벌어지고, 그사이 세바라는 자가 다윗에게 반기를 들어 유다 지파를 뺀 이스라엘 지파와 나머지 지파가 그를 따름으로 다시 한 번 지파 간에 분열과 다툼이 일어날 지경이 되고 말았다. 다윗이 어떻게 할 수 없는 상황으로 가는 것이다.

그 와중에 세바를 진압할 군대의 책임자로 다윗의 이인자인 요압을 세우지 않고 아마사라는 인물을 세우자 요압이 그를 용납하지 않고 죽이게 된다. 결국 다윗은 세바의 난이 일어나기 전에 유다 지파와 이스라엘 지파를 화해와 평화를 가져올 지혜가 필요하였으나 그렇게 되지 못했고, 분열의 한축이 되는 세바의 반란을 요압이 아닌 아마사에게 맡겼다가 그를 요압의 손에 죽게 하고 말았다. 다윗은 하나님의 사람으로 분열과 전쟁을 막고 일치와 화합과 평화를 가져와야 하는 역할을 가졌음에도 그 문제들을 해결하지 못한 채 아마사를 세움으로 요압과도 싸움이 일어났다. 다윗의 잘못된 선택으로 죽음이 일어난 것이다.

그런데 아벨의 성에 있는 지혜로운 여인을 통해서 세바를 요압에게 넘겨주고, 아벨 성에 있는 사람들은 목숨을 보장해 달라는 조건을 내세워서 성 사람들이 세바를 죽임으로 평화가 왔다. 다윗이 바로 지혜로운 여인의 모습이어야 했다. 진정한 리더는 어떤 상황에서도 적절한 타이밍을 놓치지 않고 화평하게 하는 지혜와 연합을 가져올 수 있는 역량과 분별력이 필요하다.

"화평하게 하는 자는 복이 있나니 그들이 하나님의 아들이라 일컬음을 받을 것임이요"(마 5:9).
"그런즉 누구든지 그리스도 안에 있으면 새로운 피조물이라 이전 것은 지나갔으니 보라 새 것이 되었도다 모든 것이 하나님께로서 났으며 그가 그리스도로 말미암아 우리를 자기와 화목하게 하시고 또 우리에게 화목하게 하는 직분을 주셨으니"(고후 5:17~18).

기근을 해결하는 다윗

사무엘하 21장

다윗은 3년째 이스라엘 땅에 기근이 들자 하나님께 기도한다. 하나님은 다윗의 기도를 통해 이 기근은 사울이 기브온을 억울하게 죽인 것으로 인한 기근임을 알려 주신다.

> "다윗의 시대에 해를 거듭하여 삼 년 기근이 있으므로 다윗이 여호와 앞에 간구하매 여호와께서 이르시되 이는 사울과 피를 흘린 그의 집으로 말미암음이니 그가 기브온 사람을 죽였음이니라 하시니라"(삼하 21:1).

기브온 족속은 이스라엘 족속이 아니지만 오래전에 여호수아와의 언약으로 이스라엘 땅에 거주하게 된 사람들이다(수 9:3~27). 그러나 사울이 정치적인 목적으로 기브온 사람들을 억울하게 죽였다. 그것이 하나님께 범죄가 되어 기근이라는 징계가 온 이스라엘 땅에 임하게 된 것이다.

기근의 원인을 하나님으로 인하여 알게 된 다윗은 기브온 사람들의 원한을 풀어 주기 위해 기브온 사람들이 사울 왕가의 일곱 명을 원했으므로 요나단의 아들 므비보셋을 빼고 그들에게 주어 그들이 그 일곱 명을 죽임으로 원한을 풀었을 때 이스라엘 땅에 비가 왔다.

  여기에서 다윗은 사울과 달리 기브온 족속의 원한을 풀어 주어 기근을 풀어주는 축복의 통로자의 모습을 보인다. 다윗은 나라의 문제를 세속적 방법으로 푸는 것이 아니라 먼저 하나님께 기도함으로 풀어내고 있다는 것이다.

  한 사람의 권위자가 어떤 태도를 보이느냐가 한 나라를 변화시킬 수 있다는 것을 하나님은 보여주신다.

  다윗은 한 나라의 왕으로서 책임감을 가지고 하나님께 간구하며 나아갈 때 하나님은 권위자에게 그 해결 방법을 알려 주신다. 이것이 권위자의 특권이며 책임이다. 한 교회이든 한 가정이든 하나님이 부여해 주신 권위를 잘 사용할 때 공동체가 사는 역사를 가져온다.

  그러나 사울은 여호수아와 맺은 언약을 무시한 채 정치적인 목적으로 기브온 족속을 죽이는 범죄를 저지름으로 말미암아 이스라엘 땅에 기근을 가져오고 온 백성이 고통을 받게 하였다. 잘못된 권위를 나타내고 있는 것이다. 권위자가 하나님 앞에 엎드려 하나님의 음성을 듣기 원한다면 하나님은 말씀하시고 축복의 길을 열어 주신다.

  다윗는 또한 기근을 풀기 위해 기브온의 원한을 들어 주었다. 이스라엘의 가장 약한 족속이지만 그들의 원한을 듣고 해결하여 주는 모습을 보인다. 사울 왕가의 남자 일곱을 요구한 기브온 사람들의 요구를 들어 주는 것이 나중에 정치적으로 문제가 될 수 있음에도 불구하고 다윗은 약한 자들의 억울함을 들어 주었다.

  그러나 그때도 다윗은 사울 왕가에 요나단의 아들 므비보셋은 기브온 사람들에게 내어주지 않았다. 과거 요나단과의 약속을 지키기 위해서였다. 이것은 다윗이 얼마나 약속을 잘 지키는 자인가를 증명해 주는 장면이다. 하나님의 사람은 하나님과 사람에게 한 약속을 지키는 자가 되어야 한다. 그것이 하나님과 사람에게 신뢰받는 길이다. 이런 모습은 하나님과 함께 사는 삶, 하나님과 인격적인 관계에 중요한 요소가 되는 것이다.

다윗은 사울 왕가의 일곱 명의 죽음을 가족묘에 안장하도록 허용해 주었다. 다윗은 끝까지 사울 왕가에 대한 배려를 하고 있는 것이다.

> "네 원수가 넘어질 때에 즐거워하지 말며 그가 엎드러질 때에 마음에 기뻐하지 말라 여호와께서 이것을 보시고 기뻐하지 아니하사 그의 진노를 그에게서 옮기실까 두려우니라"(잠 24:17~18).

다윗은 부하로부터 신뢰받고 존경받는 왕의 모습을 보여주고 있다. 이것은 다윗이 먼저 부하들에게 본이 되고 더 열심히 그들과 함께했기 때문이다. 하나님의 사람이 사람에게 인정받고 신뢰받고 존경받는다는 것은 중요한 일이다. 하나님에게만 잘하면 된다는 생각에 같이 있는 사람들에게 비난을 받고 공감과 소통이 안 된다면 그것은 잘못된 모습이다. 하나님과 소통이 되는 사람이라면 사람들과도 공감과 소통이 되어 인정받고 신뢰받는 것은 당연한 것이다.

교회 안에 신앙생활 잘한다는 그리스도인 중에 하나님을 위한 신앙과 봉사는 잘한다고 하면서도 옆으로 사람과의 관계는 원만치 않고 사람들에게 손가락질 당하는 이들이 있다. 이런 그리스도인들은 분명 하나님과의 관계에서도 하나님을 향한 신앙에도 문제가 있다. 하나님께 칭찬받는 신앙이라면 당연히 사람과의 관계도 은혜로워야 할 것이다.

하나님을 향한 다윗의 노래

사무엘하 22장

이번 장에서는 모든 그리스도인에게 감동과 도전을 주는 다윗의 신앙이 어떠한지를 정확하게 알 수 있다. 다윗은 열 가지 비유로 하나님이 어떤 분인지를 고백하고 있고, 자신의 삶 속에서 모든 위기에서 벗어나게 하신 하나님의 도우심을 찬양하며 자신이 전적으로 하나님을 의지하여 구원 얻었음을 간증하고 있다.

이런 신앙고백은 아무나 할 수 있는 것이 아니다. 교회 안에서만 신앙생활하고 교회 밖에서는 하나님이 찾지 않은 채 자신의 힘과 열심과 지혜로 사는 자는 할 수 없는 고백이다. 다윗은 철저하게 자신의 삶에서 경험된 하나님을 고백하고 있다. 생각에서만 있는 하나님이 아니고, 기록된 말씀에서만 계신 하나님도 아니라 죽음과 삶의 경계선에서 살았던 다윗의 치열했던 현장에서 경험된 하나님이다. 그랬기에 다윗은 조상의 하나님이 아니라 **'나의 하나님'**이라고 고백하고 있는 것이다.

"이르되 여호와는 나의 반석이시요 나의 요새시요 나를 위하여 나를 건지시는 자시요 내가 피할 나의 반석의 하나님이시요 나의 방패시요 나의 구원의 뿔이시요 나의 높은 망대시요 그에게 피할 나의 피난처시요 나의 구원자시라 나를 폭력에서 구원하셨도다"(삼하 22:2~3).

'**나의 하나님**'이라고 고백하는 것은 자신에게만 나타나신 하나님, 자신을 도우신 하나님, 치열한 삶의 현장에서 자신에게만 말씀하신 하나님, 삶을 함께 나눈 하나님을 경험한 자만이 할 수 있기에 다윗은 그렇게 고백하고 있는 것이다.

동시에 다윗은 나의 하나님이라고 고백하고 하나님을 실제적인 것으로 비유한 것은, 하나님을 귀로만 듣는 하나님이 아니라 눈으로 보는 하나님을 신앙고백하는 것이다.

다윗 신앙의 핵심

사무엘하 23장

다윗은 자신을 소개할 때 하나님께서 높여 주신 사람, 하나님이 기름 부으신 사람, 이스라엘의 아름다운 노래를 부르는 사람이라고 말한다. 진정으로 자신의 정체성을 말하고 있다. 이것은 영적 자존감, 영적 정체성을 가지고 있음을 고백한다.

그리고 그는 하나님과 교통되고 연합됨을 고백한다.

"이는 다윗의 마지막 말이라 이새의 아들 다윗이 말함이여 높이 세워진 자, 야곱의 하나님께로부터 기름 부음 받은 자, 이스라엘의 노래 잘하는 자가 말하노라 여호와의 영이 나를 통하여 말씀하심이여 그의 말씀이 내 혀에 있도다"(삼하 23:1~2).

이것은 다윗이 수많은 역경 속에서도 힘을 잃지 않고 담대할 수 있었던 비결이다. 자신의 존재가 사람으로부터 정해진 것이 아니고 환경으로 만들어진 것이 아니라 하나님으로부터 만들어진 존재임을 잊지 않고 살았다. 다윗은 거기에 머물지 않고 하나님과의 교통을 통하여 하나님과 연합된 마음과 언어를 가지고 살았던 것이다.

　다윗을 도왔던 삼십육 명의 용사들을 소개한다. 이것은 다윗이 결코 혼자 힘으로 이스라엘의 왕으로 살았던 것이 아니라 이렇게 돕는 사람들을 통하여 이루어 왔다는 것을 말하고 있는 것이다.

다윗에게 범죄 같은 일

사무엘하 24장

다윗은 자신의 군사력을 알기 원하고 군사력을 정비하려는 목적으로, 요압의 반대에도 불구하고 십 개월에 걸쳐 인구조사를 한다. 다윗은 잠시 보이지 않는 하나님의 능력보다 현실적이며 계산상으로 나오는 숫자의 여유를 가지고 싶었다. 어쩌면 다윗은 하나님도 의지하고 현실적인 군사력에 심정적으로 안도감을 갖기 원했는지도 모른다.

그러나 하나님 앞에서 그것은 전심으로 하나님을 바라고 의지하는 신앙에서 타협하는 신앙으로 변질된 행동으로 하나님 입장에서는 범죄이다. 다윗이 인구조사를 하게 된 배경에 대해서 역대상 21장 1절에서 **"사탄이 일어나 이스라엘을 대적하고 다윗을 충동하여 이스라엘을 계수하게 하니라"**고 기록하고 있다. 직접적으로는 사탄이 다윗의 생각 속에 인구조사를 하게 하는 생각을 넣어 준 것이지만, 이미 다윗 마음 안에 군사력을 확인하고 싶은 마음이 있었던 것을 사탄이 이용한 것이다. 그리고 하나님은 다윗이 인구조사하는 일을 하도록 허락하셨을 뿐이다.

이것은 신약의 요한복음 13장 2절의 **"마귀가 벌써 시몬의 아들 가룟 유다의 마음에 예수를 팔려는 생각을 넣었더라"**는 기록과 일맥상통한다. 가룟 유다가 예수님을 은 삼십에 판 것은 사탄의 역사가 있었지만 그 배경에는 가룟 유다의 돈에 대한 마음이 예수님보다 더 컸고 공금을 이미 조금씩 빼먹은 것이다.

"그는 도둑이라 돈궤를 맡고 거기 넣는 것을 훔쳐 감이러라"(요 12:6).

그리스도인이 자신의 잘못을 다른 탓으로 돌려 자신은 책임이 없는 것처럼 말한다. 그러나 죄를 범하게 되는 근본적인 문제는 자신 안에서 시작되었음을 알아야 한다. 그것이 죄를 범하게 하는 외부 환경과 상황과 연결되면서 죄를 범하게 되는 것이다.

다윗이 만약 그 마음에 인구조사에 대한 마음을 가지지 않았다면 사탄의 충동에 넘어가지는 않았을 것이다. 원래부터 다윗이 이중적인 신앙을 가진 사람이었다면 하나님이 삼 일간 이스라엘의 온 지역에 전염병으로 돌리심으로 애매하게 백성이 칠만 명이나 죽게 하시지는 않았을 것이다. 그러나 안타깝게도 다윗의 신앙 수준이 내려갔고, 그래서 하나님 외에 다른 것도 믿고 싶고 의지하고 싶어 했기에 하나님께서 진노하셨다.

"갓이 다윗에게 이르러 아뢰어 이르되 왕의 땅에 칠 년 기근이 있을 것이니이까 혹은 왕이 왕의 원수에게 쫓겨 석 달 동안 그들 앞에서 도망하실 것이니이까 혹은 왕의 땅에 사흘 동안 전염병이 있을 것이니이까 왕은 생각하여 보고 나를 보내신 이에게 무엇을 대답하게 하소서 하는지라"(삼하 24:13).

하나님은 다윗에게 모든 것이 하나님 마음에서 벗어나 잘못됨을 알 수 있도록 요압을 통해 알리시고 인구조사 하는 십 개월 동안 참고 기다리셨다.

다윗은 인구조사가 다윗의 신앙의 수준에서 범죄인 것을 처음부터 알지 못했을 것이다. 여기에서 하나님은 어린 신앙에 있는 그리스도인에게 높은 수준의 신앙을 요구하며, 그것에 하나님이 충족하시지 못하면 징계하는 분이 아니심을 알 수 있다. 그러나 어느 정도 수준의 신앙을 가진 그리스도인이 그 수준에서 하나님의 요구와 기대에 못 미치면 하나님은 말씀하신다. 어느 정도의 신앙의 수준에서 그 이하의 신앙의 모습을 보이는 것은 하나님을 괴롭히는 것이다.

신약에서 예수님이 제자들에게 갈릴리 호수 건너편으로 건너가자고 하며 건너시다가 광풍을 만났을 때, 제자들이 두려워하여 예수님을 깨움으로 문제는 해결되었지만 예수님은 의외의 말씀을 제자들에게 하신다.

"어찌하여 무서워하느냐 믿음이 작은 자들아"(마 8:26).

원래 예수님이 갈릴리 호수를 건너가자 하실 때는 제자들이 그 말씀에 믿음이 충만하였는데, 광풍을 만나면서 믿음이 적어진 것에 대해 책망하시는 것이다. 제자들이 광풍에 의해 믿음이 적어진 것에 대해 예수님은 알고 계셨다. 제자들이 만난 광풍보다도 예수님은 믿음이 적어진 것에 대해 더 관심을 가지고 믿음이 적어진 것에 대해 마음이 상하신 것이다.

하나님이 다른 사람을 통해 자신의 잘못됨을 말씀하시고 알 수 있도록 시간을 주셨는데도 수준에 맞지 않는 신앙의 모습을 보일 때, 그것이 비록 세상적으로 잘못된 것이 없다 해도 하나님 시각에서 범죄가 되므로 그 불신앙적인 모습에 하나님은 징계하신다.

다윗은 나중에야 그 일이 하나님의 마음에서 벗어난 일이라는 것을 알게 된다.

"다윗이 백성을 조사한 후에 그의 마음에 자책하고 다윗이 여호와께 아뢰되 내가 이 일을 행함으로 큰 죄를 범하였나이다 여호와여 이제 간구하옵나니 종의 죄를 사하여 주옵소서 내가 심히 미련하게 행하였나이다 하니라"(삼하 24:10).

하나님의 사람은 누가 뭐라고 하기 전에, 심지어 하나님이 말씀하시기 전에 스스로 가진 신앙의 수준과 양심의 수준으로 하나님 앞에서 잘못됨을 깨닫고 돌이키는 것이 하나님이 원하시는 것이다.

다윗의 마지막 시간

열왕기상 1~2장

다윗이 노쇠하여 기력이 다했을 때 아들 중에 왕위서열 일위인 아도니야가 자기 스스로 왕으로 자처하여 반역하였다. 이에 나단과 밧세바가 다윗에게 간구하므로 다윗은 솔로몬을 왕으로 인정하게 된다. 그리하여 솔로몬이 왕이 되었을 때 다윗은 이 세상을 떠날 시점에 솔로몬에게 유언을 한다.

"다윗이 죽을 날이 임박하매 그의 아들 솔로몬에게 명령하여 이르되 내가 이제 세상 모든 사람이 가는 길로 가게 되었노니 너는 힘써 대장부가 되고 네 하나님 여호와의 명령을 지켜 그 길로 행하여 그 법률과 계명과 율례와 증거를 모세의 율법에 기록된 대로 지키라 그리하면 네가 무엇을 하든지 어디로 가든지 형통할지라"(왕상 2:1~3).

여기에서 **"네 하나님 여호와의 명령을 지켜"**라는 말씀을 영역본들에서는 **"너의 하나님 여호와의 지시에 유념하라"**(take heede to the charge of the Lord thy God, GB), **"여호와 너의 하나님께서 요구하신 것을 준수하라"** (observe what the LORD your God requires, NIV)로 번역하고 있다. 이것은 자신의 삶 속에서 상황에 따라 말씀하신 하나님의 음성과 지시하심을 듣고 그것에 순종하라고 말하고 있는 것이다.

그리고 기록된 말씀을 기억하여 지켜 순종하라고 말한다. 다윗은 죽음을 앞에 두고 왕위를 이어받는 사랑하는 솔로몬을 향해, 마지막으로 아들에게 중요한 부분을 유언하고 있는 것이다. 자신의 험한 삶을 통하여 뼈져리게 경험된 이야기였다. 두 가지에 순종할 때 다윗은 힘주어 반드시 언제 어디서나 형통할 것이라고 자신의 인생을 두고 성공의 비법을 알려 주는 것이다.

오늘날 그리스도인들이 기록된 말씀을 알고 그 말씀대로 순종하며 살려고 한다. 그러나 그것은 반쪽짜리 순종이다. 삶의 다양한 상황 속에서 그때그때마다 함께하시는 하나님의 음성과 명령이 있다. 이것을 듣고 순종하는 것이 자신의 삶에 빈틈없는 하나님의 계획대로 사는 비결이다.

다윗은 마지막으로 처벌해야 한 인물과 은혜를 베풀어야 할 사람들을 말한다. 이것은 다윗이 사람에 대한 분별력을 가지고 있었음을 말한다. 그리스도인의 삶에서 가져야 할 분별력은 사람에 관한 것이다. 왜냐하면 하나님은 사람을 통하여 일하시기 때문이다.

2부

하나님 마음으로 본
바울의 삶과 신앙

바울을 개인적으로 알고 싶었던 이유

첫 번째로, 많은 그리스도인들이 그렇지만 개인적으로 구약에서는 다윗, 신약에서는 바울을 좋아한다. 바울을 이야기하자면 실과 바늘과 같이 다윗 이야기를 하지 않을 수 없다. 두 사람은 시대를 초월하여 하나님을 향해 닮은 모습을 하고 있기 때문이다.

두 번째는, 두 사람은 무엇보다 하나님을 향한 인간적이면서도 신앙의 고뇌를 가장 많이 한 인물이기 때문이다. 아마도 누구나 살아가면서 삶과 신앙에 대해 고민하면서 살아갈 것이다. 고민을 한다는 것은 낮은 수준의 삶과 신앙을 가지지 않기 위한 몸부림이기 때문이다.

세 번째는, 두 사람이 하나님을 향한 감성, 하나님이 원하시는 영적 감성을 많이 드러낸다는 것이다. 많은 그리스도인들 사이에 세상에 대해서는 민감할 정도로 자신의 감정을 드러내는데, 하나님을 향해서는 영적 감성이 메말라서 주님으로 인하여 기뻐할 줄도 슬퍼할지도 울지도 못하는 영적 감성 무감각증이 만연되어 있다. 나 자신도 주님을 향한 영적 감성이 점점 고갈되어 가는 위기를 느끼고 있기 때문이다.

네 번째는, 다윗의 시편과 바울의 서신서는 나에게 많은 영적 소통과 공감을 가져오고 신앙적 영향을 주었기 때문이다. 나의 존재와 신앙이 주님 앞에서 자라가는 데 영적 방향과 영적 정체와 의문점을 해소 내지는 지도하여 주기 때문이다.

다섯 번째는, 다윗과 바울의 하나님을 향한 모습들과 고백들이 하나님이 당신이 원하셨던 모습과 고백이라고 인정하셔서 성경으로 기록하게 하실 만큼 두 사람을 존귀하게 여기셨기 때문이다. 이것은 영적 욕심이 있는 그리스도인이라면 평생을 두고 사모할 하나님을 향한 바람이다.

오늘날 바울 신앙이 필요한 이유

하나님이 신약성경에서 50%에 가깝게 바울 서신을 성경으로 인정하시고 기록하게 하신 것은 바울이 주님 다음으로 그리스도인에게 신앙의 표본이 되어준 인물이기 때문이다. 또한 그리스도인에게 바울의 신앙을 모델 삼게 하시려고 계시하시는 것이다.

그러므로 오늘날 바울신앙이 필요한 이유 **첫 번째**는, 그리스도인들이 세상과 사람에 의해 하나님 앞에서 변덕이 심한 신앙과 **'이대로 좋사오니'**의 정체된 신앙을 가지고 있기 때문이다. 바울은 다메섹에서 주님 만난 신앙을 순교당할 때까지 지키고 끊임없이 주님과의 교통과 성령의 도우심으로 자신을 세워가는 신앙을 가졌다. 그러므로 바울을 통하여 자신의 신앙을 진단해보고 어디서부터 잘못되고 고침을 받아야 한 것인가를 배워야 할 것이다.

두 번째는, 오늘날 그리스도인은 고난을 원치 않고 고난 앞에 쉽게 무너지는 신앙을 가지고 있다. 바울은 단호하게 말한다.

"그리스도를 위하여 너희에게 은혜를 주신 것은 다만 그를 믿을 뿐 아니라 또한 그를 위하여 고난도 받게 하려 하심이라"(빌 1:29).

바울은 자신이 고난 속에서 주님을 섬기고 주님의 일을 하였음을 자신 있게 고백한다.

"내가 수고를 넘치도록 하고 옥에 갇히기도 더 많이 하고 매도 수없이 맞고 여러 번 죽을 뻔하였으니 유대인들에게 사십에서 하나 감한 매를 다섯 번 맞았으며 세 번 태장으로 맞고 한 번 돌로 맞고 세 번 파선하고 일주야를 깊은 바다에서 지냈으며 여러 번 여행하면서 강의 위험과 강도의 위험과 동족의 위험과 이방인의 위험과 시내의 위험과 광야의 위험과 바다의 위험과 거짓 형제 중의 위험을 당하고 또 수고하며 애쓰고 여러 번 자지 못하고 주리며 목마르고 여러 번 굶고 춥고 헐벗었노라"(고후 11:23~27).

오늘날 그리스도인들이 고난 받는 것을 하나님의 축복을 못 받는 것으로 인식하여 절망하고 슬퍼한다. 그리고 더 나아가서 주님과 복음을 위해 자원하는 고난을 받는 것을 두려워하고 받기를 꺼려하는 것이다. 다만 사람들에게 칭찬받고 인정받고 자신이 하는 일이 드러나서 빛나는 것을 원한다.

세 번째는, 주님의 말씀과 주님 마음이 그리스도인의 마음에 없는 신앙을 가지고 신앙생활을 한다. 교회는 다니지만 정작 그 마음에는 주님의 존재나 말씀과 주님의 마음이 살아 있지 않고 대신 세상이, 죄가, 자기 생각으로 충만하여 겉과 속이 다른 신앙을 하고 있다. 성경 교육과 신앙 행위로 다듬어진 겉모습으로 신앙생활을 잘하는 것으로 서로 인정하지만 마음에는 물과 기름처럼 전혀 말씀이, 주님의 존재가, 주님의 마음이 마음에 들어가서 자리잡지 못하고 자신의 선한 마음이 모든 것을 이루는 원동력이 된다. 이런 신앙을 가지고 어떻게 주님이 안에서부터 흘러나와 다른 사람에게 주님을 흘려보내는 사람이 되겠는가! 자기 마음이 곧 주님이 되는 신앙을 가지고 있는 것이다.

그러나 바울은 자기 안에 그리스도의 마음이 있음을 자신 있게 말한다.

"누가 주의 마음을 알아서 주를 가르치겠느냐 그러나 우리가 그리스도의 마음을 가졌느니라"(고전 2:16).

그리고 자기 안에 그리스도가 사시고 그분을 믿음으로 산다고 고백한다.

"내가 그리스도와 함께 십자가에 못 박혔나니 그런즉 이제는 내가 사는 것이 아니요 오직 내 안에 그리스도께서 사시는 것이라 이제 내가 육체 가운데 사는 것은 나를 사랑하사 나를 위하여 자기 자신을 버리신 하나님의 아들을 믿는 믿음 안에서 사는 것이라"(갈 2:20).

네 번째는, 갈수록 좋게 변화되어 가는 것이 아니라 나쁘게 변질되는 신앙을 가지고 있기 때문이다. 교회 안에서 문제를 일으키는 사람은 지금 신앙생활을 시작한 성도가 아니라 주님을 오래 믿은, 교회를 오래 다닌 직분자들이다. 진리와 복음에서 문제를 일으키면 이해되겠지만 진리와 전혀 상관없는 자기 욕심과 자존심, 명예, 자기 생각으로 치우쳐 문제를 만드는 것이다. 이것은 주님을 두려워하지 않는 신앙의 모습이며 그리스도의 몸을 상하게 하는 무서운 죄이다.

디모데전서 1장을 보면, 그 당시 교회 안에 직분을 맡은 후메내오와

알렉산더라는 사람이 있었는데, 그들은 바울이 단호하게 사탄에게 내주었다고 말할 정도로 악한 자가 되었는데 처음부터 그런 자들은 아니었을 것이다. 그러나 신앙 안에서 시간이 흐르고 직분을 맡다 보니까 변질된 것이다. 교회의 문제가 아니라도 개인적인 신앙에서도 계속 말씀과 성령으로 말미암아 영적 자극을 받지 않아 신앙이 습관이 되고 형식이 되고 외식이 되어 시간이 흘러갈수록 변질되어 가는 것이다.

마음의 변질은 결국 행위의 변질을 가져온다. 신앙의 행위가 변질되었다는 것은 마음이 그만큼 변질되었음을 드러내는 것이다. 변질되었다는 것은 마음이나 행위의 수준이 낮아졌다는 것을 의미하고, 목적과 수단이 바뀐 것을 말한다. 예를 들어 전에는 주님이 목적이었는데 지금은 주님이 자신의 유익을 위한 수단이 되었다면, 이는 변질된 것이다.

예수님의 제자들도 처음에는 주님을 위해 다 버리고 주님을 따르다가 시간이 흐르면서 자신의 이기적인 생각으로 주님께 이런 말을 한다.

"보소서 우리가 모든 것을 버리고 주를 따랐사온대 그런즉 우리가 무엇을 얻으리이까"(마 19:27).

마음속에 주님 사랑, 주님 말씀, 주님 마음이 담겨 있지 않으면 언제든지 변질된다는 것을 제자들을 통하여 적나라하게 보여주신다. 그러나 바울은 당당하게 이렇게 말한다.

"그러므로 우리가 낙심하지 아니하노니 우리의 겉사람은 낡아지나 우리의 속사람은 날로 새로워지도다"(고후 4:16).

바울은 순교 직전에 이 세상에 남은 성도들에게 자신의 신앙을 이렇게 말한다.

"나는 선한 싸움을 싸우고 나의 달려갈 길을 마치고 믿음을 지켰으니 이제 후로는 나를 위하여 의의 면류관이 예비되었으므로 주 곧 의로우신 재판장이 그날에 내게 주실 것이며"(딤후 4:7~8).

그리스도인이 변질되면 사탄을 만난다. 그러나 변화되면 주님을 만난다. 자신의 변질을 성령과 말씀으로 늘 세밀하게 분별하여 변화를 가지기를 애써야 한다.

하나님의 부르심을 입은 자에게
바울 신앙이 필요한 이유

첫 번째는, 바울은 존재와 사역 이 두 가지 균형으로 성공한 사역자이기 때문이다. 근거는 바울의 편지가 하나님이 말씀하신 것으로 여기셔서 성경으로 기록되게 하시고, 그의 행보가 주님이 하신 것으로 여기셔서 사도행전의 주인공으로 삼으신 것이다. 그것처럼 하나님의 부르심을 입은 사역자는 자신이 하는 말이나 행동이 주님이 인정하시고 보증하시는 것이 되는 것이 최고의 영광이요 사역의 축복이다.

두 번째는, 바울은 전천후 사역자이기 때문이다. 전천후 사역자란 어떤 조건에서도 하나님이 맡기고 시키시는 일들을 최선을 다해 해낼 수 있는 사역자를 의미한다. 사역자는 하나님의 뜻과 사명과 계획 속에서 핑계와 변명을 하거나 다른 것을 탓하지 않고 어떤 조건에서도 다 이루어낼 수 있어야 한다.

세 번째는, 바울은 늘 주님과 교통하고 연합되어 주님으로 살고 죽었던 사역자이기 때문이다.

> "내가 그리스도와 함께 십자가에 못 박혔나니 그런즉 이제는 내가 사는 것이 아니요 오직 내 안에 그리스도께서 사시는 것이라"(갈 2:20).
> "이는 내게 사는 것이 그리스도니 죽는 것도 유익함이라"(빌 1:21).

사역자는 자신의 선함과 능력과 열심을 자랑하는 것이 아니라, 자신과 함께하시는 그리스도로 옷 입고 그리스도의 모습을 드러내는 것을 자랑해야 한다.

네 번째는, 바울은 성령에 잡혀 성령으로 산 사역자이기 때문이다. 바울은 결코 은사를 구하거나 성령의 능력만을 구하는 자가 아니었다. 바울은 성령을 그리스도를 온전하게 드러나게 도우시고 이끄시는 동역자로 여겼다.

> "만일 우리가 성령으로 살면 또한 성령으로 행할지니"(갈 5:25).
> "그의 영광의 풍성함을 따라 그의 성령으로 말미암아 너희 속사람을 능력으로 강건하게 하시오며"(엡 3:16).

바울은 성령을 자신의 동역자요 선생같이 여기며 도우심과 이끄심을 받고 살며 복음의 사역자로 쓰임 받은 것이다. 오늘날 성령의 은사와 능력이 있는 사역자들이 예수님을 드러내는 성령 사역이 아니라 성령을 자기 마음대로 사용하는 도구로 여기므로 성령께서 탄식하시는 것이다.

바울의 성장 배경

바울이라는 이름은 로마식 이름이고 유대식 이름은 '사울'이다. 그는 베냐민 지파의 후손이며, 태어난 장소는 로마 길리기아 지역의 주요 도시이고 다양한 문화가 공존한 도시인 다소 출신이다. 그리고 아마도 바울은 예루살렘에서 자라고 성장했을 것이다.

> "나는 유대인으로 길리기아 다소에서 났고 이 성에서 자라 가말리엘의 문 하에서 우리 조상들의 율법의 엄한 교훈을 받았고"(행 22:3).

바울의 아버지는 부유한 사업가로서 로마 시민권을 돈을 주고 샀을 것이다. 그래서 바울은 태어나면서부터 로마 시민권자였을 것이다. 바울은 유대인이면서 로마 시민이었다.
또한 그는 베냐민 지파 출신의 바리새인이다.

> "나는 팔일 만에 할례를 받고 이스라엘 족속이요 베냐민 지파요 히브리

인 중의 히브리인이요 율법으로는 바리새인이요"(빌 3:5).

바울은 그 당시 유대인에게 영향을 끼친 교법사 가말리엘의 문하생이었다.

"바리새인 가말리엘은 율법교사로 모든 백성에게 존경을 받는 자라"(행 5:34).

그는 예수 믿는 자들을 잡기 위해 다메섹으로 가던 중 예수님을 만났다.

"사울이 길을 가다가 다메섹에 가까이 이르더니 홀연히 하늘로부터 빛이 그를 둘러 비추는지라 땅에 엎드려져 들으매 소리가 있어 이르시되 사울아 사울아 네가 어찌하여 나를 박해하느냐 하시거늘 대답하되 주여 누구시니이까 이르시되 나는 네가 박해하는 예수라"(행 9:3~5).

그는 세 차례 전도 여행을 통해 30대 후반에서 60세 초반까지 복음을 전했다. 거리로 환산한다면 약 21,600km이다. 이것은 인천에서 미국 동부지역까지 거리이다. 결국 그는 AD 67년경 네로 황제에 의해 순교 당하였다는 설이 가장 타당하다.

바울은 13권의 서신서를 썼다. 구체적으로 바울 사역 초기(AD 50~57년)에는 데살로니가전서, 데살로니가후서, 갈라디아서, 고린도전서, 고린도후서, 로마서를 썼고, 사역 중기(AD 60~64년)에는 골로새서, 빌립보서, 에베소서, 빌레몬서, 그리고 사역 후기(AD 65~66년)에는 디모데전서, 디모데후서, 디도서를 썼다.

바울의 성장 배경이 나중에 하나님께 쓰임 받는 데 중요한 역할을 한다. 히브리적 사고와 헬라적 사고를 통해 이방인을 전도하는 데 사용된 것이다. 또한 그의 구약의 지식이 주님을 변증하는 데 중요한 지식이 되었다.

바울의 인생을 통하여 알 수 있는 것은, 주님에게는 어떤 인생이라도 못 고칠 인생은 없다는 것이다. 주님 앞에서는 결코 우연이 없다. 그리고 주님 앞에서는 쓸모없는 것이 없다.

그리고 바울의 인생을 통하여 알 수 있는 것은 주님은 구원받은 자, 하나님께 쓰임받는 자는 그의 과거 어떤 것도 하나님의 영광을 위해 아름답게 쓰신다는 것이다.

바울의 영적 정체성 발전 과정

예수님을 만나기 전에 바울은 태어나 자라오면서 가지게 된 신분과 배경, 곧 다소의 이방문화와 교육환경, 베냐민 지파 출신에다 바리새인이요 산헤드린 공회원이라는 신분 때문에 자신이 신앙적으로 율법으로는 흠이 없는 자이며, 예수 믿는 자는 이단으로서 없애야 한다는 적극적 율법의 수호자로서의 행동양식을 보인다.

> "나는 팔일 만에 할례를 받고 이스라엘 족속이요 베냐민 지파요 히브리인 중의 히브리인이요 율법으로는 바리새인이요 열심으로는 교회를 박해하고 율법의 의로는 흠이 없는 자라"(빌 3:5~6).

이 말은 자신이 순수 정통 고위 유대인이었다는 의미이다. 이것은 바울이 예수님을 만나기 전에 자신이 살아오고 배워온 것으로 자신을 인식하는 단계이다.

그러다가 다메섹에서 예수님을 만남으로 자신의 존재를 다시 이해한다(행 9장). 처음에는 자신의 정체성의 극단적 혼란이 있었을 것이다. 그러면서 점점 자신의 정체성을 다시금 발견해 간다. 바울은 처음에는 자신을 예수님을 전하는 전도자로 인식하였다.

"사울이 다메섹에 있는 제자들과 함께 며칠 있을새 즉시로 각 회당에서 예수가 하나님의 아들이심을 전파하니 듣는 사람이 다 놀라 말하되 이 사람이 예루살렘에서 이 이름을 부르는 사람을 멸하려던 자가 아니냐 여기 온 것도 그들을 결박하여 대제사장들에게 끌어 가고자 함이 아니냐 하더라"(행 9:19~21).

그러다 자신이 주님으로부터 위임 받은 사도임을 강조한다.

"내가 자유인이 아니냐 사도가 아니냐 예수 우리 주를 보지 못하였느냐 주 안에서 행한 나의 일이 너희가 아니냐 다른 사람들에게는 내가 사도가 아닐지라도 너희에게는 사도이니 나의 사도 됨을 주 안에서 인친 것이 너희라"(고전 9:1~2).

바울은 서신서 앞에 계속 사도됨을 강조한다(롬 1:1~5, 11:13; 고전 1:1; 고후 1:1; 갈 1:1; 엡 1:1; 골 1:1; 딤전 1:1; 딤후 1:1~11; 딛 1:1). 바울은 예수님을 만난 후 먼저 아라비아로 가서 주님과 깊은 교통을 가짐으로 말미암아 자신이 주님이 부르신 사도임을 알게 되었다.

"그러나 내 어머니의 태로부터 나를 택정하시고 그의 은혜로 나를 부르신 이가 그의 아들을 이방에 전하기 위하여 그를 내 속에 나타내시기를 기뻐하셨을 때에 내가 곧 혈육과 의논하지 아니하고 또 나보다 먼저 사도 된 자들을 만나려고 예루살렘으로 가지 아니하고 아라비아로 갔다가 다시 다메섹으로 돌아갔노라"(갈 1:15~17).

바울은 사도의 직임을 예수님과 하나님 아버지로부터 임명받았다고 단호하게 고백한다.

"사람들에게서 난 것도 아니요 사람으로 말미암은 것도 아니요 오직 예수 그리스도와 그를 죽은 자 가운데서 살리신 하나님 아버지로 말미암아 사도 된 바울은"(갈 1:1).

바울은 더 나아가서 구체적으로 자신은 이방인의 사도로 부르심을 받았다고 말한다.

"베드로에게 역사하사 그를 할례자의 사도로 삼으신 이가 또한 내게 역사하사 나를 이방인의 사도로 삼으셨느니라"(갈 2:8).

바울은 그런 사도의 직분에 대해 이렇게 말한다.

"내가 이방인인 너희에게 말하노라 내가 이방인의 사도인 만큼 내 직분을 영광스럽게 여기노니"(롬 11:13).

이것은 주님과의 교통에서 주님으로부터 사도 직임을 받은 것을 확신하였기 때문이다.

"나는 사도 중에 가장 작은 자라 나는 하나님의 교회를 박해하였으므로 사도라 칭함 받기를 감당하지 못할 자니라"(고전 15:9).

바울 자신이 사도의 조건에 들지 못하는 것이 예수님과 함께 살거나 그 현장에 있지 않았다는 것 때문인지, 아니면 자신이 예수님을 알지 못하였을 때 예수님의 원수 같은 일들을 행한 것 때문인지, 사도 중에서 제일 마지막으로 주님으로부터 임명을 받은 자라는 것을 인식한 것인지 알 수 없지만, 분명한 것은 바울은 직분 그 자체에 대한 생각이 점점 작아진다는 것이다. 사실 객관적으로 바울은 예수님을 부활하신 후에 다메섹에서 본 경험밖에 없다

바울은 고린도전서 15장 8절에서 **"맨 나중에 만삭되지 못하여 난 자 같은 내게도 보이셨느니라"** 하고 고백함으로 객관적으로 자격이 부족한 자신을 고백한다. 거기에 교회를 핍박한 자이기에 두고두고 자신을 낮은 자로 여긴다. 사역과 고난을 통하여 신분이 중요하지 않음을, 다른 이들에 대한 존중함이 나타난다. 그 후에 바울은 자신을 '모든 성도 중에 지극히 작은 자, 일꾼'이라고 소개하고 있다. 에베소서에서도 사도라는 말이 나오지만 바울은 그전처럼 강조하지는 않는다. 전에 없었던 성도에서 작은 자, 일꾼으로 소개한 것이다.

> "이 복음을 위하여 그의 능력이 역사하시는 대로 내게 주신 하나님의 은혜의 선물을 따라 내가 일꾼이 되었노라 모든 성도 중에 지극히 작은 자보다 더 작은 나에게 이 은혜를 주신 것은 측량할 수 없는 그리스도의 풍성함을 이방인에게 전하게 하시고"(엡 3:7~8).

이것은 바울이 자신의 존재를 환경이나 다른 사람에 의해 보는 것이 아니라 자신을 더 깊게 보는 하나님의 은혜를 받았기 때문이다. 그 후에 바울은 드디어는 자신을 이렇게 소개한다.

> "죄인 중에 내가 괴수니라"(딤전 1:15).

이 말의 영적 배경은, 바울은 하나님의 시각으로 더 깊고 완벽하고 세밀하게 자신을 보았기 때문이다. 그래서 자신에게서는 아무것도 아닌 저주받은 존재와 같은 자임을 고백한 것이다. 이것이 인간의 본질이다.

이렇게 사도 바울이 자신의 정체성을 바꿔 간 것은 첫 번째는, 하나님의 은혜가 더 깊어졌기 때문이다. 두 번째는, 주님을 아는 지식이 더 깊어졌기 때문이다. 세 번째는, 진리의 지식을 더 깊게 깨닫게 됨으로 바뀌어 간 것이다. 네 번째는, 주님과 더 깊은 소통을 하며 주님의 시각으로 자신을 보는 눈이 열렸기 때문이다.

오늘날 그리스도인이나 하나님의 부르심을 입은 사역자들이 거꾸로 처음에는 겸손하게 신앙생활 하다가, 시간이 갈수록 자신의 존재를 망각하고 자기 의가 충만해져가는 것을 볼 때 너무나 안타깝다. 이것은 습관적이고 형식적이며 자신의 영광을 위해 신앙생활 하기 때문이다. 주님과 소통하여 자신을 모습을 보는 데 실패한 것이다.

바울이 받았던 하나님 은혜의 개념

은혜란 받을 자격이 없는 자에게 베푸는 도움을 의미한다.
 구약에서 은혜라는 단어는 주로 **'값없는 도움, 삶의 도움'**이라는 단순한 개념으로 이해하고 있었고, 또한 사람이 사람에게 도움을 주고받는 관계로 쓰이고 있다. 시편 속에는 다윗의 은혜라는 단어가 많이 나온다. 그러나 신약에서는 바울이 은혜의 개념을 폭넓고 깊게 해석하고 있다. 바울은 구원의 은혜 이후 신앙 안에서 구원의 은혜에 연장된 또 다른 은혜들이 있음을 말한다. 그 은혜가 더욱 그리스도인을 성숙하게 하고 축복되게 하고 주님을 닮게 하는 것이다.
 첫 번째로 바울이 말하는 하나님의 은혜의 개념은 인간이 할 수 없는 것을 하나님이 해주시는 것을 의미한다. 두 번째는, 하나님의 은혜가 인간 입장에서 볼 때 결코 좋은 것만이 아니라 고통스러운 것도 있음을 강조한다. 세 번째는, 하나님의 은혜는 그 은혜의 결과가 있다는 것이다. 그 은혜의 결과를 한마디로 하면 '변화'이다.
 바울이 말하는 은혜의 종류는 첫 번째는, 구원의 은혜가 있다.

"모든 사람이 죄를 범하였으매 하나님의 영광에 이르지 못하더니 그리스도 예수 안에 있는 속량으로 말미암아 하나님의 은혜로 값 없이 의롭다 하심을 얻은 자 되었느니라"(롬 3:23~24).

두 번째는, 변화와 헌신을 가져오는 은혜가 있다는 것이다.

"그러나 내가 나 된 것은 하나님의 은혜로 된 것이니 내게 주신 그의 은혜가 헛되지 아니하여 내가 모든 사도보다 더 많이 수고하였으나 내가 한 것이 아니요 오직 나와 함께하신 하나님의 은혜로라"(고전 15:10).

세 번째는, 약함을 통해 오는 은혜가 있음을 말한다.

"이것이 내게서 떠나가게 하기 위하여 내가 세 번 주께 간구하였더니 나에게 이르시기를 내 은혜가 네게 족하도다 이는 내 능력이 약한 데서 온전하여짐이라 하신지라"(고후 12:8~9).

네 번째는, 하나님의 일꾼이 되게 하는 은혜가 있다는 것이다.

"이 복음을 위하여 그의 능력이 역사하시는 대로 내게 주신 하나님의 은혜의 선물을 따라 내가 일꾼이 되었노라"(엡 3:7).

다섯 번째는, 주님을 위한 고난을 받게 하는 은혜가 있다는 것이다.

"그리스도를 위하여 너희에게 은혜를 주신 것은 다만 그를 믿을 뿐 아니라 또한 그를 위하여 고난도 받게 하려 하심이라"(빌 1:29).

바울은 주님을 위한 고난을 이렇게 나열하고 있다.

"옥에 갇히기도 더 많이 하고 매도 수없이 맞고 여러 번 죽을 뻔하였으니 유대인들에게 사십에서 하나 감한 매를 다섯 번 맞았으며 세 번 태장으로 맞고 한 번 돌로 맞고 세 번 파선하고 일 주야를 깊은 바다에서 지냈으며 여러 번 여행하면서 강의 위험과 강도의 위험과 동족의 위험과 이방인의 위험과 시내의 위험과 광야의 위험과 바다의 위험과 거짓 형제 중의 위험을 당하고 또 수고하며 애쓰고 여러 번 자지 못하고 주리며 목마르고 여러 번 굶고 춥고 헐벗었노라"(고후 11:23~27).

여섯 번째는, 그리스도인의 심령을 강하게 하는 은혜가 있다는 것을 말한다.

"내 아들아 그러므로 너는 그리스도 예수 안에 있는 은혜 가운데서 강하고"(딤후 2:1).

바울은 하나님의 은혜를 깨달아야 한다고 말한다. 하나님의 은혜를 깨달으면 영적 열매를 맺게 된다고 강조하고 있다.

"이 복음이 이미 너희에게 이르매 너희가 듣고 참으로 하나님의 은혜를 깨달은 날부터 너희 중에서와 같이 또한 온 천하에서도 열매를 맺어 자라는도다"(골 1:6).

여기에서 깨닫는 것과 이해하는 것의 차이를 알아둘 필요가 있다. 깨닫는 것은 4차원인 것(영적)이고 이해하는 것은 3차원(혼적)이다. 깨닫는 것은 하나님이 역사해야 하고, 이해하는 것은 혼의 머리에서 작용한다. 깨닫는 것은 행동의 전환을 가져오고 이해는 머리로만 머문다. 깨닫는 것은 자신의 축복을 가져오지만 이해하는 것은 그렇지 않다.

왜 깨닫는 것이 중요할까? 그것은 깨닫지 못하면 사건이나 사물의 본질(핵심)을 알 수 없기 때문이다.

그리스도인의 삶을 이끌어 가시는 하나님 앞에 깨닫는 것이 중요하다. 하나님은 그리스도인의 삶을, 그리스도인의 존재를 좀 더 나은 삶과 존재로 이루기 위해 훈련 차원에서 하나님이 기대하는 데까지 되기 위해 반복적으로 다루시는 삶이 있기 때문이다.

사사기에 이스라엘 백성들이 깨닫지 못하니까 삼백오십 년 동안에 일곱 번이나 불행한 삶을 경험했다. 깨닫는 것은 눈에 보이는 것으로 판단하는 것이 아니라 보이게 하는 것의 근본, 핵심, 본질을 아는 것이다. 깨닫는 것은 몸의 문신같이 평생 사라지지 않는 기억으로 남게 하는 것이다.

바울은 하나님의 은혜를 알게 하는 것은 성령이시라고 말한다.

> "우리가 세상의 영을 받지 아니하고 오직 하나님으로부터 온 영을 받았으니 이는 우리로 하여금 하나님께서 우리에게 은혜로 주신 것들을 알게 하려 하심이라"(고전 2:12).

여기서 '**알게 하려 하심이라**'는 원어로 '**이해하고 깨닫고 경험하게 하려 하심이라**'는 의미이다.

바울은 하나님의 은혜를 헛되이 받지 말라고 말하고 있다.

> "우리가 하나님과 함께 일하는 자로서 너희를 권하노니 하나님의 은혜를 헛되이 받지 말라 이르시되 내가 은혜 베풀 때에 너에게 듣고 구원의 날에 너를 도왔다 하셨으니 보라 지금은 은혜 받을 만한 때요 보라 지금은 구원의 날이로다"(고후 6:1~2).

여기에서 '**헛되이**'라는 단어는 원어로 '**에이스캐논**'인데 '**공허한, 빈**'이란 뜻을 가지고 있다. 여기서는 '**하나님의 은혜를 공허한 것(없는 것)으로 만들지 말라**'는 뜻으로, 그것은 하나님의 은혜를 소멸시키지 말라는 것이다. 하나님의 은혜를 헛되이 하는 것은 영적 무관심, 영적 무지, 하나님의 것을 싸구려처럼 가볍게 여기는 태도, 언제나 있는 것처럼 낭비하는 태도, 세상적 육신적 관심이 하나님의 은혜를 소멸시킨다. 바울은 받은 은혜를 헛되게 하지 않았고, 소멸시키지 않고, 하나님의 은혜 앞에 순종하였다. 은혜를 주시는 기회도 놓치지 않았다

바울이 이런 은혜를 받을 수 있었던 배경을 살펴보자.

"주께서 이르시되 가라 이 사람은 내 이름을 이방인과 임금들과 이스라엘 자손들에게 전하기 위하여 택한 나의 그릇이라 그가 내 이름을 위하여 얼마나 고난을 받아야 할 것을 내가 그에게 보이리라 하시니"(행 9:15~16).

아나니아가 들은 주의 음성을 그는 바울에게 전하였다. 또한 바울이 예루살렘에서 설교하던 중에 이런 말을 한다.

"그가 또 이르되 우리 조상들의 하나님이 너를 택하여 너로 하여금 자기 뜻을 알게 하시며 그 의인을 보게 하시고 그 입에서 나오는 음성을 듣게 하셨으니 네가 그를 위하여 모든 사람 앞에서 네가 보고 들은 것에 증인이 되리라"(행 22:14~15).

바울은 자신을 향한 하나님의 계획과 뜻과 받으실 영광 때문에 은혜를 주셨다는 것을 알았다. 바울은 이 사실을 알았기에 스스로 감당할 수 있었고 교만하지 않을 수 있었고 최선을 다할 수 있었다.

바울이 생각하는 고난의 의미

"옥에 갇히기도 더 많이 하고 매도 수없이 맞고 여러 번 죽을 뻔하였으니 유대인들에게 사십에서 하나 감한 매를 다섯 번 맞았으며 세 번 태장으로 맞고 한 번 돌로 맞고 세 번 파선하고 일 주야를 깊은 바다에서 지냈으며 여러 번 여행하면서 강의 위험과 강도의 위험과 동족의 위험과 이방인의 위험과 시내의 위험과 광야의 위험과 바다의 위험과 거짓 형제 중의 위험을 당하고 또 수고하며 애쓰고 여러 번 자지 못하고 주리며 목마르고 여러 번 굶고 춥고 헐벗었노라"(고후 11:23~27).

첫 번째는, 바울은 은혜 받은 자는 당연히 고난을 받는 것이라고 생각했다.

"그리스도를 위하여 너희에게 은혜를 주신 것은 다만 그를 믿을 뿐 아니라 또한 그를 위하여 고난도 받게 하심이라"(빌 1:29).

바울은 골로새서 1장 24절에서 "나는 이제 너희를 위하여 받는 괴로움을 기뻐하고 그리스도의 남은 고난을 그의 몸된 교회를 위하여 내 육체에 채우노라"고 했는데 그리스도의 남은 고난은 '그리스도를 위한 남은 고난'을 의미한다. 그러므로 바울은 예수님의 피로 세워진 교회를 위해 고난을 받는 것을 당연히 여겼다.

두 번째는, 바울은 자신이 만난 고난은 자신을 의지하지 않고 오로지 죽은 자도 살리시는 전능하신 하나님만을 의지하게 하는 것으로 확신하였다.

"형제들아 우리가 아시아에서 당한 환난을 너희가 모르기를 원하지 아니하노니 힘에 겹도록 심한 고난을 당하여 살 소망까지 끊어지고 우리는 우리 자신이 사형 선고를 받은 줄 알았으니 이는 우리로 자기를 의지하지 말고 오직 죽은 자를 다시 살리시는 하나님만 의지하게 하심이라"(고후 1:8~9).

세 번째는, 바울은 후사(대를 잇는 자식)라면 영광을 받기 전에 고난을 받는 것이 당연하고 고난보다 영광이 더 크다고 말한다.

"자녀이면 또한 상속자 곧 하나님의 상속자요 그리스도와 함께한 상속자니 우리가 그와 함께 영광을 받기 위하여 고난도 함께 받아야 할 것이니라 생각하건대 현재의 고난은 장차 우리에게 나타날 영광과 비교할 수 없도다"(롬 8:17~18).

네 번째는, 바울은 고난은 하나님 나라에 합당한 자로 여기심을 받는 것이라고 말한다.

"이는 하나님의 공의로운 심판의 표요 너희로 하여금 하나님의 나라에 합당한 자로 여김을 받게 하려 함이니 그 나라를 위하여 너희가 또한 고난을 받느니라"라(살후 1:5).

다섯 번째는, 바울은 고난은 주를 향한 믿음과 확신이 필요한 것이라고 말한다.

"이로 말미암아 내가 또 이 고난을 받되 부끄러워하지 아니함은 내가 믿는 자를 내가 알고 또한 내가 의탁한 것을 그날까지 그가 능히 지키실 줄을 확신함이라"(딤후 1:12).

여섯 번째는, 바울은 고난은 그리스도의 강함을 경험하는 것이라고 고백한다.

"그러므로 내가 그리스도를 위하여 약한 것들과 능욕과 궁핍과 박해와 곤고를 기뻐하노니 이는 내가 약한 그때에 강함이라"(고후 12:10).

바울이 가진 것과 기쁨

바울은 자신이 가진 것을 세 가지로 말하는데, 먼저 그는 자신이 예수님의 흔적을 가지고 있다고 고백한다.

"이후로는 누구든지 나를 괴롭게 하지 말라 내가 내 몸에 예수의 흔적을 지니고 있노라"(갈 6:17).

바울은 자신의 예수님을 위한 고난의 흔적을 이렇게 자세히 고백하고 있다.

"옥에 갇히기도 더 많이 하고 매도 수없이 맞고 여러 번 죽을 뻔하였으니 유대인들에게 사십에서 하나 감한 매를 다섯 번 맞았으며 세 번 태장으로 맞고 한 번 돌로 맞고 세 번 파선하고 일 주야를 깊은 바다에서 지냈으며 여러 번 여행하면서 강의 위험과 강도의 위험과 동족의 위험과 이방인의 위험과 시내의 위험과 광야의 위험과 바다의 위험과 거짓 형제 중의 위험을 당하고 또 수고하며 애쓰고 여러 번 자지 못하고 주리며 목마르고 여러 번 굶고 춥고 헐벗었노라"(고후 11:23~27).

바울은 율법을 통하여 구원 받는 것을 주장하는 유대주의자들에게 미혹당하는 성도들을 향해 안타까운 마음을 가지고 **'잘못된 지식을 가지고 논쟁하거나 자랑하거나 자신하지 말라'**, **'너희는 삶으로 몸으로 주를 위한 고난의 흔적이 있느냐'**라고 말하고 있다.

오늘날 그리스도인은 삶으로 예수님을 위한 삶을 증명하는 것이 아니라 말로써 증명하려는 신앙을 가지고 있는데 바울을 통해 주님은 우리에게 도전을 주신다. 모든 그리스도인은 주님을 위한 고난의 흔적(증거)이 필요하다. 예수님을 위한 자원하는 고난, 그것이 나중에 영광이요 상이 되는 것이다.

바울은 두 번째로 자신이 믿음의 마음을 가졌음을 고백한다.

"기록된 바 내가 믿었으므로 말하였다 한 것같이 우리가 같은 믿음의 마음을 가졌으니 우리도 믿었으므로 또한 말하노라"(고후 4:13).

이 고백은 시편 116편 10절을 인용하였다.

"내가 크게 고통을 당하였다고 말할 때에도 나는 믿었도다."

믿음은 로마서 10장 17절에서 **"그러므로 믿음은 들음에서 나며 들음은 그리스도의 말씀으로 말미암았느니라"**고 정의하고 있다. 그러므로 바울이 **'믿음의 마음'**을 가졌다는 것은 그의 마음속에 하나님 말씀이 살아 있음을 고백하는 것이다. 마음에 살아 있는 하나님의 말씀이 영적 믿음으로 전환되면서 자동적으로 입술로 말하게 된다고 말하는 것이다.

많은 그리스도인들이 하나님의 말씀을 눈으로 보아 머리에 채워 이해하고 기억하는 것이 믿음이라고 생각하지만, 그것은 하나님의 말씀을 머리로 아는 것에 지나지 않는다. 진정으로 하나님의 말씀이 믿어지려면 말씀이 소리로 자신의 귀로 들려 마음에 쌓이는 것이 믿음이 된다. 그리고 그 믿어진 말씀이 자동으로 순종하게 하고 입술로 고백된다.

그러나 오늘날 그리스도인은 믿어지지 않는 말씀을 믿어지는 것처럼 말하고 하나님 말씀이 마음으로 믿어지지 않으니까 순종이 될 수 없다. 순종은 말씀이 믿어지는 자만이 할 수 있는 태도이다.

바울은 세 번째로 자신은 그리스도의 마음을 가졌다고 고백한다.

> "누가 주의 마음을 알아서 주를 가르치겠느냐 그러나 우리가 그리스도의 마음을 가졌느니라"(고전 2:16).

바울은 그리스도의 마음을 안다고 말하지 않고 가졌다고 말한다. 이것은 그리스도의 마음이 늘 익숙하게 나타나고 있다는 것이다. '안다'와 '가졌다'는 차원이 다르다. 아는 차원보다 높은 것이 가지는 차원이다. 가졌다는 것은 소유했다는 말이다. 이 말은 한 번에 된 것이 아니라 습관처럼 하였기 때문에 갖게 된 것을 의미한다.

그럼 바울은 어떻게 주님의 마음을 가지게 되었는가? 바울은 늘 반복적으로 주님에게 마음을 드리고 주님의 마음을 받았다. 갈라디아서 6장 7절 말씀, 곧 심은 대로 거두는 법칙과 마태복음 7장 7절 말씀, 곧 구하면 주신다는 주님의 원리에 따라 주님의 마음을 가지게 된 것이다. 주님의 마음을 가진 자는 주님의 모든 것을 가진 자와 같다. 주님의 마음을 가진 자가 가장 큰 것을 가진 것이다. 주님의 마음을 가진 자가 주님과 동행하는 자가 된다.

주님의 마음을 가진 자가 주님과 친밀함을 가지는 자가 된다. 주님의 마음을 가진 자가 주님을 누구보다도 잘알 수 있는 것이다. 마지막 시대에 사는 그리스도인은 그 무엇보다도 주님의 마음을 구해야 하고, 주님의 마음을 소유해야 영적으로 혼탁하고 거센 이 세대에서 하나님 앞에서 살아남는 자가 될 수 있다. 아무리 성경 지식이 많고, 기도를 많이 하고, 교회생활을 열심히 해도 주님의 마음을 모르고 산다면 주님과 다른 방향으로 가는 삶과 신앙이 될 수 있고 주님과 소통이 되지 않을 수도 있다.

주님으로부터 존귀함을 받는 비결은, 선한 행실을 가지는 것보다 하나님을 위한 거룩한 일을 하는 것보다, 주님의 마음을 가지고 살면서 주님과 친밀한 교통을 가지는 것이다.

또한 바울은 자신이 가지고 있는 기쁨이 있다고 고백한다.

> "그러면 무엇이냐 겉치레로 하나 참으로 하나 무슨 방도로 하든지 전파되는 것은 그리스도니 이로써 나는 기뻐하고 또한 기뻐하리라"(빌 1:18).

이것은 바울 자신이 무시당하거나, 자신을 경쟁자로 여기는 다른 사람들에 의해 견제 당할지라도, 자신이 감옥에 있을지라도, 어떤 상황이라도 그의 마음은 오직 그리스도가 전파되고 다른 사람에 의해 그리스도가 존귀함을 받는 것 때문에 기뻐한다고 고백하는 것이다. 그것을 통해 바울의 마음에서 오로지 그리스도가 첫째가 됨을 고백하는 것이다. 그러기에 바울은 나머지는 다 잊혀지고 중요하게 여기지 않을 수 있는 것이다.

이 바울의 고백을 통해 오늘을 사는 그리스도인에게 마음으로든 삶으로든 주님이 가장 우선순위가 되고 있는지를 질문한다. 솔직하게 이 질문에 답을 해야 한다.

두 번째, 바울이 가지는 기쁨은 무엇인가?

"나에게 이르시기를 내 은혜가 네게 족하도다 이는 내 능력이 약한 데서 온전하여짐이라 하신지라 그러므로 도리어 크게 기뻐함으로 나의 여러 약한 것들에 대하여 자랑하리니 이는 그리스도의 능력이 내게 머물게 하려 함이라 그러므로 내가 그리스도를 위하여 약한 것들과 능욕과 궁핍과 박해와 곤고를 기뻐하노니 이는 내가 약한 그때에 강함이라"(고후 12:9~10).

바울은 자신이 겪는 고통스러운 환경과 사람과 자신의 육체로 인하여 오는 괴로움, 약한 것으로 인하여 오는 주님의 능력과 은혜와 주님의 강한 손길에 대한 영적 축복을 기뻐하였다. 이것은 자신이 가지는 불리하고 고통스런 상황보다 더 높은 차원의 마음을 가지고 있기에 가능한 고백이다.

오늘날 그리스도인은 자신이 가진 환경보다 자신의 마음의 수준이 더 높은지 낮은지를 살펴보아야 한다. 주님은 자신이 가진 환경보다 주를 향한 마음과 신앙의 수준이 더 높기를 원하신다. 수준이 높은 마음과 신앙으로 자신이 가진 고통스런 상황을 이기기를 원하시는 것이다.

그러나 안타까운 것은, 자신의 마음과 신앙의 수준은 낮아진 채 힘든 환경만 바꿔 달라고 하는 그리스도인이 있다는 사실이다. 그런 그리스도인들이 힘든 상황을 줄기차게 기도해도 응답되지 않는다면, 그것은 자신의 마음과 신앙의 수준을 높이라는 주님의 메시지가 아닌가 싶다.

세 번째, 바울 자신이 가지는 기쁨은 성도였다.

"우리의 소망이나 기쁨이나 자랑의 면류관이 무엇이냐 그가 강림하실 때 우리 주 예수 앞에 너희가 아니냐 너희는 우리의 영광이요 기쁨이니라"
(살전 2:19~20).

바울은 자신이 복음을 전하여 구원받은 성도들을 자신의 사역의 총합이라고 생각하는 것이다. 바울은 자신이 복음을 통해 구원받은 성도들을 어렵게 구원에 이르게 하고 그리스도 안에서 성장시키는 것을 이렇게 고백하고 있다.

"나의 자녀들아 너희 속에 그리스도의 형상을 이루기까지 다시 너희를 위하여 해산하는 수고를 하노니"(갈 4:19).

바울이 성도에 대한 구원과 신앙을 성장시키는 것이 쉽지 않았음을 이렇게 고백하고 있다.

"그러므로 여러분이 일깨어 내가 삼 년이나 밤낮 쉬지 않고 눈물로 각 사람을 훈계하던 것을 기억하라"(행 20:31).

바울은 에베소 성도들을 눈물로 가르쳤다고 고백한다. 이것은 바울이 얼마나 성도를 사랑하고 주님의 안타까운 마음으로 돌보았는지를 말하는 것이다. 바울의 처해진 상황이 편하지 않고 오히려 고통스런 안팎의 환경 속에서도 영혼을 구원하고 양육에 엄청난 심혈을 기울였음을 알려 준다. 바울은 성도를 과정, 수단으로 보지 않고 목적, 목표, 최고의 가치로 여기고 있었다.

오늘날 하나님의 부르심을 받은 사역자들이 새겨들어야 할 말씀이다. 자신에게 맡겨 준 영혼을 가벼이 여기고 함부로 대함으로 영혼을 상처 주고, 영혼을 자유하게 하는 것이 아니라 자신에게 매이게 하여 주님으로부터 오는 축복을 받지 못하게 하는 사역자들이 있다. 그 사역을 판단하실 주님을 두려워하지 않는 사역자에게 주님은 바울을 통해 경고하시는 것이다.

바울의 네 가지 자랑거리

인간은 교만하여 자랑하고 싶어한다. 자기 PR 시대라는 것은 자기를 자랑하는 시대라는 것을 의미한다. 심지어는 부끄러운 것도, 죄짓는 것도 자랑하는 세대이다. 이것은 인간의 교만의 극치를 보여주는 것이라 생각된다.

그리스도인의 진정한 자랑거리는 세상 사람들과 같은 자랑거리가 아니다. 그러나 오늘날 그리스도인은 세상 사람과 다를 바가 없는 것을 자랑삼고 그것이 하나님의 축복의 전부인 것처럼 생각한다. 여기서 바울은 세상과 다른 것, 다른 논리를 자랑하고 있다. 자랑한다는 것은 그것이 다른 것보다 좋은 것이라 여기기 때문이다. 바울의 자랑은 세상이 싫어하거나 수치로 여기는 것들이었다.

먼저 바울은 자신의 약한 것, 약점을 자랑한다.

"내가 부득불 자랑할진대 내가 약한 것을 자랑하리라"(고후 11:30).
"나를 위하여는 약한 것들 외에 자랑하지 아니하리라"(고후 12:5).

"나에게 이르시기를 내 은혜가 네게 족하도다 이는 내 능력이 약한 데서 온전하여짐이라 하신지라 그러므로 도리어 크게 기뻐함으로 나의 여러 약한 것들에 대하여 자랑하리니 이는 그리스도의 능력이 내게 머물게 하려 함이라 그러므로 내가 그리스도를 위하여 약한 것들과 능욕과 궁핍과 박해와 곤고를 기뻐하노니 이는 내가 약한 그때에 강함이라"(고후 12:9~10).

바울은 예수님을 만나기 전에는 살아오면서 약해 본 적이 없는, 완전에 가까운 신앙과 삶을 살았다. 오히려 바울은 자신이 세상적으로 율법적으로 자랑할 것이 많은 강한 사람임을 자랑하며 남이 부러워하는 삶을 살았다.

"그러나 나도 육체를 신뢰할 만하며 만일 누구든지 다른 이가 육체를 신뢰할 것이 있는 줄로 생각하면 나는 더욱 그러하리니 나는 팔 일 만에 할례를 받고 이스라엘 족속이요 베냐민 지파요 히브리인 중의 히브리인이요 율법으로는 바리새인이요 열심으로는 교회를 박해하고 율법의 의로는 흠이 없는 자라"(빌 3:4~6).

그러나 이제 바울은 예수님 때문에 자신이 가진 육체적 약점과 복음을 위해 당하는 여러 어려움을 자랑한다고 고백하고 있다. 왜 그럴까? 바울은 확실하게 세상적 자랑이 진정한 자랑할 만한 것이 아니요 하나님이 인정하시는 자랑이 진정한 자랑이라는 것을 알았기 때문이다.

예수님을 위해, 복음을 위해, 영혼을 위해 가진 약점이 하나님의 은혜를 받는 통로요 자신이 더욱 하나님이 바라시는 존재가 되어 갈 수 있는 도구인 것을 알았기 때문이다. 예수님을 위해, 복음을 위해, 영혼을 위해 가지는 약점을 자랑하는 것이 세상과 마귀를 이기는 태도이기 때문이다. 그것은 바울의 약점이 자신을 수치스럽게 하고 괴롭히는 것만이 아니라 그것보다 더 큰 유익을 주기 때문이다.

바울의 약점은 그리스도의 능력이 머물도록 강한 주님의 능력이 나타내 주시는 것이다. 그러므로 바울에게서 약함과 강함은 동시에 같이 존재한다. 사도행전 19장 12절에서 바울이 가진 앞치마나 손수건을 가지고 병든 사람에게 얹으면 병이 낫고 귀신들이 떠나가는 것을 말씀한다. 이것이 바로 바울의 약점이 성령의 능력이 흘러나오는 통로가 되는 것이었다. 그리스도인이 약한 것(약점)을 부끄러워하거나 감추거나 열등감을 갖는다면 약점을 통하여 축복하시려는 하나님의 손길을 볼 수 없다. 오히려 사탄이 역사할 틈을 주는 것이 된다. 약점을 장점으로 바꾸어 주시는 주님을 바라보는 믿음이 필요하다.

"믿음의 주요 또 온전하게 하시는 이인 예수를 바라보자"(히 12:2).

그리스도인이 가진 약한 것(약점)은 결코 자신을 망하게 하거나 불행하게 하는 것이 아니라 하나님이 일하시는 통로가 되는 것임을 확신하고, 끊임없이 약한 것을 온전하게 하시는 주님을 의지하고 부탁하고 믿음으로 감사해야 한다. 그러나 주님을 위해, 영혼을 위해, 복음을 위해 약한 것이 아닌 먹고살기 위해 오는 육신적이고 세상적으로 약한 것은 단지 우리 마음과 영혼을 약하게 할 뿐이다. 이것은 그리스도가 강함으로 나타나게 하는 것이 아니다. 단지 주님을 찾게 하는 과정, 수단일 뿐이다. '**그리스도를 위하여**'라는 것이 있어야 한다.

살아가면서 오는 약한 것을 가지고 주님 앞에 나아와 은혜를 구하면 그 약점이 주님의 손길을 보는 계기가 된다.

바울은 두 번째로 십자가를 자랑하고 있다.

"그러나 내게는 우리 주 예수 그리스도의 십자가 외에 결코 자랑할 것이 없으니"(갈 6:14).
"십자가의 도가 멸망하는 자들에게는 미련한 것이요 구원을 받는 우리에게는 하나님의 능력이라"(고전 1:18).

십자가는 바울이 살았던 당시에는 치욕스럽고도 두려운 죄의 형벌의 상징이었다. 최악의 절망의 상징이었다. 그러므로 모두가 십자가를 말하는 것을 꺼려하였다. 그러나 바울은 십자가를 오히려 자랑함은, 예수님이 인류의 죄악과 저주를 친히 담당하여 대신 죽으사 모든 인류를 하나님 아버지 나라로 가는 구원의 문을 여신 것이기에 이 확고한 진리의 지식으로 확신하기 때문이다. 바울은 어설픈 머리로 아는 진리로 자랑한 것이 아니다.

그런 면에서 오늘날 그리스도인이 전도를 하지 않는 이유와, 십자가를 목에 거는 것으로 자랑하는 것이 아닌 십자가 진리의 지식으로 확신에 찬 자랑을 하는 성도가 드문 것은, 확실한 십자가의 진리를 성령으로 말미암아 온몸으로 깨닫는 은혜를 받지 못하고 머리로 배운 진리이기 때문에 그렇다. 전도가 두려운 것은, 믿지 않는 사람들에게 다가가 복음을 전하는 것이 두려운 것이 아니라 십자가 복음의 진리를 마음속 깊은 곳에서 뜨겁게 확신하지 못했기 때문이다.

바울은 세 번째로 복음으로 낳은 성도를 자랑하고 있다.

"그러므로 여러분이 일깨어 내가 삼 년이나 밤낮 쉬지 않고 눈물로 각 사람을 훈계하던 것을 기억하라"(행 20:31).
"그리스도 안에서 일만 스승이 있으되 아버지는 많지 아니하니 그리스도 예수 안에서 내가 복음으로써 너희를 낳았음이라"(고전 4:15).
"너희가 우리를 부분적으로 알았으나 우리 주 예수의 날에는 너희가 우리의 자랑이 되고 우리가 너희의 자랑이 되는 그것이라"(고후 1:14).

"우리의 소망이나 기쁨이나 자랑의 면류관이 무엇이냐 그가 강림하실 때 우리 주 예수 앞에 너희가 아니냐 너희는 우리의 영광이요 기쁨이니라"(살전 2:19~20).

"그러므로 너희가 견디고 있는 모든 박해와 환난 중에서 너희 인내와 믿음으로 말미암아 하나님의 여러 교회에서 우리가 친히 자랑하노라"(살후 1:4).

바울은 왜 성도를 생각하는 것일까?

첫 번째는, 바울에게 있어서 성도는 자신의 살과 피와 같은 존재로 인식한다. 왜냐하면 아비의 마음으로 눈물로 자기의 모든 것을 내어주었기 때문이다. 두 번째는, 바울은 성도에게 있어 자신을 아비라 하여 성도를 운명적인, 책임져야 할 대상으로 여기기 때문이다. 세 번째는, 바울에게 성도는 수단이나 과정이 아니라 목적이고 목표이고 끝이었다. 사역의 전부였기 때문이다. 네 번째는, 바울의 사역은 행사나 일이 아니라 영혼에 초점을 두고 있었기 때문이다. 다섯 번째는, 바울 자신의 수고의 결정체요 하나님의 기뻐하시는 것이요, 자신의 상이기 때문이다. 여섯 번째는, 바울은 성도를 눈물로 가르쳤기 때문이다.

네 번째로 바울은 자신이 하나님의 거룩함과 진실함으로 행한 것을 자랑하고 있다.

"우리가 세상에서 특별히 너희에 대하여 하나님의 거룩함과 진실함으로 행하되 육체의 지혜로 하지 아니하고 하나님의 은혜로 행함은 우리 양심이 증언하는 바니 이것이 우리의 자랑이라"(고후 1:12).

이것이 무슨 말인가?

고린도후서 1장 15, 16, 23절에서, 바울이 고린도 교회를 가고자 하는 계획이 변경되어 고린도 교회에 오지 않는 것을 가지고, 고린도 교회에서는 무책임한 바울의 태도를 문제 삼고 더 나아가서 사도직까지 의심하는 자들에게 빌미가 되었다. 이럴 때 바울은 자신이 행한 것은 결코 인간적인 지혜로 하지 않고 하나님의 은혜, 곧 성령의 인도하심으로 하였다고 자신 있게 말하며, 자신은 언제나 하나님의 거룩함과 진실함으로 행하였다고 양심이 증명하는데, 이것을 바울은 자랑하는 것이다.

많은 사람들이 자신의 행동에 대해 의심하고 오해하고 비난할 때 그리스도인은 바울처럼 결코 인간적으로 하지 않고 성령의 인도하심으로 하였으며, 하나님의 거룩함과 진실함으로 행하였다고 말할 수 있어야 한다.

그러나 안타깝게도 오늘날 많은 그리스도인들이 사람의 오해와 비난에 두려워하고 실망하고 마음의 상처를 받아, 잘하던 하나님의 일도 스스로 멈추고 뒤돌아가버리는 일들이 많은 것을 보게 된다. 여기서 그리스도인은 정말 자신의 행동의 근원을 인간적인 것이 아닌 하나님으로 인해 움직였다고 말할 수 있는지 돌아보아야 한다. 그리고 자신의 행함의 태도가 하나님이 가지신 마음을 가지고 하는지를 스스로 질문해 봐야 한다. 자신이 하나님과 다른 사람 앞에서 자신의 행동의 근원과 동기와 태도를 자랑할 수 있는지를 스스로 물어 봐야 한다.

바울이 어떤 상황이든 감당할 수 있었던 내면

"내가 궁핍하므로 말하는 것이 아니니라 어떠한 형편에든지 나는 자족하기를 배웠노니 나는 비천에 처할 줄도 알고 풍부에 처할 줄도 알아 모든 일 곧 배부름과 배고픔과 풍부와 궁핍에도 처할 줄 아는 일체의 비결을 배웠노라 내게 능력 주시는 자 안에서 내가 모든 것을 할 수 있느니라" (빌 4:11~13).

바울은 어떠한 상황이 와도 전천후 그리스도의 종으로서 막힘이 없고 멈춤이 없는 모습을 보여준다. 오늘날 조그마한 일에도 상심하고 두려워하고 하나님의 뜻을 알면서도 멈추고 되돌아가버리는 무책임한 그리스도인에게 바울은 너무나 귀감이 되는 것이다.

무엇의 차이일까? 그것은 바울이 가졌던 내면의 있고 없고의 차이일 것이다. 그러면 바울의 어떤 내면이 모든 상황에도 감당할 수 있게 하였던 것일까?

먼저, 바울은 내면에 '**자족감**'이 있었다. 11절에서 '자족'이라는 단어를 사용한다. 자족이라 함은 '만족스러운, 충분한' 마음의 상태를 말한다. 바울은 어떤 상황이라도 자족감을 가지고 있었는데, 한 예로 바울은 성령의 이끄심에 순종하여 빌립보 지역에 왔지만 예상치 못한 상황으로 귀신 들린 여종을 고쳐 주었다가 그 여종의 주인들에 의해 매맞고 감옥에 갇히게 되었다. 그는 로마 시민권을 사용하면 풀려날 수 있었지만 사용하지 않고 그대로 어려움을 당하고 감옥에 들어갔다.

> "한밤중에 바울과 실라가 기도하고 하나님을 찬송하매 죄수들이 듣더라 이에 갑자기 큰 지진이 나서 옥터가 움직이고 문이 곧 다 열리며 모든 사람의 매인 것이 다 벗어진지라"(행 16:25~26)

바울은 기도만 한 것이 아니라 선하시고 모든 것을 아시는 하나님을 신뢰함으로 찬송한 것이다. 자족감이 없다면 할 수 없는 모습을 보여주고 있는 것이다. 자족감의 증거는 감사이다. 바울은 어떤 이유인지는 알 수 없지만 감사로 하나님께 찬송했다. 그것이 놀라운 역사를 가져온 것이다.

그리스도인은 하나님의 은혜로 살아가지만 그 내면에 욕심과 비교의식, 열등감, 패배의식, 불만을 가짐으로 자족감을 가지지 못하는 것이다. 다윗은 높은 자족감을 가지고 살았음을 시편 23편 1절에서 고백한다.

> "여호와는 나의 목자시니 내게 부족함이 없으리로다."

바울의 자족감은, 자신이 예수 믿는 자들을 박해할 때에 자신을 다메섹에서 만나 주시고, 이방인의 사도로 인쳐 주시고, 자신을 사용하여 주시는 좋으신 주님을 끝없이 신뢰하는 데서 생겨난 것이다. 바울은 더 이상의 것을 바라지 않고 주님이 주신 것은 무엇이든 가장 좋다고 하는 신앙에서 나온 것이다. 이 자족감이 바울이 극한 상황에서도 주저앉지 않고 모든 것을 감당하여 하나님의 뜻을 이루는 밑바탕이 되었다.

두 번째, 바울이 어떤 상황에서도 감당할 수 있었던 내면은 '**높은 자존감**'이다. 12절에서 '가난도 풍부도 알아왔다'라고 말하는데 '알아왔다'는 것은 '경험으로 알아왔다'는 뜻이다. 바울은 풍부하게는 살아 봤지만 사실 가난해져 본 적이 없었다. 그러기에 바울이 가난에 있었을 때 낮은 자존감을 가졌다면 괴로워했을 것이다. 실망하고 낙심하였을 것이다.

바울이 가난에도 견딜 수 있고 감당할 수 있었던 것은 자신을 향한 높은 자존감을 가졌기 때문이다. 높은 자존감이란 자신을 소중하게 여기는 마음이다. 이것은 교만과 다른 것이다. 그것은 어떤 것에도 자신을 결코 낮게 여기지 않는 마음이다. 바울은 높은 자존감이 있었기에 자신의 낮아진 삶과 상황에서도 만족하고, 결코 비참하게 여겨 극단적인 생각을 하고 괴로워하지 않았다. 오히려 과거에 좋았던 시절을 해로 여기고 배설물로 여기는 태도를 가질 수 있었다.

"그러나 무엇이든지 내게 유익하던 것을 내가 그리스도를 위하여 다 해로 여길 뿐더러 또한 모든 것을 해로 여김은 내 주 그리스도 예수를 아는 지식이 가장 고상하기 때문이라 내가 그를 위하여 모든 것을 잃어버리고 배설물로 여김은 그리스도를 얻고 그 안에서 발견되려 함이니"(빌 3:7~9).

그리고 자신의 잘난 과거도 망각으로 단절할 수 있었다.

"형제들아 나는 아직 내가 잡은 줄로 여기지 아니하고 오직 한 일 즉 뒤에 있는 것은 잊어버리고 앞에 있는 것을 잡으려고 푯대를 향하여 그리스도 예수 안에서 하나님이 위에서 부르신 부름의 상을 위하여 달려가노라"(빌 3:13~14).

바울의 이런 높은 자존감이 결국 어떤 상황에서도 감당할 수 있는 내면의 능력이 되었다.

세 번째는, 바울이 어떤 상황에서도 감당할 수 있었던 내면은 **'자신감'**이다. 13절에서 보면 '능력 주시는 자 안에서 모든 것을 할 수 있다'고 고백한다. 여기에서 '모든 것'이 중요한 단어이다. 바울은 자신의 삶과 사역 속에서 골라서 할 수 있다고 말하지 않고 모든 것을 할 수 있다고 말한다. 바울은 자신의 인생 속에 있는 모든 것을 다할 수 있다는 자신감을 가진 것이다. 이것은 자신 안에 있는 주님이 자신의 모든 것을 감당하게 하시고, 이기게 하고 자유롭게 하는 주님을 확신할 때 오는 자신감을 말한다.

그리스도인은 자신의 다른 사람에게 내세울 수 있는 환경, 소유물, 사람, 일, 지식, 명예, 권력으로 자신감을 갖는 것이 아니라 자신 안에서 모든 것이 되어 주시는 주님을 확신할 때 진정한 자신감을 가지게 되고, 그것이 모든 상황을 감당하는 내면이 된다.

네 번째, 바울이 어떤 상황에서도 감당할 수 있었던 내면은 **'익숙함'**이다. 바울은 빌립보서 4장 11~12절에서 '배웠다'는 단어를 사용한다. 이 말은 어떤 기술을 배우는 데 반복되어 나중에는 익숙해지는 상태를 말한다. 곧 바울이 자족감과 자존감, 자신감을 가지는 것이 하루아침에 된 것이 아니라는 뜻이다. 처음에는 안 그랬는데 반복되다 보니까 익숙해졌다는 것이다.

이 말은 자연스럽게 나타나고 체질이 되었다는 뜻이기도 하다. '배웠다'라는 단어의 원어적 의미는 '비밀을 전수받다'라는 뜻으로 바울은 자신 스스로 알게 된 것이 아니라 주님으로부터 자족과 자존감, 자신감을 가질 수 있는 비밀을 전수받았다고 고백하는 것이다. 인간의 지혜에서 온 것이 아니라 주님으로부터 계시를 받아 어떤 상황도 감당하는 내면을 가지게 된 것이다.

바울이 말하는
이기는 자의 세 가지 내적 태도

"이기기를 다투는 자마다 모든 일에 절제하나니 그들은 썩을 승리자의 관을 얻고자 하되 우리는 썩지 아니할 것을 얻고자 하노라 그러므로 나는 달음질하기를 향방 없는 것같이 아니하고 싸우기를 허공을 치는 것같이 아니하며 내가 내 몸을 쳐 복종하게 함은 내가 남에게 전파한 후에 자신이 도리어 버림을 당할까 두려워함이로다"(고전 9:25~27).

계시록의 일곱 교회를 향하여 주님은 똑같은 말씀을 하신다. '이기는 자에게 상을 주신다'는 것이다. 이 말씀은 곧 패배하는 자에게는 상이 없다는 것이다. 패배하는 자는 위로만 있을 뿐 상은 없는 것이다.

바울은 운동경기를 비유하여 이김을 갖기 위해 어떤 내적 태도가 필요한지를 고백하고 있다. 이김이 있다는 것은 싸울 대상이 있고, 패배도 있다는 것을 암시한다. 그리스도인이 죽는 그 순간까지 싸울 것은 보이지 않는 육신, 죄, 마귀, 세상이다. 그것들과의 싸움에서 이기려면 집중력 있는 이기는 내적 자세가 필요하다.

여기서 삶과 신앙에서 이기는 자가 되려면 어떻게 해야 할지를 바울은 고백하고 있다. 먼저 바울은 25절에서 **'자기절제'**를 말하고 있다. 오늘날 그리스도인의 약점 중에 하나가 절제를 하지 못한다는 것이다. 마귀는 그리스도인들을 좋은 것이든 나쁜 것이든 절제하지 못하게 하여 문제를 일으키게 한다.

절제한다는 것은 알맞게 조절하여 제한한다는 뜻과 방종하지 않도록 자신의 욕망을 이성으로 제어한다는 뜻이 있다. 하나님이 기뻐하시고 하나님의 부르심을 입어 하나님의 일을 하는 그리스도인이 절제할 수 없다면 이미 자격 미달이다. 하나님이 기뻐할 수 없는 것으로부터 시작하여 하나님의 뜻을 이루기 위해 절제되어야 할 것들이 많을 텐데 그런 것들을 스스로 절제할 수 없다면 하나님이 강제적으로 절제할 수밖에 없는 상황으로 이끄실 것이다.

그리스도인이 자기가 하고 싶은 것 다하고서는 하나님이 기뻐하시는 사람이 될 수 없고, 거기에 하나님의 원하시고 맡겨 주신 일들을 하는 그리스도인이라면 더욱 많은 부분을 절제하며 살아야 하는 것이 정상이다. 그러므로 인간의 의지로는 하나님이 원하시는 데까지 절제할 수 없으니까 성령의 도움을 구해야 한다.

성령의 열매에는 절제가 있다. 성령이 충만하면 성령의 열매가 존재에서 나오는데 그중에 하나가 절제이다. 그러므로 성령의 임재 속에서 충만하여 성령께서 절제의 능력을 주시는 것으로 감당해야 한다.

두 번째로, 바울은 이기는 자의 태도로 26절에서 **'정확한 자기 목표'**를 가지는 것이라고 고백하고 있다. 바울은 이 부분을 설명하기 위해 그 당시에 유행했던 달리기와 권투로 비유하고 있다. 그리스도인이 열심만 가지고는 주어진 삶과 신앙에서 이기는 그리스도인이 될 수 없다. 열심 전에 분명한 자기 목표가 있지 않으면 열심 자체가 소용이 없는 것이다.

예를 들어 서울로 가려는 사람이 부산으로 열심히 달린다면 그 열심은 헛되고 의미가 없는 것과 같다. 그래서 하나님은 의미 있고 정확한 목표를 가지도록 빌립보서 2장 13절에서 바울을 통해 말씀하신다.

"너희 안에서 행하시는 이는 하나님이시니 자기의 기쁘신 뜻을 위하여 너희에게 소원을 두고 행하게 하시나니."

그리고 바울도 빌립보서 3장 13~14절에서 이렇게 고백한다.

"앞에 있는 것을 잡으려고 푯대를 향하여 그리스도 예수 안에서 하나님이 위에서 부르신 부름의 상을 위하여 달려가노라."

하나님은 인간을 목표지향적인 존재로 만드셨다. 하나님은 창세기 1장 27~28절에서 "하나님이 자기 형상 곧 하나님의 형상대로 사람을 창조하시되 남자와 여자를 창조하시고 하나님이 그들에게 복을 주시며 하나님이 그들에게 이르시되 생육하고 번성하여 땅에 충만하라, 땅을 정복하라, 바다의 물고기와 하늘의 새와 땅에 움직이는 모든 생물을 다스리라 하시니라"고 말씀하신다. 이것은 아담과 하와를 지으시고 그들을 에덴동산이라는 좋은 곳에 있게 하시며 그 속에서 즐거워하며 살라고 하신 것이 아니라, 힘써 목표를 가지고 이루라고 말씀하신 것이다. 또 그들에게 삽 한 자루를 주지도 않으셨지만 목표한 대로 이룰 수 있는 능력을 그 마음 안에 주셨기에 인간에게 명령하신 것이다.

목표 없이 사는 자와 목표를 가지고 사는 자는 50배의 차이가 난다고 말한다. 하나님은 인간에게 주신 지혜로 분명하고도 정확한 목표를 가지고 살아갈 때에 마음과 육체와 삶의 환경을 목표한 대로 이루도록 도우시는 것이다. 그래서 사탄은 그리스도인이 목표를 가지고 살 수 없도록 혼미한 마음과 무기력한 마음을 가지고 살도록 역사한다. 사탄은 그리스도인의 삶과 신앙에서 패배하여 신음하며 너무나 모자람이 많은 인생을 살게 하려고 역사한다.

그러므로 그리스도인은 무엇을 하든 목표를 가져야만 삶과 신앙에서 이김이 있고, 그 이김이 하나님의 상으로 연결되는 것이다.

바울은 세 번째로 이김을 가지는 태도로 27절에서 **'자기 개발과 훈련'**이라고 고백한다. '내 몸을 쳐 복종하게 함'은 원어적으로 '거칠게 다루다'는 뜻으로, 실제적으로 '권투선수가 상대 선수의 안면을 쳐 눈을 멍들게 하는 것'으로 사용된다. 이 말은 상대방 안면을 가격하여 무력하게 만들듯이 자신의 몸을 혹독하게 훈련시킨다는 뜻이다. 바울은 이김의 삶과 신앙이 되려면 적극적으로 자기의 내면을 강하게 훈련해야 한다는 것이다.

그리스도인이 패배당하고 사는 삶과 신앙은 쉽게 될 수 있다. 그러나 이기는 삶과 신앙은 쉽지 않다. 그러기에 이기는 존재가 되려면 지독하게 자신의 내면을 이기는 내면을 스스로 만들어낼 줄 아는 훈련이 필요하다.

자신에게 유리한 환경을 만들어 가는 것보다 힘든 것은, 하나님 앞에서 이기는 능력 있는 마음을 가지기 위해 소리 없이 대가도 없는 내면 훈련을 하는 것이다. 모든 싸움에 이기고 지는 것은 환경에 있지 않고 당하고 있는 사람의 마음에 달려 있는 것이다. 그러므로 내적 태도가 어떠한가가 결정적인 역할을 하는 것이다.

바울의 세 가지 판단

"너희에게나 다른 사람에게나 판단 받는 것이 내게는 매우 작은 일이라 나도 나를 판단하지 아니하노니 내가 자책할 아무것도 깨닫지 못하나 이로 말미암아 의롭다 함을 얻지 못하노라 다만 나를 심판하실 이는 주시니라 그러므로 때가 이르기 전 곧 주께서 오시기까지 아무것도 판단하지 말라 그가 어둠에 감추인 것들을 드러내고 마음의 뜻을 나타내시리니 그 때에 각 사람에게 하나님으로부터 칭찬이 있으리라"(고전 4:3~5).

오늘날 정보 능력이 발달하면서 사람들 간에 비교하는 것이 심해졌다. 그리고 지나치게 다른 사람을 의식하는 문화가 예민하게 이루어지고 있다. 이런 속에서 그리스도인이 진정 '하나님 앞에서'의 신앙을 가지며 사람의 벽을 넘는 신앙과 삶이 되기는 쉽지 않다. 그러면 어떻게 해야 다른 사람에 대해 자유로울 수가 있을까?

바울은 다른 사람이 자신을 판단하는 것을 '작은 일'이라 표현하고 있다. 이 말은 '사소한 일, 하찮은 일, 가벼운 일로 여긴다는 것이다. 예민하게 다른 사람을 의식하는 것은 한국의 체면문화 때문이다.

그리고 내면적으로 교만한 사람, 마음이 약한 사람, 상처가 많은 사람, 피해의식이 있는 사람들이 더 그렇다. 다른 사람이 자신을 판단하고 비난하는 것에 대해 자책감이나 원망, 분노를 가지지 말아야 한다. 바울이 다른 사람이 판단하는 것을 작은 일로 여기는 것은, 다른 사람이 자신을 판단하는 것이 악의적이거나, 정확하지 않거나, 자신에게 결과적으로 도움이 되지 않기 때문이다. 다른 사람의 판단이 진실성이 없기 때문에 작은 일로 여기는 것이다.

그러므로 다른 사람이 자신에 대하여 판단하는 것을 감정적으로 상대하지 않는 것이 지혜로운 태도이다. 바울이 다른 사람의 판단을 작은 일로 여기는 것은 더 큰 것이 그의 마음을 지배하고 있었기 때문이다. 교회에 대한 생각, 하나님의 마음과 계획이 그의 마음을 더 크게 지배하고 있기 때문에 다른 사람이 판단하는 것은 작게 여길 수 있었다. 그리고 바울은 사탄이 사람을 가지고 역사한다는 것을 알기에, 더욱이 가까운 사람을 통하여 역사한다는 것을 알기에 사탄에게 속지 않기 위해 다른 사람이 자신을 어떤 식으로든 낮추며 비난하는 태도를 작은 일로 여겼다.

그리스도인은 다른 사람이 자신을 판단할 때에 두려워하거나 슬퍼하거나 낙심하지 말아야 한다. 감정에 치우치지 말아야 한다. 마음에 더 큰 것을 생각함으로 작은 일로 여겨야 한다. 사람을 두려워하면 사람의 종이 된다. 하나님은 분명히 종이 되지 말라고 하셨다.

"사람을 두려워하면 올무에 걸리게 되거니와 여호와를 의지하는 자는 안전하리라"(잠 29:25).

"너희는 값으로 사신 것이니 사람들의 종이 되지 말라"(고전 7:23).

그리스도인은 사람을 통하여 역사하는 사탄의 역사를 분별하여 다른 사람의 말에 결코 마음이 흔들리지 말고 주님의 마음으로 이겨야 한다.

바울은 두 번째로, 자기 자신을 판단하지 않는다고 말한다. 설사 자신이 자신을 판단해도 자책할 것이 없다 해도 자신을 판단하는 것은 의로운 것이 아니라고 말한다. 자신을 정확하게 보는 것이 아니고 자신을 정확하게 보시는 분은 하나님이시기 때문이다.

바울이 자신을 판단하지 않는 것은, 자칫 잘못하면 자학이나 자기 비하를 가져올 수 있고 그것으로 의기소침, 무기력, 비관적인 마음을 가질 수 있기 때문이다. 그리고 자신을 분석하고 판단하는 것은 자신을 칭찬하는 것이 아니라 결국 자신을 비난하게 되고 그것이 다른 사람을 이해하고 수용하고 섬기는 데 방해되는 모습이 될 수 있기 때문이다.

그러나 반대로 자신이 잘한 것만 가지고 판단한다면 자아도취, 자기과시, 자기 교만에 빠져 하나님과 사람들에게 잘못된 태도와 관계를 가질 수 있다. 자신이 스스로 판단하여 자신의 잘못을 감추고 고치기 위해 자기 완벽, 자기완전주의로 가면 그것은 자기 우상에 빠져 사탄의 속임수에 넘어가고 하나님을 의지하는 것이 아니라 자기 자신을 의지하는 모습을 가지게 된다. 그러므로 바울처럼 잘하든 못하든 자신을 판단하여 결과적으로 하나님 앞에서, 다른 사람과의 관계, 자신에게 맡겨진 일들에 부정적 영향을 미친다면 멈춰야 한다.

세 번째로, 바울은 모든 것은 주님이 온전하게 판단하실 것이라고 말한다. 주님은 마음의 동기까지 살펴 판단하실 것이라고 말한다. 그러므로 모든 것을 정확하게 판단하시는 주님을 두려워하고, 다른 사람과 세상이 알아주지 않고 결과가 없다 해도 주님이 올바른 판단으로 잘한 것에 대해 상을 주신다고 말하는 것이다. 그러므로 그리스도인은 주님의 판단을 두려워하고 죽어서 주님이 판단하시고 잘한 것에 상을 주시는 것으로만 이해하지 말고, 이 땅에서도 온전하게 판단하여 주시는 주님을 신뢰하고 소망하고 인내하며 주님께 맡겨야 한다. 그렇게 할 때 그리스도인은 억울할 것도 슬퍼할 것도 없는 것이다.

그러므로 그리스도인은 주님이 판단을 나타내실 때까지 자신의 성급하고도 정확하지 않은 판단을 하지 말라고 경고한다. 주님의 판단이 나타날 때에 감사히 여기고 결과에 순종해야 한다.

바울의 우선순위와 시대적 주님의 마음

"며칠 후에 바울이 바나바더러 말하되 우리가 주의 말씀을 전한 각 성으로 다시 가서 형제들이 어떠한가 방문하자 하고 바나바는 마가라 하는 요한도 데리고 가고자 하나 바울은 밤빌리아에서 자기들을 떠나 함께 일하러 가지 아니한 자를 데리고 가는 것이 옳지 않다 하여 서로 심히 다투어 피차 갈라서니 바나바는 마가를 데리고 배 타고 구브로로 가고 바울은 실라를 택한 후에 형제들에게 주의 은혜에 부탁함을 받고 떠나 수리아와 길리기아로 다니며 교회들을 견고하게 하니라"(행 15:36~41).

이 사건은 바울과 바나바에게 있어서 중요한 존재가치와 인생과 사역의 전환점이 되는 사건이다. 그리스도인에게도 이런 상황이 올 수 있다.

바울과 바나바가 다투게 된 것은 사람 때문이다. 밤빌리아에서 알 수 없는 이유로 마가 요한이 무책임하게 예루살렘으로 돌아간 것이다. 그러고 나서 제2차 전도여행에 마가 요한을 데리고 갈 것인지 말 것인지를 놓고 바울과 바나바의 의견 대립이 있었다. 결국 바울은 새로 동역자가 된 실라와 제2차 전도 여행을 떠나고 바나바는 마가 요한을 데리고 구브로로 갔다. 그동안 바나바는 바울보다도 신앙의 선배이며 다른 성도들에게 신뢰와 존경을 받고 하나님도 인정한 사역자였다. 하지만 이 사건 이후로 바나바는 사도행전 16장부터는 사라지고 바울과 실라가 등장하여 하나님의 사역을 이루는 주인공이 된다. 그러므로 이 사건은 두 사람에게만 중요한 것이 아니라 하나님께서도 중요하게 여긴 사건이라는 것을 사도행전 기록으로 알 수 있다.

그렇다면 왜, 무엇 때문에 하나님의 시각에서 바나바와 바울이 차이 나게 되었는가? 분명 선과 악에 대한 문제는 아닌데 무엇이 이토록 두 사람의 장래가 차이가 나게 만들었는지를 알아야 한다.

이것은 두 사람이 다투는 사건 뒤에 오는 행로가 결국 한 사람은 하나님의 마음과 일치되고 한 사람은 하나님의 마음과 다른 방향으로 갔다는 것이다.

그러면 두 사람의 다툼과 그 직후 두 사람의 행로를 자세히 살펴보자. 바울와 바나바의 제1차 전도여행은 결코 그들 스스로 가게 된 것이 아니라 성령께서 지시하여 시키신 일이다.

> "주를 섬겨 금식할 때에 성령이 이르시되 내가 불러 시키는 일을 위하여 바나바와 사울을 따로 세우라 하시니 이에 금식하며 기도하고 두 사람에게 안수하여 보내니라"(행 13:2~3).

그렇다면 제1차 전도여행이 성령의 의해 진행된 것이면 결코 사람의 의도대로 할 수 있는 것이 아님을 말한다. 그러므로 애초에 예루살렘에 무책임하게 다시 돌아온 마가 요한을 데리고 간 것은 잘못된 선택일 수 있는 것이다. 아마 마가 요한은 바나바의 조카였기에 바나바의 추천으로 가게 되었을 것이다. 마가 요한이 제2차 전도여행에 같이 갈 수 없는 것은 어쩌면 당연한 결과였을 것이다. 그런데도 바나바가 바울과 다투면서 끝까지 마가 요한을 데리고 가자는 것은 사도행전 16장을 기록하신 주님의 시각으로 보면 너무나 잘못된 선택이었음을 알 수 있다. 하나님도 허락할 수 없는 일이었다.

아무도 알아주지 않는 바울을 바나바가 데리고 와서 사역자로 세워 주었기에 마가 요한에게도 바나바의 그런 성품이 작용했을 것이다. 그러나 바울과 바나바를 통한 주님의 위대한 사역을 이루어 가는 데는 결코 용납할 수 없는 문제이다. 그 당시 주님이 바라시는 주님의 사역에서 벗어난 바나바의 실수이다.

비록 바울과 바나바가 자신들이 제1차 전도여행에서 얻은 영적 수확을 다시금 확인하고 세워 주자는 데는 서로 동의했지만 함께할 동역자를 선정하는 데는 서로 의견이 충돌했다. 그리스도인이 주님의 일을 할 때 서로 의견이 달라서 의견 충돌이 나서 다툴 수도 있다. 그러나 누가 옳고 그른가를 알 수 있는 방법은 두 가지로, 하나는 어떤 것이 주님의 마음에서 나온 것이냐이다. 두 번째는, 어떤 한쪽을 진행할 때 주님의 보증하시고 축복하시는 증거가 있는가이다. 이 두 가지로 주님의 일에 대한 하나님의 뜻을 알 수 있다.

분명한 것은, 주님 앞에서 무책임하고 자신만을 위한 자, 인간적으로 생각하는 자는 주님께 선택과 인정을 받지 못하고 보증하시는 주님을 만나지 못한다는 것이다. 주님이 마음으로 바울을 동의하고 보증하시게 된 배경은, 첫째로 바울이 하나님의 사역에 치밀함을 가지고 있었기 때문이다. 바울이 먼저 바나바에게 자신들이 전도한 현장과 성도들을 다시 돌아보자고 말한다. 그것은 실은 신앙 선배인 바나바가 제안해야 할 내용이었다. 그러나 바울은 한 번 가지고는 안 되는 하나님의 사역을 확실하게 하려는 태도를 가지고 있는 것이다.

주님은 무엇이든 완전하게 하시는 분이니 바울의 치밀함이 하나님의 마음과 같았던 것이다. 그리고 바울은 지금 주님의 사역에 책임을 질 줄 아는 동역자가 필요하다는 것이다. 바울이 마가 요한이 싫어서가 아니라 주님의 사역이 자신을 포함하여 동역자로 인하여 실패하거나 잘못 되는 것을 원하지 않았던 것이다. 그리고 주님의 사역이 사역자로 인하여 더욱 확장되어야 하는 시점에 있었기 때문이다. 이것이 주님의 마음에도 있었던 것이다.

그리고 사도행전 16장을 하나님이 기록하신 것으로 볼 때 바울이 제2차 전도여행을 진행하였던 코스가 바로 주님이 원하셨던 코스였다. 바울은 주님이 원하시는 경로대로 주님의 사역을 이루어갔던 것이다.

그의 비해 바나바의 문제는, 결과적으로 보면 바나바는 바울을 통한 주님의 마음과 음성을 듣지 못하고 무시하였다는 것이다. 그리고 자신이 신앙의 선배이고 바울보다 앞선다고 생각했는지 자신의 주장을 계속 고집하였고 그 고집을 꺾지 않았다. 그것은 바나바에게 인간적인 마음이 가득했기 때문이다. 그리고 마가 요한은 바나바의 조카라는 인간적인 관계를 가지고 있기 때문에 바나바는 냉정하게 주님의 입장에서 생각해야 하고 결단해야 한다는 것을 알지 못했다.

"나와 함께 갇힌 아리스다고와 바나바의 생질 마가와"(골 4:10).

또한 바나바가 마가 요한을 데리고 간 구브로 섬은 바나바의 고향이었다.

"구브로에서 난 레위족 사람이 있으니 이름은 요셉이라 사도들이 일컬어 바나바라 (번역하면 위로의 아들이라) 하니"(행 4:36).

고향으로 간 것이 단지 쉬기 위해서인지, 편해서 간 것인지, 고향이니까 전도하기 쉬워서 간 것인지는 알 수 없지만, 분명한 것은 주님이 지정하신 현장은 아니라는 것이다. 그러므로 자세히 보면 바나바는 처음부터 인간적인 생각과 인간적인 관계와 인간적인 현장을 가지고 움직였기에 어쩔 수 없이 하나님의 사역에서는 더 이상 쓰임 받지 못했다.

성경에서 인간적이라는 것 때문에 스스로 고난을 불러들이고 하나님께 책망을 받는 사람들이 나온다. 구약에서 모세는 출애굽기 2장에서 자기 민족을 사랑하고 돕고자 하는 인간적인 마음으로 애굽 사람을 죽이고는 그 일 때문에 살인자가 되어 도망함으로 자신의 신분과 좋은 환경을 잃었다. 그리고 민수기 20장에서는 이스라엘 백성을 광야에서 잘 이끌고 있다가 하나님의 말씀을 불순종하여 바위를 지팡이로 쳤다는 이유로 가나안 땅에 들어가지 못한다. 신약에서 베드로는 주님이 고난을 받고 죽으시고 부활하신 것을 제자들에게 말씀하실 때 그런 일이 일어나서는 안 된다고 말리자 주님께서 단호히 그에게 "사탄아 물러가라"고 말씀하신다.

사도행전 16장부터 바나바가 나오지 않는 것을 보면 바나바는 거대한 시대적 주님의 사역으로는 쓰임 받지 못한 것이다. 비록 그가 구브로와 다른 곳에서 신실하게 주님의 사역을 하였다 할지라도 거대한 시대적 주님의 사역에서는 자격 미달로 사라진 것이다. 이것은 아무리 인간적으로 좋은 성품을 가지고 주님의 사역을 하더라도 주님이 원하시지 않는 방향으로 가면 결국 사역으로는 버림당할 수 있다는 뜻이다.

과거에 주님이 인정하는 사역자로 살았다 해도 지금 주님의 뜻과 같이 같은 방향으로 가는 사역이 아니면 사역자로서 주님께 쓰임 받지 못하고 도태된다. 바울은 주님의 사역이 우선이고 더 중요하였고, 바나바는 사람이 우선이고 사람을 더 중요하게 여겼다. 바울은 주님의 마음을 가지고 판단하고 바나바는 인간적 마음으로 판단하였다. 바울은 주님이 원하시는 시대에 맞는 사역자요 바나바는 하나님의 입장에서 시대에 맞지 않는 사역자이다. 바울은 주님 편에 서서 주인공이 되었고 바나바는 사람 편에 서서 엑스트라가 된 것이다. 이것이 바울과 바나바의 차이다.

오늘날에도 많은 그리스도인들이 주님의 마음을 모르고 자신의 마음과 인간적인 마음으로 말하고 행하다가 하나님이 인정하시지 않고 보증하지도 않는 방향으로 가는 것을 보게 된다. 특히 주님의 일을 한다는 사람들이 바울과 같은 태도가 아니라 바나바 같은 태도를 보임으로 하나님의 축복을 받지 못하고 사역에 쓰임 받지 못하고 도태되는 사역자들도 많다.

바울과 빌립보 교회가 세워진 배경

사도행전 16:6~34

" ⁶성령이 아시아에서 말씀을 전하지 못하게 하시거늘 그들이 브루기아와 갈라디아 땅으로 다녀가 ⁷무시아 앞에 이르러 비두니아로 가고자 애쓰되 예수의 영이 허락하지 아니하시는지라 ⁸무시아를 지나 드로아로 내려갔는데 ⁹밤에 환상이 바울에게 보이니 마게도냐 사람 하나가 서서 그에게 청하여 이르되 마게도냐로 건너와서 우리를 도우라 하거늘 ¹⁰바울이 그 환상을 보았을 때 우리가 곧 마게도냐로 떠나기를 힘쓰니 이는 하나님이 저 사람들에게 복음을 전하라고 우리를 부르신 줄로 인정함이러라 ¹¹우리가 드로아에서 배로 떠나 사모드라게로 직행하여 이튿날 네압볼리로 가고 ¹²거기서 빌립보에 이르니 이는 마게도냐 지방의 첫 성이요 또 로마의 식민지라 이 성에서 수일을 유하다가 ¹³안식일에 우리가 기도할 곳이 있을까 하여 문 밖 강가에 나가 거기 앉아서 모인 여자들에게 말하는데 ¹⁴두아디라 시에 있는 자색 옷감 장사로서 하나님을 섬기는 루디아라 하는 한 여자가 말을 듣고 있을 때 주께서 그 마음을 열어 바울의 말을 따르게 하신지라 ¹⁵그와 그 집이 다 세례를 받고 우리에게 청하여 이르되 만일 나를 주 믿는 자로 알거든 내 집에 들어와 유하라 하고 강권하여 머물게 하니라 [16]우리가 기도하는 곳에 가다가 점치는 귀신 들린 여종 하나를 만나니 점으로 그 주인들에게 큰 이익을 주는 자라 [17]그가 바울과 우리를 따라와 소리 질러 이르되 이 사람들은 지극히 높은 하나님의 종으로서 구원의 길을 너희에게 전하는 자라 하며 [18]이같이 여러 날을 하는지라 바울이 심히 괴로워하여 돌이켜 그 귀신에게 이르되 예수 그리스도의 이름으로 내가 네게 명하노니 그에게서 나오라 하니 귀신이 즉시 나오니라 [19]여종의 주인들은 자기 수익의 소망이 끊어진 것을 보고 바울과 실라를 붙잡아 장터로 관리들에게 끌어 갔다가 [20]상관들 앞에 데리고 가서 말하되 이 사람들이 유대인인데 우리 성을 심히 요란하게 하여 [21]로마 사람인 우리가 받지도 못하고 행하지도 못할 풍속을 전한다 하거늘 [22]무리가 일제히 일어나 고발하니 상관들이 옷을 찢어 벗기고 매로 치라 하여 [23]많이 친 후에 옥에 가두고 간수에게 명하여 든든히 지키라 하니 [24]그가 이러한 명령을 받아 그들을 깊은 옥에 가두고 그 발을 차꼬에 든든히 채웠더니 [25]한밤중에 바울과 실라가 기도하고 하나님을 찬송하매 죄수들이 듣더라 [26]이에 갑자기 큰 지진이 나서 옥터가 움직이고 문이 곧 다 열리며 모든 사람의 매인 것이 다 벗어 진지라 [27]간수가 자다가 깨어 옥문들이 열린 것을 보고 죄수들이 도망한 줄 생각하고 칼을 빼어 자결하려 하거늘 [28]바울이 크게 소리 질러 이르되 네 몸을 상하지 말라 우리가 다 여기 있노라 하니 [29]간수가 등불을 달라고 하며 뛰어 들어가 무서워 떨며 바울과 실라 앞에 엎드리고 [30]그들을 데리고 나가 이르되 선생들이여 내가 어떻게 하여야 구원을 받으리이까 하거늘 [31]이르되 주 예수를 믿으라 그리하면 너와 네 집이 구원을 받으리라 하고 [32]주의 말씀을 그 사람과 그 집에 있는 모든 사람에게 전하더라 [33]그 밤 그 시각에 간수가 그들을 데려다가 그 맞은 자리를 씻어 주고 자기와 그 온 가족이 다 세례를 받은 후 [34]그들을 데리고 자기 집에 올라가서 음식을 차려 주고 그와 온 집안이 하나님을 믿으므로 크게 기뻐하니라"(행 16:6~34).

한 교회를 설립하는 것은 사역자와 주님이 협력하는 종합예술이라 할 수 있다. 이것이 사도행전 16장에서 나타난다.

주님은 빌립보 교회를 세우기 위해 바울을 통하여 여러 단계를 거치면서 교회와 상관없는 사건과 상황을 통해 퍼즐을 시간 속에서 맞추어 이루어 가고 있었다. 이것은 오늘날에도 동일하게 역사한다. 주님의 뜻이 이루어져야 할 시간, 상황, 사건이 한 치의 오차도 없어야 한다. 준비된 시간, 준비된 상황, 준비된 사건, 준비된 사람들이 필요하다.

먼저 주님은 바울을 통해 빌립보에 교회를 세우기 위해 바울을 일곱 개 지역을 거쳐서 오게 한다. 성령께서 아시아로 가지 못하게 하시므로 부르기아와 갈라디아로 갔고, 거기에서 무시아에서 비두니아로 가고자 애썼지만 가지 못해 드로아에 갔으며, 거기에서 성령께서 환상을 통하여 사모드라게로 갔고, 거기서 네압볼리로 가서 드디어 빌립보에 도착하였다.

주님이 역사하는 현장을 성령께서 이끄실 때는 단 한 번에 오게 하시는 것이 아니라 많은 현장을 거쳐 주님의 역사의 현장에 오게 된다. 주님이 역사하는 현장에 오기까지 과정 속에서 한 번이라도 중간에 빠진다면 주님이 역사하는 현장에 올 수 없다는 것을 의미한다. 그러므로 정확하게 여러 현장을 이끄시는 성령의 움직임에 민감해야 한다.

구약에서 광야생활을 하던 이스라엘 백성은 하나님의 인도하심을 따라 움직였는데, 나침반도 없이 낯선 광야의 길을 가서 가나안에 들어갔다.

"성막을 세운 날에 구름이 성막 곧 증거의 성막을 덮었고 저녁이 되면 성막 위에 불 모양 같은 것이 나타나서 아침까지 이르렀으되 항상 그러하여 낮에는 구름이 그것을 덮었고 밤이면 불 모양이 있었는데 구름이 성막에서 떠오르는 때에는 이스라엘 자손이 곧 행진하였고 구름이 머무는 곳에 이스라엘 자손이 진을 쳤으니 이스라엘 자손이 여호와의 명령을 따라 행진하였고 여호와의 명령을 따라 진을 쳤으며 구름이 성막 위에 머무는 동안에는 그들이 진영에 머물렀고 구름이 성막 위에 머무는 날이 오랠 때에는 이스라엘 자손이 여호와의 명령을 지켜 행진하지 아니하였으며 혹시 구름이 성막 위에 머무는 날이 적을 때에도 그들이 다만 여호와의 명령을 따라 진영에 머물고 여호와의 명령을 따라 행진하였으며 혹시 구름이 저녁부터 아침까지 있다가 아침에 그 구름이 떠오를 때에는 그들이 행진하였고 구름이 밤낮 있다가 떠오르면 곧 행진하였으며 이틀이든지 한 달이든지 일 년이든지 구름이 성막 위에 머물러 있을 동안에는 이스라엘 자손이 진영에 머물고 행진하지 아니하다가 떠오르면 행진하였으니 곧 그들이 여호와의 명령을 따라 진을 치며 여호와의 명령을 따라 행진하고 또 모세를 통하여 이르신 여호와의 명령을 따라 여호와의 직임을 지켰더라"(민 9:15~23).

모든 그리스도인은 성령의 이끄심을 받는데, 주님이 축복하시는 현장을 가려면 그 과정에서 한 치의 오차도 없이 이끌림 받는 것이 중요하다. 그분의 이끄심에 민감해야 한다.

그리고 두 번째는, 하나님의 뜻을 이루는 자는 어떤 상황이 와도 영적인 자세를 가져야 한다는 것을 바울을 통해 알려 주신다. 바울은 언제나 인간적인 방법이나 계산적 태도가 아닌, 어떤 상황이든 영적 자세를 가지고 있었다. 바울은 언제나 기도하고 복음을 전하였고, 주님이 주신 영적 능력을 여종에게 사용하였고, 빌립보 감옥에서는 하나님께 기도와 찬미를 하였다.

세 번째는, 빌립보 교회를 세우기 위해 바울은 그만큼의 대가를 치르고, 권리를 주장하지 못했다. 바울은 억울하게 매를 맞았고, 로마 시민권도 사용하지 못했다. 주님의 일을 하며 하나님의 뜻을 이루는 자는 그것만큼 대가를 치르고 억울한 일도 감수하고 권리를 포기하기도 해야 한다.

네 번째는, 주님은 빌립보 교회를 세우는 과정에 필요한 능력을 바울에게 주셨다. 루디아에게 복음을 전하여 구원시킬 복음 증거의 능력을 갖게 하시고, 귀신 들린 여종을 고치는 능력도 주셨다. 또 빌립보 간수의 가정이 복음을 듣고 구원시킬 능력도 주셨다. 주님의 일을 행하고 주님의 뜻을 이루는 자는 주님께서 이룰 수 있는 주님의 능력을 주시는 것이다.

다섯 번째는, 빌립보 교회를 세우는 데 사탄은 필사적으로 역사하고 있었다. 바울은 귀신 들린 여종의 소리로 방해를 받고 있었고, 귀신을 쫓아 준 여종의 주인들의 모함을 받았으며, 그 후 많은 사람들의 물리적 힘의 공격을 받고, 잘못된 법 집행을 경험하였다. 이렇듯 바울은 숱한 육체적 고난을 받았는데 사탄의 배후에서 바울을 공격하고 있었기 때문이다. 하나님의 뜻을 이루고 하나님의 역사를 이룰 사람은 반드시 먼저 사탄의 공격을 받는다는 것을 알아야 한다.

여섯 번째는, 주님은 빌립보 교회를 세우기 위해 기적을 나타내신다. 바울과 실라가 감옥에서 기도하며 찬미할 때 지진이 일어나게 하셨다. 그리하여 빌립보 감옥의 간수와 그 가족의 구원이라는 기적을 나타내셨다. 이렇듯 하나님의 뜻과 역사 속에는 기적이 존재하고 나타난다.

일곱 번째는, 빌립보 교회를 세우는 데 전혀 도움이 될 것 같지 않은 준비된 사람들을 보내 주셨다. 자주 장사 루디아와 그 가족, 귀신 들린 여종, 빌립보 간수와 가족들이다. 하나님은 언제나 하나님의 뜻을 이룰 수 있는 준비된 사람들을 준비하시고 이끄신다. 그리스도인은 하나님의 뜻을 이루기 위해 준비된 사람들을 만나는 것이 중요하다. 하나님의

뜻을 이루는 연결고리와 같다

여덟 번째는, 바울은 하나님을 감동시키는 모습을 가진다. 전도하고 귀신 들린 여종을 고쳐 준 것으로 그렇게 억울하게 감옥에 갇히고 매 맞았다. 그런데 자신의 안전을 위해 로마 시민권도 쓰지 않고, 감옥에서 기도만 한 것이 아니라 좋으신 하나님을 찬미하는 것, 옥문이 열리고 빌립보 간수가 자결하려고 할 때 생명보다 더 귀한 복음을 전하여 때를 놓치지 않고 영혼을 구원하는 영적 태도를 가졌다. 주님의 뜻을 이루고 하나님께 영광 돌리려는 사람은 어떤 상황에서든 하나님을 기쁘시게 하고 감동 드리는 모습을 보일 때 그 끝은 해피엔딩이다.

바울의 두려움

바울은 세상 사람이 가지고 있는 두려움과 다른 차원의 두려움을 가지고 자신을 변화시켜가고 주님의 일을 감당하였다.

"내가 내 몸을 쳐 복종하게 함은 내가 남에게 전파한 후에 자신이 도리어 버림을 당할까 두려워함이로다"(고전 9:27).

바울의 첫 번째 두려움은 자신이 하나님의 추로 무게를 달아 원하는 무게가 나가지 않아 미달됨으로 주님의 사역에 불합격자가 되어 사역으로부터 버림당하는 것이었다. 바울은 사역의 양이나 질로서가 아니라 사역자 자신의 존재의 값이 미달되어 하나님 앞에 자격 없는 사역자가 되는 것을 두려워했던 것이다.

이런 마음은 바울이 늘 주님과 교통하며 주님의 원함을 알기에 가질 수 있는 마음이었다. 그 당시 대부분의 성도들이 바울을 말씀과 능력과 존재로서 인정하고 신뢰하였지만 바울 자신은 주님의 기준을 알기

에 성도들의 인정에 흔들리지 않았다

주님도 마지막 때에는 주님의 일을 하는 사람들을 판단하신다.

> "그날에 많은 사람이 나더러 이르되 주여 주여 우리가 주의 이름으로 선지자 노릇 하며 주의 이름으로 귀신을 쫓아내며 주의 이름으로 많은 권능을 행하지 아니하였나이까 하리니 그때에 내가 그들에게 밝히 말하되 내가 너희를 도무지 알지 못하니 불법을 행하는 자들아 내게서 떠나가라 하리라"(마 7:22~23).
>
> "죄를 짓는 자마다 불법을 행하나니 죄는 불법이라"(요일 3:4).

주님은 주님의 일을 하는 하나님의 부르심을 받은 자들에게서 흘러나는 능력이나 열심이나 지혜를 보시는 것이 아니라 주님의 일을 하기에 합당한 거룩한 자인가를 보고 계신다. 주님이 '**불법을 행하는 자들아**'라고 하신 이 말씀은, 주님의 일을 하면서 동시에 죄를 짓는다면 그는 주님이 모르는 자가 된다는 것이다. 주님의 능력이 흘러나와 수고하였다 할지라도 그것을 전혀 인정하지 않으신다. 주님이 사역자라는 신분과 사역을 가지고 말씀하신 것이 아니라 사역자 존재를 가지고 말씀하신 것이다. 주님의 사역을 잘하는 것이 중요한 것이 아니라 존재로서 인정받는 것이 더 중요하다.

주님의 사역을 하는 자들이 거룩함을 가지는 것은 주님의 사역을 하기 위한 첫 번째 자세라 할 수 있다. 그러므로 사역자는 주님이 보시기에 기뻐할 수 있는 엄격한 자기 관리가 필요하다. 그것이 주님의 사역을 잘하는 태도이다.

> "뱀이 그 간계로 하와를 미혹한 것같이 너희 마음이 그리스도를 향하는 진실함과 깨끗함에서 떠나 부패할까 두려워하노라"(고후 11:3).

바울은 두 번째로 자신이 복음으로 낳은 성도들의 마음상태를 걱정하고 있다. 신앙의 결정체는 심령이기 때문이다. 주님의 판단도 행위보다 그 마음이 기준이 된다. 바울은 성도들의 행위보다 마음의 변질을 두려워하고 있다. 그리고 바울 자신이 애써 눈물로 기도로 성도들을 섬긴 사역의 수고가 헛될까 두려운 것이다.

또한 바울은 자신에게 맡겨 주신 영혼들을 세밀하게 섬기지 못한 것에 대한 책임을 주님이 물으실 것을 두려워하는 것이다. 오늘날 행위로써 성도의 신앙을 기준 삼는 사역자의 잘못된 태도를 주님은 바울을 통해 지적하신다. 눈앞에 보이는 신앙 행위로 칭찬과 인정을 하는 태도는 성도를 잘 섬기는 태도가 아니다. 진정으로 영혼을 사랑하는 것이 잘 섬기는 것이다. 그 성도의 마음 상태를 볼 수 있고, 마음의 상태를 성도의 기준으로 삼을 줄 아는 자가 분별력 있는 사역자이다. 그리고 행위보다 마음에 변화를 주기 위해 최선을 다하는 사역자가 영혼을 위한 사역자이다.

"너희가 날과 달과 절기와 해를 삼가 지키니 내가 너희를 위하여 수고한 것이 헛될까 두려워하노라"(갈 4:10~11).

바울은 세 번째로 사탄의 속임에 넘어가 다시금 율법으로 돌아감으로 십자가를 무효화시키는 것에 대해 두려워하고 있다. 바울은 그동안 예수님께 계시 받아 성도들에게 복음의 진리를 힘써 가르친 것이 무효화되는 것을 두려워하고 있다. 복음의 진리를 버리고 율법으로 구원받고자 하는 태도는 결국 주님의 십자가의 희생을 헛되이 하는 것이며, 구원에 관한 엄청난 잘못된 생각을 갖게 하여 하나님께 인정받지 못할 신앙을 가지게 되므로 그것을 두려워하였다. 바울은 주님이 인정할 수 없는 말씀에서 벗어난 태도를 가진 성도들에 대하여 두려워하였다.

"그러면 네 지식으로 그 믿음이 약한 자가 멸망하나니 그는 그리스도께서 위하여 죽으신 형제라 이같이 너희가 형제에게 죄를 지어 그 약한 양심을 상하게 하는 것이 곧 그리스도에게 죄를 짓는 것이니라 그러므로 만일 음식이 내 형제를 실족하게 한다면 나는 영원히 고기를 먹지 아니하여 내 형제를 실족하지 않게 하리라"(고전 8:11~13).

바울은 네 번째로 그리스도 안에서 약한 성도를 실족하게 하는 것이 무엇을 의미하는지를 알기에 두려워했다. 바울은 연약한 성도는 그리스도를 대신하는 존재이므로 약한 성도를 잘못되게 하는 것은 그리스도에게 잘못되게 하는 것이므로, 그것이 엄청난 죄임을 명백히 하고 있다.

주님도 연약한 성도에 대하여 이렇게 말씀하신다.

"실족하게 하는 일들이 있음으로 말미암아 세상에 화가 있도다 실족하게 하는 일이 없을 수는 없으나 실족하게 하는 그 사람에게는 화가 있도다"(마 18:7).

"삼가 이 작은 자 중의 하나도 업신여기지 말라 너희에게 말하노니 그들의 천사들이 하늘에서 하늘에 계신 내 아버지의 얼굴을 항상 뵈옵느니라"(마 18:10).

그러므로 어린 한 영혼을 무시하거나 상처 주거나 죄를 짓게 하는 것은 그 영혼에 대하여 한 것이 아니라 그를 구원하시고 도우시고 사랑하시는 그리스도에게 하는 태도이기에 심각한 죄임을 알려 주는 것이다. 비유로 말하면, 자기 자녀가 다른 사람에게 잘못도 없이 심한 꾸중을 듣거나 다그침을 당하면 당연히 그 부모는 자신이 당한 것처럼 자녀 대신 나서게 될 것이다. 한 영혼이 다치는 것도 이와 같다. 그러므로 신앙이 어리고 연약한 영혼을 함부로 대하거나 그 어리고 연약한 영혼만 보고 상대해서는 안 된다. 그 영혼 뒤에는 주님이 서 계심을 알아야 한다.

"내가 복음을 전할지라도 자랑할 것이 없음은 내가 부득불 할 일임이라 만일 복음을 전하지 아니하면 내게 화가 있을 것이로다"(고전 9:16).

바울은 다섯 번째로 복음을 전하지 않으면 화가 있을 것에 대한 두려움을 가지고 있다. 구원받을 영혼에 대한 열정과 영혼사랑이 그로 하여금 영혼에 대한 두려움을 가지게 했다. 그 이유는 첫째로, 로마서 1장 14절에서 바울은 구원받지 못한 영혼에 대한 빚진 자 의식이 있기 때문이다. 두 번째는, 그는 복음을 위해, 잃어버린 영혼을 구원하기 위해 부르심을 입은 사도의 직분을 받았기 때문이다. 세 번째는, 바울 안에 그리스도의 마음이 지배하고 있었기 때문이다. 네 번째는, 디모데전서 2장 4절에서 말하듯이 하나님은 모든 사람이 구원받기를 원하시는 것을 알기 때문이다. 다섯 번째는, 구원받을 준비된 영혼이 어디에나 있기 때문이다.

"밤에 주께서 환상 가운데 바울에게 말씀하시되 두려워하지 말며 침묵하지 말고 말하라 내가 너와 함께 있으매 어떤 사람도 너를 대적하여 해롭게 할 자가 없을 것이니 이는 이 성중에 내 백성이 많음이라 하시더라"(행 18:9~10).

여섯 번째는, 바울은 복음을 전하지 않으면 하나님이 그 책임을 자신에게 돌릴 것을 알기 때문이다.

"가령 내가 악인에게 말하기를 너는 꼭 죽으리라 할 때에 네가 깨우치지 아니하거나 말로 악인에게 일러서 그의 악한 길을 떠나 생명을 구원하게 하지 아니하면 그 악인은 그의 죄악 중에서 죽으려니와 내가 그의 핏값을 네 손에서 찾을 것이고"(겔 3:18).

바울을 새롭게 할 수 있었던 것들

"그러므로 우리가 낙심하지 아니하노니 우리의 겉사람은 낡아지나 우리의 속사람은 날로 새로워지도다"(고후 4:16).

바울은 세월 따라 육체의 겉모습은 날로 낡아지지만 속사람은 날마다 새롭다고 자신 있게 고백한다.
그러면 속사람이 날마다 새로워진다는 것은 무엇을 말하는 것일까?
첫 번째는, 성령으로 속사람이 날마다 강건해진다는 것이다.

"그의 영광의 풍성함을 따라 그의 성령으로 말미암아 너희 속사람을 능력으로 강건하게 하시오며"(엡 3:16).

두 번째는, 주님께 예민해지는 것을 말한다. 세 번째는, 내면이 정결해지는 것을 말한다. 네 번째는, 영적으로 귀하고도 중요한 것을 배우고 알고 느끼는 것을 말한다.

그렇다면 바울은 어디까지 새로워지는 것을 말하는가?

"우리가 다 하나님의 아들을 믿는 것과 아는 일에 하나가 되어 온전한 사람을 이루어 그리스도의 장성한 분량이 충만한 데까지 이르리니……오직 사랑 안에서 참된 것을 하여 범사에 그에게까지 자랄지라"(엡 4:13~15).
"하나님을 아는 것에 자라게 하시고"(골 1:10).
"새 사람을 입었으니 이는 자기를 창조하신 이의 형상을 따라 지식에까지 새롭게 하심을 입은 자니라"(골 3:10).
"하나님이 미리 아신 자들을 또한 그 아들의 형상을 본받게 하기 위하여 미리 정하셨으니"(롬 8:29).

바울은 하나님과 그리스도를 뼛속 깊이 영혼에 새겨질 정도로 알고 경험하고 연합될 때까지 새로워져야 한다고 말한다.
그러면 바울은 무엇으로 속사람을 새롭게 할 수 있다고 말하는가?
첫 번째는, 하나님의 말씀이라고 말한다.

"모든 성경은 하나님의 감동으로 된 것으로 교훈과 책망과 바르게 함과 의로 교육하기에 유익하니 이는 하나님의 사람으로 온전하게 하며 모든 선한 일을 행할 능력을 갖추게 하려 함이라"(딤후 3:16~17).

두 번째는, 변화를 주는 하나님의 은혜라고 말한다.

"내가 나 된 것은 하나님의 은혜로 된 것이니"(고전 15:10).

세 번째는, 성령께서 새롭게 하신다고 말한다.

"우리를 구원하시되 우리가 행한 바 의로운 행위로 말미암지 아니하고 오직 그의 긍휼하심을 따라 중생의 씻음과 성령의 새롭게 하심으로 하셨나니"(딛 3:5).

네 번째는, 주님과 복음을 위한 고난이 새롭게 한다고 고백한다.

"형제들아 우리가 아시아에서 당한 환난을 너희가 모르기를 원하지 아니하노니 힘에 겹도록 심한 고난을 당하여 살 소망까지 끊어지고 우리는 우리 자신이 사형 선고를 받은 줄 알았으니 이는 우리로 자기를 의지하지 말고 오직 죽은 자를 다시 살리시는 하나님만 의지하게 하심이라"(고후 1:8~9).
"나에게 이르시기를 내 은혜가 네게 족하도다 이는 내 능력이 약한 데서 온전하여짐이라 하신지라 그러므로 도리어 크게 기뻐함으로 나의 여러 약한 것들에 대하여 자랑하리니 이는 그리스도의 능력이 내게 머물게 하려 함이라 그러므로 내가 그리스도를 위하여 약한 것들과 능욕과 궁핍과 박해와 곤고를 기뻐하노니 이는 내가 약한 그때에 강함이라"(고후 12:9~10).

이 고백은 욥도 시편 기자도 하였다.

"그러나 내가 가는 길을 그가 아시나니 그가 나를 단련하신 후에는 내가 순금같이 되어 나오리라"(욥 23:10).
"고난 당한 것이 내게 유익이라 이로 말미암아 내가 주의 율례들을 배우게 되었나이다"(시 119:71).

다섯 번째로, 그리스도를 아는 살아 있는 지식이 자신을 새롭게 한다고 고백한다.

"또한 모든 것을 해로 여김은 내 주 그리스도 예수를 아는 지식이 가장 고상하기 때문이라"(빌 3:8).

여섯 번째는, 그리스도를 의지하는 믿음이 자신을 새롭게 한다고 고백한다.

"내가 그리스도와 함께 십자가에 못 박혔나니 그런즉 이제는 내가 사는 것이 아니요 오직 내 안에 그리스도께서 사시는 것이라 이제 내가 육체 가운데 사는 것은 나를 사랑하사 나를 위하여 자기 자신을 버리신 하나님의 아들을 믿는 믿음 안에서 사는 것이라"(갈 2:20).

일곱 번째는, 방언기도가 새롭게 한다고 말한다.

"내가 너희 모든 사람보다 방언을 더 말하므로 하나님께 감사하노라"(고전 14:18).

새롭게 변화되지 않으면 고여 있는 물처럼 언젠가는 변질되고 그 끝은 후회와 고통만을 경험하게 된다. 오늘날 교회 안에 있는 그리스도인의 문제는, 아무리 은혜로운 예배와 찬양과 설교가 있어도 내면 깊은 곳에서부터 변화를 가져 새로워지지 않는다는 것이다. 이것은 변화되어 새로워지려고 하는 영적 갈급함이 없는 것이요 매너리즘에 빠져 형식과 습관만이 남아 있는 것이다. 스스로 영적 자극을 통해 자신의 영적 모습을 적나라하게 보며, 주님을 향한 집중력을 가지고 새롭게 되어가기를 몸부림치는 신앙생활이 되어야 한다.

바울의 종 된 것과 자유 개념

"그리스도께서 우리를 자유롭게 하려고 자유를 주셨으니 그러므로 굳건하게 서서 다시는 종의 멍에를 메지 말라"(갈 5:1).

바울은 그리스도께서 자유를 주셨으니 모든 것에 종이 되지 말고 자유자로 살라고 말한다. 바울 자신도 진정한 자유자로 살았다.

먼저 바울은 자신이 가진 환경에 종으로 살지 않고 자유자로 살았음을 고백한다.

"내가 궁핍하므로 말하는 것이 아니니라 어떠한 형편에든지 나는 자족하기를 배웠노니 나는 비천에 처할 줄도 알고 풍부에 처할 줄도 알아 모든 일 곧 배부름과 배고픔과 풍부와 궁핍에도 처할 줄 아는 일체의 비결을 배웠노라 내게 능력 주시는 자 안에서 내가 모든 것을 할 수 있느니라"(빌 4:11~13).

"무명한 자 같으나 유명한 자요 죽은 자 같으나 보라 우리가 살아 있고 징계를 받는 자 같으나 죽임을 당하지 아니하고 근심하는 자 같으나 항상 기뻐하고 가난한 자 같으나 많은 사람을 부요하게 하고 아무것도 없는 자 같으나 모든 것을 가진 자로다"(고후 6:9~10).

두 번째는, 바울은 사람에 대하여 자유자임을 고백한다.

"너희는 값으로 사신 것이니 사람들의 종이 되지 말라"(고전 7:23).
"이제 내가 사람들에게 좋게 하랴 하나님께 좋게 하랴 사람들에게 기쁨을 구하랴 내가 지금까지 사람들의 기쁨을 구하였다면 그리스도의 종이 아니니라"(갈 1:10).

바울은 자아와 육체의 본능과 욕심, 정, 세상의 종이 되지 않으려면 그것들을 십자가에 못 박으라고 말한다. 그것이 진정한 자유를 가져다 준다고 고백한다.

"내가 그리스도와 함께 십자가에 못 박혔나니 그런즉 이제는 내가 사는 것이 아니요 오직 내 안에 그리스도께서 사시는 것이라 이제 내가 육체 가운데 사는 것은 나를 사랑하사 나를 위하여 자기 자신을 버리신 하나님의 아들을 믿는 믿음 안에서 사는 것이라"(갈 2:20).
"그리스도 예수의 사람들은 육체와 함께 그 정욕과 탐심을 십자가에 못 박았느니라"(갈 5:24).
"그리스도로 말미암아 세상이 나를 대하여 십자가에 못 박히고 내가 또한 세상을 대하여 그러하니라"(갈 6:14).

바울은 율법과 육신의 소욕을 따라 사는 율법과 육신의 종이 되지 않기 위해서 성령의 소욕을 따르라 말한다.

"내가 이르노니 너희는 성령을 따라 행하라 그리하면 육체의 욕심을 이루지 아니하리라 육체의 소욕은 성령을 거스르고 성령은 육체를 거스르나니 이 둘이 서로 대적함으로 너희가 원하는 것을 하지 못하게 하려 함이니라"(갈 5:16~17).

바울은 육신대로 사는 종 된 자가 되지 말고 성령으로 이긴 자 되어 자유자가 되라고 말한다.

"그러므로 형제들아 우리가 빚진 자로되 육신에게 져서 육신대로 살 것이 아니니라 너희가 육신대로 살면 반드시 죽을 것이로되 영으로써 몸의 행실을 죽이면 살리니 무릇 하나님의 영으로 인도함을 받는 사람은 곧 하나님의 아들이라"(롬 8:12~14).

주님의 사역에 욕심이 많아 자신만이 잘한 사역이고 다른 사람을 인정하지 않는 것, 주님이 시키지 않는 사역을 스스로 만들어 힘들어하는 사역에 매인 것, 이 모든 것도 사역의 종 된 것이다. 바울은 진정으로 사역에 매인 자가 아니라 주님의 사역에 자유하며 자신이 주님께 매인 자임을 고백한다.

"그리스도 예수의 종 바울"(빌 1:1).
"그들은 나의 매임에 괴로움을 더하게 할 줄로 생각하여 순수하지 못하게 다툼으로 그리스도를 전파하느니라 그러면 무엇이냐 겉치레로 하나 참으로 하나 무슨 방도로 하든지 전파되는 것은 그리스도니 이로써 나는 기뻐하고 또한 기뻐하리라"(빌 1:17~18).

바울은 주님과 천국을 자신의 생명보다 더 귀하게 여기고, 사는 것에 집착하지 않는 것을 알 수 있다.

> "나의 간절한 기대와 소망을 따라 아무 일에든지 부끄러워하지 아니하고 지금도 전과 같이 온전히 담대하여 살든지 죽든지 내 몸에서 그리스도가 존귀하게 되게 하려 하나니 이는 내게 사는 것이 그리스도니 죽는 것도 유익함이라 그러나 만일 육신으로 사는 이것이 내 일의 열매일진대 무엇을 택해야 하는지 나는 알지 못하노라 내가 그 둘 사이에 끼었으니 차라리 세상을 떠나서 그리스도와 함께 있는 것이 훨씬 더 좋은 일이라 그렇게 하고 싶으나 내가 육신으로 있는 것이 너희를 위하여 더 유익하리라"(빌 1:20~24).

'종 되었다'는 말은 무엇이며 자유란 무엇을 의미하나?

종의 개념은 매어 있는 자, 눌린 자이다. 주인 된 자가 시키는 대로 하는 자, 진정한 기쁨이 없는 자, 진정한 자기 소유가 없는 자, 피해의식과 불만이 많은 자이다. 그런 의미에서 종은 부정적이며 불행한 존재요 삶을 의미한다. 그러므로 주님은 우리를 종 되게 하는 것에서 자유하여 진정한 자유자의 축복된 삶과 존재로서 살기를 원하신다.

그러면 자유란 무엇인가?

안 하고 싶은 것은 안 하고, 하고 싶은 것은 할 수 있는 능력을 말하며, 좋은 것을 언제나 선택할 수 있는 능력을 의미한다. 그러므로 진정한 자유자로서 그리스도인이란 죄를 짓지 않을 수 있는 능력이 있어야 한다. 주님의 뜻이면 언제든지 행할 수 있는 능력이 있어야 한다. 약한 자는 자유할 수 없다. 그러므로 바울은 자유를 주는 능력을 이렇게 고백한다.

> "주는 영이시니 주의 영이 계신 곳에는 자유가 있느니라"(고후 3:17).

주님도 자유하게 하는 능력을 이렇게 말씀하신다.

"그러므로 예수께서 자기를 믿은 유대인들에게 이르시되 너희가 내 말에 거하면 참으로 내 제자가 되고 진리를 알지니 진리가 너희를 자유롭게 하리라……그러므로 아들이 너희를 자유롭게 하면 너희가 참으로 자유로우리라"(요 8:31~32, 36).

그리고 바울은 종이 되어도 좋다고 말하는 부분이 있는데, 먼저 구원 받을 영혼을 건지기 위해 종처럼 되는 것이다.

"내가 모든 사람에게서 자유로우나 스스로 모든 사람에게 종이 된 것은 더 많은 사람을 얻고자 함이라 유대인들에게 내가 유대인과 같이 된 것은 유대인들을 얻고자 함이요 율법 아래에 있는 자들에게는 내가 율법 아래에 있지 아니하나 율법 아래에 있는 자같이 된 것은 율법 아래에 있는 자들을 얻고자 함이요 율법 없는 자에게는 내가 하나님께는 율법 없는 자가 아니요 도리어 그리스도의 율법 아래에 있는 자이나 율법 없는 자와 같이 된 것은 율법 없는 자들을 얻고자 함이라 약한 자들에게 내가 약한 자와 같이 된 것은 약한 자들을 얻고자 함이요 내가 여러 사람에게 여러 모습이 된 것은 아무쪼록 몇 사람이라도 구원하고자 함이니"(고전 9:19~22).

그리고 바울은 예수 그리스도의 종이 된 것을 늘 자랑스럽게 서신서 앞에서 말하였다.

"예수 그리스도의 종 바울은"(롬 1:1).

바울은 그리스도의 지체된 자들이 서로 사랑으로 종같이 섬기라고 말한다.

"형제들아 너희가 자유를 위하여 부르심을 입었으나 그러나 그 자유로 육체의 기회를 삼지 말고 오직 사랑으로 서로 종노릇하라"(갈 5:13).

바울이 열등감을 가질 수 있었던 대상들

바울의 동역자인 바나바는 바울에게 보이지 않는 열등감을 줄 수 있었던 사람이었다. 하나님은 바나바의 좋은 모습을 기록하시고 인정하셨다.

"구브로에서 난 레위족 사람이 있으니 이름은 요셉이라 사도들이 일컬어 바나바라 (번역하면 위로의 아들이라) 하니 그가 밭이 있으매 팔아 그 값을 가지고 사도들의 발 앞에 두니라"(행 4:36~37).

바나바는 남들이 할 수 없는 주님께 대한 헌신을 할 수 있었던 사람이다.

"사울이 예루살렘에 가서 제자들을 사귀고자 하나 다 두려워하여 그가 제자 됨을 믿지 아니하니 바나바가 데리고 사도들에게 가서 그가 길에서 어떻게 주를 보았는지와 주께서 그에게 말씀하신 일과 다메섹에서 그가 어떻게 예수의 이름으로 담대히 말하였는지를 전하니라"(행 9:26~27).

바나바는 존재로서 하나님과 사람 앞에 신뢰받고 존중함을 받은 자임을 말한다.

"주를 섬겨 금식할 때에 성령이 이르시되 내가 불러 시키는 일을 위하여 바나바와 사울을 따로 세우라 하시니"(행 13:2).

또한 바나바는 좋은 일을 위한 연결고리 역할을 충실하게 하였다. 분명히 바나바가 아니었으면 바울이 하나님의 사람으로, 하나님의 사역자로 그 당시 그리스도인에게 등장할 수 없었다.

"바나바는 착한 사람이요 성령과 믿음이 충만한 사람이라 이에 큰 무리가 주께 더하여지더라 바나바가 사울을 찾으러 다소에 가서 만나매 안디옥에 데리고 와서 둘이 교회에 일 년간 모여 있어 큰 무리를 가르쳤고 제자들이 안디옥에서 비로소 그리스도인이라 일컬음을 받게 되었더라"(행 11:24~26).

하나님은 바나바를 바울보다 앞서 기록하심으로, 이때는 바울보다 하나님의 사역으로도 먼저이고 사역으로도 인정받는 자임을 계시하신다. 분명 성경에서도 초기에 바나바가 바울보다 우선됨을 인정하셨다. 그는 먼저 예수를 믿고, 초대 성도들에게 은혜를 끼쳤으며, 사도들에게 인정받고 가르침에도 능한 사람이었다. 그리고 바울은 두 번이나 바나바의 도움을 받는다.

바울은 바나바와 비교해 볼 때, 다른 성도들이 보기에도 핸디캡이 많은 사람이었다. 그러나 바울은 결코 바나바를 시기하거나 바나바에게 매이거나 바나바의 눈치를 보거나 하지 않았다. 바울은 바나바에 대한 인간적 감정을 절제했다. 그리고 바울은 바나바에게 상하관계가 아닌 수평관계로서 동역자의식을 가지고 있었다(행 13:2).

바울은 바나바와 균등한 사역을 나누고 있었고(행 15:35), 바울은 1차 전도여행을 통해 바나바와의 연합의식을 가지고 사역하였다. 그리고 2차 전도여행을 바울이 먼저 제안하여 바나바를 리드하는 사역자가 되었다.

베드로와 먼저 된 사도들이 바울에게 열등감을 줄 수도 있었다. 바울은 스스로 부족한 사도임을 인정한다.

"맨 나중에 만삭되지 못하여 난 자 같은 내게도 보이셨느니라 나는 사도 중에 가장 작은 자라 나는 하나님의 교회를 박해하였으므로 사도라 칭함 받기를 감당하지 못할 자니라"(고전 15:8~9).

그 당시 사도의 자격은 주님과 함께 있었던 자, 주님의 부활과 마가의 다락방까지 있었던 사람에게 주어졌다. 그런 면에서 바울은 전혀 자격이 없는 자였다. 비록 주님으로부터 직접 이방인의 사도라 불림을 받았어도 급이 다른 사도인 것에 열등감을 가질 수 있었을 것이다.

"사람들에게서 난 것도 아니요 사람으로 말미암은 것도 아니요 오직 예수 그리스도와 그를 죽은 자 가운데서 살리신 하나님 아버지로 말미암아 사도 된 바울은"(갈 1:1).
"형제들아 내가 너희에게 알게 하노니 내가 전한 복음은 사람의 뜻을 따라 된 것이 아니니라 이는 내가 사람에게서 받은 것도 아니요 배운 것도 아니요 오직 예수 그리스도의 계시로 말미암은 것이라"(갈 1:11~12).

"유력하다는 이들 중에 (본래 어떤 이들이든지 내게 상관이 없으며 하나님은 사람을 외모로 취하지 아니하시나니) 저 유력한 이들은 내게 의무를 더하여 준 것이 없고 도리어 그들은 내가 무할례자에게 복음 전함을 맡은 것이 베드로가 할례자에게 맡음과 같은 것을 보았고 베드로에게 역사하사 그를 할례자의 사도로 삼으신 이가 또한 내게 역사하사 나를 이방인의 사도로 삼으셨느니라 또 기둥같이 여기는 야고보와 게바와 요한도 내게 주신 은혜를 알므로 나와 바나바에게 친교의 악수를 하였으니 우리는 이방인에게로, 그들은 할례자에게로 가게 하려 함이라"(갈 2:6~9).

"게바가 안디옥에 이르렀을 때에 책망 받을 일이 있기로 내가 그를 대면하여 책망하였노라 야고보에게서 온 어떤 이들이 이르기 전에 게바가 이방인과 함께 먹다가 그들이 오매 그가 할례자들을 두려워하여 떠나 물러가매 남은 유대인들도 그와 같이 외식하므로 바나바도 그들의 외식에 유혹되었느니라 그러므로 나는 그들이 복음의 진리를 따라 바르게 행하지 아니함을 보고 모든 자 앞에서 게바에게 이르되 네가 유대인으로서 이방인을 따르고 유대인답게 살지 아니하면서 어찌하여 억지로 이방인을 유대인답게 살게 하려느냐 하였노라"(갈 2:11~14).

그러나 이런 사도의 문제를 바울은 먼저 주님의 부르심의 모양이 다르다는 것을 확신하고 있었다. 두 번째는, 복음의 진리에 대한 확신이 그를 급이 다른 사도에 대한 생각을 이길 수 있었다. 세 번째는, 바울은 자신의 마음 안에 있는 주님의 마음이 그를 지배하여 그 부분에 자유할 수 있었다.

바울은 자신이 구원시키며 양육한 성도에게서 사도권에 대한 문제를 거론할 때 열등감을 가질 수 있었다.

"나를 비판하는 자들에게 변명할 것이 이것이니"(고전 9:3).

"예수 그리스도의 종 바울은 사도로 부르심을 받아 하나님의 복음을 위하여 택정함을 입었으니……그로 말미암아 우리가 은혜와 사도의 직분을 받아 그의 이름을 위하여 모든 이방인 중에서 믿어 순종하게 하나니"(롬 1:1~5).

"하나님의 뜻을 따라 그리스도 예수의 사도로 부르심을 받은 바울"(고전 1:1).

"내가 자유인이 아니냐 사도가 아니냐 예수 우리 주를 보지 못하였느냐 주 안에서 행한 나의 일이 너희가 아니냐 다른 사람들에게는 내가 사도가 아닐지라도 너희에게는 사도이니 나의 사도 됨을 주 안에서 인친 것이 너희라 나를 비판하는 자들에게 변명할 것이 이것이니 우리가 먹고 마실 권리가 없겠느냐 우리가 다른 사도들과 주의 형제들과 게바와 같이 믿음의 자매 된 아내를 데리고 다닐 권리가 없겠느냐"(고전 9:1~5).

"나는 지극히 크다는 사도들보다 부족한 것이 조금도 없는 줄로 생각하노라 내가 비록 말에는 부족하나 지식에는 그렇지 아니하니"(고후 11:5~6).

"나는 너희에게 칭찬을 받아야 마땅하도다 내가 아무것도 아니나 지극히 크다는 사도들보다 조금도 부족하지 아니하니라"(고후 12:11).

"도리어 그들은 내가 무할례자에게 복음 전함을 맡은 것이 베드로가 할례자에게 맡음과 같은 것을 보았고 베드로에게 역사하사 그를 할례자의 사도로 삼으신 이가 또한 내게 역사하사 나를 이방인의 사도로 삼으셨느니라"(갈 2:7~8).

다른 사람이 자신의 약점을 건드리고 무시하거나 조롱하거나 할 때 누구나 위축되고 화가 나고 열등감을 가질 수 있다. 그러나 바울은 성도들이 사도권에 대해 정당성을 따질 때, 그는 먼저 주님으로부터 직접 이방인의 사도로 임명 받았음을 확신하며 사도의 권리나 특권을 사용하지 않음으로 떳떳한 사도의 본분을 다하고 있음을 말한다. 바울이 사도권을 주장한 것은 단지 사도라는 자신의 신분이 상실되기 때문에 혹은 자존심 때문이 아니었다. 예수 그리스도로부터 계시 받은 복음의 진리가 무시당하고 변질되어 이단에 빠질까 염려하였기 때문이다. 또한 그동안 주님의 이끄심에 수고한 사역들이 무너지기 때문에, 그리고 사도권이 인정되지 못할 때 교회를 위한 자신의 수고가 헛되게 되고 교회 정체성이 사라지기 때문에 사도권을 주장한 것이다. 열등감을 가질 수 있는 것들에 대해 바울은 정확하고 분명한 정체성과 명분으로 이길 수 있었다.

바울은 네 번째로 자신의 질병으로 열등감을 가질 수 있었다.

"여러 계시를 받은 것이 지극히 크므로 너무 자만하지 않게 하시려고 내 육체에 가시 곧 사탄의 사자를 주셨으니 이는 나를 쳐서 너무 자만하지 않게 하려 하심이라 이것이 내게서 떠나가게 하기 위하여 내가 세 번 주께 간구하였더니"(고후 12:7~8).
"내가 처음에 육체의 약함으로 말미암아 너희에게 복음을 전한 것을 너희가 아는 바라 너희를 시험하는 것이 내 육체에 있으되 이것을 너희가 업신여기지도 아니하며 버리지도 아니하고 오직 나를 하나님의 천사와 같이 또는 그리스도 예수와 같이 영접하였도다"(갈 4:13~14).

성경학자마다 바울이 가진 육체의 질병이 무엇인지에 대하여 차이가 있는데 간질, 말라리아, 안질 등이라고 주장한다. 무엇이든 간에 분명한 것은, 자신도 괴롭고 다른 성도들이 볼 때도 수치스러운 모습을 가질 수 있는 질병이었던 것은 확실하다. 그 질병이 주기적으로 옴으로 인해 괴로움이 있었으나 그는 자신의 병 때문에 열등감을 가지지 않았다. 왜냐하면 자신의 육체의 질병이 주님의 은혜임을 알았기 때문이다. 그리고 그것이 그리스도의 능력이 머물게 되고 자신을 더욱 그리스도로 강하게 한다는 것을 알았기 때문이다.

"나에게 이르시기를 내 은혜가 네게 족하도다 이는 내 능력이 약한 데서 온전하여짐이라 하신지라 그러므로 도리어 크게 기뻐함으로 나의 여러 약한 것들에 대하여 자랑하리니 이는 그리스도의 능력이 내게 머물게 하려 함이라"(고후 12:9).

바울은 자신의 육체의 약함이 그리스도의 능력이 나타나는 통로가 되었음을 알았다.

"하나님이 바울의 손으로 놀라운 능력을 행하게 하시니 심지어 사람들이 바울의 몸에서 손수건이나 앞치마를 가져다가 병든 사람에게 얹으면 그 병이 떠나고 악귀도 나가더라"(행 19:11~12).

그리스도인은 자신에게 열등감을 줄 수 있는 것들 때문에 슬퍼하거나 무기력해지거나 마음이 어두워지지 말아야 한다. 오히려 열등감을 가질 수 있도록 허락하신 주님의 마음을 헤아리며 열등감을 가질 수도 있는 여건으로 인하여 새로운 차원의 축복을 기대하며 믿음으로 기뻐하며 감사해야 한다. 더 나아가서 자랑하는 데까지 가는 진정으로 자유한 그리스도인이 되어야 한다. 열등감을 이길 수 있는 더 높은 수준의 가치를 가지고 확신해야 하는 것이다.

과거에 대한 바울의 생각

바울은 과거에 대한 개념을 세 가지로 가지고 있다.

먼저 바울은 누가 뭐라 해도 과거 자신의 잘못을 잊지 않고, 지워지지 않는 문신처럼, 잊혀지지 않는 경력처럼 솔직하게 기억하고 있는 것이다.

"나는 사도 중에 가장 작은 자라 나는 하나님의 교회를 박해하였으므로 사도라 칭함 받기를 감당하지 못할 자니라"(고전 15:9).

"열심으로는 교회를 박해하고 율법의 의로는 흠이 없는 자라"(빌 3:6).

"내가 전에는 비방자요 박해자요 폭행자였으나 도리어 긍휼을 입은 것은 내가 믿지 아니할 때에 알지 못하고 행하였음이라"(딤전 1:13).

"내가 이전에 유대교에 있을 때에 행한 일을 너희가 들었거니와 하나님의 교회를 심히 박해하여 멸하고"(갈 1:13).

그것은 먼저, 바울은 지난날 자신의 악함을 용서하시고 은혜로 자신을 받아 주신 하나님의 사랑을 잊지 않기 위해서였다. 두 번째는, 처음 자리를 알고 초심을 잃지 않으려는 태도를 갖기 위함이었다. 세 번째는, 자신이 지금 무엇을 해야 할지를 알기 위해서였다. 네 번째는, 게을러지거나 나태해지려는 자신을 채찍질하기 위해서였다. 다섯 번째는, 자신에게 미친 하나님의 은혜가 얼마나 큰가를 언제나 알기 위해서였다

바울은 두 번째로 다른 각도로 과거를 정리하고 있다.

"형제들아 나는 아직 내가 잡은 줄로 여기지 아니하고 오직 한 일 즉 뒤에 있는 것은 잊어버리고 앞에 있는 것을 잡으려고 푯대를 향하여 그리스도 예수 안에서 하나님이 위에서 부르신 부름의 상을 위하여 달려가노라"(빌 3:13~14).

바울은 과거에 자신이 당한 마음의 상처나 고난, 영광을 잊어버리고 있다. 왜 그럴까? 그것은 먼저 멈추지 않고 더욱 앞으로 가기 위해 걸림돌이 되고 방해가 되는, 힘들게 하는 과거는 잊기 위함이었다. 두 번째는, 과거보다 미래를 더욱 중요하게 여기기 때문이었다. 세 번째는, 바울은 분명한 미래의 목표를 가지고 있었기 때문이었다. 네 번째는, 바울에게는 자신을 잡아끄는 현재의 은혜와 능력이 있었기 때문이었다.

바울은 세 번째로 과거를 다른 개념으로 이해하고 있다.

"그러나 무엇이든지 내게 유익하던 것을 내가 그리스도를 위하여 다 해로 여길 뿐더러 또한 모든 것을 해로 여김은 내 주 그리스도 예수를 아는 지식이 가장 고상하기 때문이라 내가 그를 위하여 모든 것을 잃어버리고 배설물로 여김은 그리스도를 얻고 그 안에서 발견되려 함이니"(빌 3:7~9).

바울은 과거 자신이 좋다고 했던 것을 해로 여기고, 세상 사람이 보기에도 좋았던 자신의 좋은 것들을 배설물로 여긴다고 고백한다. 바울이 이렇게 말할 수 있었던 것은, 지금 그리스도를 위한 삶과 그리스도를 아는 지식이 가장 귀한 것을 온몸으로 깨닫고, 더 나아가서 그리스도를 자신이 소유하고 그 안에서 새로운 자신을 발견하는 것이 축복임을 알았기 때문이다.

과거보다 더 좋은 현재의 영적 축복들 때문에 과거를 기억 저편에 묻어둘 수 있는 바울은, 과거의 영광이든 상처든 그것에 얽매여서 현재를 감사하지 못하고 성실하게 살아가지 못하는 오늘을 사는 그리스도인에게 도전을 주고 있다.

바울의 감사

"항상 우리를 그리스도 안에서 이기게 하시고 우리로 말미암아 각처에서 그리스도를 아는 냄새를 나타내시는 하나님께 감사하노라"(고후 2:14).

바울은 먼저 자신이 질 수밖에 없는 환경과 사람과 복음 사역을 감당하게 하시고, 믿지 않는 자들에게 그리스도인임을 드러내는 것이 두려운 것이 아니라, 오히려 복음을 전하고 구원 얻을 기회를 가질 수 있는 것에 하나님께 감사한다.

이것은 오늘날 그리스도인에게 치명적인 문제점이 되는 것을 드러낸다. 그 문제점은 어떤 것들인가? 먼저, 진정한 영적 승리를 경험하지 못한 채 영적 패배 속에서 살아도 전혀 문제가 되지 않고 이김의 기쁨과 축복을 모르고 사는 것이다. 두 번째는, 자신의 신앙을 세상 사람 앞에서 당당하게 드러내지 못하고, 자신의 신앙을 드러내는 것을 두려워하고 드러내지 못하는 신앙을 오히려 드러내서 자신이 잘못하면 하나님을 모독하게 되는 것이라고 합리화시키는 것이다.

이 두 가지는 하나님이 바라시는 진정한 신앙의 모습이 아니다. 그래서 하나님은 바울이 감사하는 모습을 통해 오늘을 사는 그리스도인을 지적하고 계신다.

"내가 너희 모든 사람보다 방언을 더 말하므로 하나님께 감사하노라"(고전 14:18).
"말할 수 없는 그의 은사로 말미암아 하나님께 감사하노라"(고후 9:15).

두 번째는, 바울은 주님이 주신 성령의 은사로 인하여 감사하고 특별히 방언을 많이 말하는 것을 감사하고 있다. 그리스도인이 생명력이 넘치고 실감나는 영적 세계를 경험하기 위해서는 성령의 은사가 필수적이다. 특히 방언은 하나님의 비밀과 자신의 영의 비밀을 알게 하고, 육의 사람을 영의 사람으로 만드는 중요한 모든 은사 중에 가장 중요한 은사이다. 은사는 그리스도인 자신과 교회에 영적으로 풍성함을 가져다주고, 영적 긴장감을 주어 주님께 더욱 민감하고 순종하게 만들어주는 은혜의 선물이다.

오늘날 생명력을 잃은 채 신앙생활하며, 성경지식과 율법적 행위에 치우쳐 신앙생활 하는 그리스도인에게 주님은 이 부분을 더욱 경험하기를 원하시고 있는 것이다.

"내가 너희를 생각할 때마다 나의 하나님께 감사하며"(빌 1:13).
"우리가 너희를 위하여 기도할 때마다 하나님 곧 우리 주 예수 그리스도의 아버지께 감사하노라"(골 1:3).
"우리가 너희 모두로 말미암아 항상 하나님께 감사하며 기도할 때에 너희를 기억함은"(살전 1:2).

세 번째는 여자가 해산하는 수고와 같은 고통으로 낳은 바울의 영적 자녀가 존재와 신앙이 자라가고 하나님의 뜻대로 되어 가는 것을 바라볼 때 감사하다고 한다.

바울은 주님을 위해 사도가 되어 이 땅에 사는 의미를 가질 뿐 아니라, 두 번째로는 성도들의 존재와 신앙의 성장을 바라보며 흡족해 하고 하나님 앞에서 자랑스러워하는 것, 이것이 그가 이 땅에 남아 있고 싶은 두 번째 이유가 된다고 고백한다.

오늘날 교회 안의 그리스도인들에게서 보이는 부족한 모습 중에 하나가, 하나님의 일을 혼자 하는 것은 잘하는데 연합하지 못하는 것과, 교회의 여러 가지 봉사는 잘하는데 영혼을 섬기는 봉사는 하지 않으려는 경향이다. 봉사 중에 가장 힘들면서도 기쁨이 넘치는 것은 영혼을 구원하여 건강하고 안정된 신앙을 세워 주는 일인데, 잠시는 섬기지만 한 영혼이 자신의 모습만큼, 더 나아가서 자신보다 더 훌륭한 신앙을 가지는 데까지 수고하며 섬기는 일은 드물다. 성숙한 그리스도인의 모습은 얼마나 많은 영혼을 주님의 마음으로 섬기고 세워 주었는가를 보면 알 수 있다.

"나를 능하게 하신 그리스도 예수 우리 주께 내가 감사함은 나를 충성되이 여겨 내게 직분을 맡기심이니"(딤전 1:12).

바울은 네 번째로, 부끄러운 자신에게 이방인의 사도로 불러 주심을 감사하고, 그 직분을 넉넉히 해낼 줄 아시고 믿고 맡기신 주님께 감사하고 있다.

오늘날 교회 안에 이상한 풍조가 있다. 한 교회 안에서도 다른 사람에게 눈에 띄지 않기를 바라고, 자신에게 관심갖는 것을 부담스러워하며, 주님의 일을 하는 것을 꺼리는 것이다. 그래서 눈에 쉽게 띄는 작은 교회는 가지 않으려고 하고, 작은 교회에 가면 자신에게 많은 일을 맡길까 걱정이 되어서도 작은 교회에 가려 하지 않는다. 그런데 바울은 주님의 일꾼으로 불러 주신 것에 감사하고, 더욱이 자신을 믿어 주심으로 직분을 맡겨 주신 것에 감사하고 있다. 이런 사명의식이 모든 그리스도인들에게 있어야 할 것이다.

사람이 직분을 준 것이 아니고 주님으로부터 받았다는 의식이 필요하다. 그리고 어떤 직분을 갖게 되었다면 그것을 잘 감당하여 열매 맺을 것을 아시고 자신을 믿어 주시는 주님을 향한 감사함이 있을 때 그것이 주님의 기쁨이 될 것이다.

바울이 생각한 몸에 대한 영적 의미와 성령의 인격성

"너희는 너희가 하나님의 성전인 것과 하나님의 성령이 너희 안에 계시는 것을 알지 못하느냐"(고전 3:16).
"너희 몸은 너희가 하나님께로부터 받은 바 너희 가운데 계신 성령의 전인 줄을 알지 못하느냐 너희는 너희 자신의 것이 아니라 값으로 산 것이 되었으니 그런즉 너희 몸으로 하나님께 영광을 돌리라"(고전 6:19~20).

바울 당시의 이 진리는 생소하고도 충격적인 진리였다. 구약에서는 왕이나 선지자, 제사장에게 하나님의 성령이 임하여 일시적으로 쓰임 받기도 하였지만, 모든 그리스도인 안에 성령께서 영원토록 내주하시면서 역사하신다는 진리는 구약의 전통을 이해하는 그 당시 유대인 입장에서는 쉽게 받아들일 진리가 아니었다.

그러나 이 진리는 그리스도인의 존재가치를 높이는 것이며 새로운 존재로서 새로운 인식을 필요로 하는 진리이다. 구약에서는 몸은 그저 외부로부터 오는 불결한 것을 만지지 않아야 한다는 것으로 인식하고, 몸의 행실로서 하나님의 율법을 지켜 거룩함과 축복을 받는 것으로 인식하였다. 그러나 예수님은 그리스도인에게 마음 안에 성령하나님이 거하신다고 말씀하신다.

"내가 아버지께 구하겠으니 그가 또 다른 보혜사를 너희에게 주사 영원토록 너희와 함께 있게 하리니 그는 진리의 영이라 세상은 능히 그를 받지 못하나니 이는 그를 보지도 못하고 알지도 못함이라 그러나 너희는 그를 아나니 그는 너희와 함께 거하심이요 또 너희 속에 계시겠음이라"(요 14:16~17).

바울은 예수님의 말씀을 받아 이렇게 말한다.

"우리가 세상의 영을 받지 아니하고 오직 하나님으로부터 온 영을 받았으니 이는 우리로 하여금 하나님께서 우리에게 은혜로 주신 것들을 알게 하려 하심이라"(고전 2:12).
"그가 또한 우리에게 인치시고 보증으로 우리 마음에 성령을 주셨느니라"(고후 1:22).

그러므로 그리스도인의 몸은 오직 하나님이 거하시는 성전과 같은 역할을 한다고 강조한다. 이것은 또한 그리스도의 몸은 성전의 지성소에 거하시는 하나님을 만날 수 있음을 알려 주는 것이다. 이것은 구약의 성전의 개념이 아닌 전혀 다른 차원의 성전을 말한다. 그리고 몸에 대한 새로운 인식을 이야기하는 것이다. 그리고 몸을 더럽히는 것은 구약처럼 멸망을 당하는 것임을 강조한다.

"누구든지 하나님의 성전을 더럽히면 하나님이 그 사람을 멸하시리라"(고전 3:17).

그러므로 몸을 더럽히는 것은 구약의 행실 때문이 아니라, 육체 가운데 계신 성령 하나님을 더럽힌 것이 되어 멸망당하는 것이다. 구약에서도 성전을 더럽히면 사형을 당하거나 이스라엘 백성으로부터 축출되었다.

"그들 가운데에 있는 내 성막을 그들이 더럽히고 그들이 부정한 중에서 죽지 않도록 할지니라"(레 15:31).
"사람이 부정하고도 자신을 정결하게 하지 아니하면 여호와의 성소를 더럽힘이니 그러므로 회중 가운데에서 끊어질 것이니라"(민 19:20).

바울은 그리스도인의 몸이 단순히 자신을 위한 육체가 아니라 그리스도의 지체임을 강조한다. 이 말은 자신만을 위한 몸이 아니라 그리스도를 위하여 살아야 할 몸인 것을 알려 주는 것이다. 몸의 지체는 머리의 명령을 따라 움직이듯이, 그리스도인은 머리 되신 주님으로부터 명령을 받아 순종해야 할 지체이다. 그러므로 그리스도의 뜻 앞에 몸으로 순종하는 것이 그리스도인이 사는 첫 번째 이유가 된다.

"너희 몸이 그리스도의 지체인 줄을 알지 못하느냐"(고전 6:15).
"너희는 그리스도의 몸이요 지체의 각 부분이라"(고전 12:27).

바울은 그리스도의 몸은 결코 자신의 것이 아니라고 선포한다. 그것은 하나님이 예수님의 핏값으로 산 것이 되었으므로 그리스도인의 몸을 비롯한 모든 것이 하나님의 소유가 된 것을 강조한다.

"우리가 살아도 주를 위하여 살고 죽어도 주를 위하여 죽나니 그러므로 사나 죽으나 우리가 주의 것이로다"(롬 14:8).

그러므로 그리스도인이 자신의 몸을 자신이 원하는 것으로 사용하는 것은 월권 행위이다. 그리스도인의 몸의 소유권은 하나님께 있다. 오히려 몸으로 죄악을 이기고 하나님이 기뻐하시는 것을 행할 때 비로소 하나님 앞에서 몸의 가치를 가지게 된다.

그리고 바울은 더 나아가서 교회라는 것은 구원받은 사람들의 모임뿐만 아니라 성령으로 지어져 가는 그리스도의 몸임을 강조한다.

"너희도 성령 안에서 하나님이 거하실 처소가 되기 위하여 그리스도 예수 안에서 함께 지어져 가느니라"(엡 2:22).

그러므로 그리스도의 몸된 교회는 구약의 지성소처럼 하나님의 가시적인 임재, '쉐키나'가 성령으로 나타나는 것이 교회라고 강조하는 것이다. 교회는 구원받은 사람만이 있는 곳이 아니라 성령으로 말미암아 쉐키나의 영광이 나타날 때 진정한 교회의 모습과 교회의 능력과 교회의 축복이 나타나는 것이다.

바울이 세 번째로 강조하는 것은 성령의 인격성과 감성이다. 그것이 그리스도인과의 교통과 사귐의 중요한 조건임을 강조한다.

"하나님의 성령을 근심하게 하지 말라 그 안에서 너희가 구원의 날까지 인치심을 받았느니라"(엡 4:30).

이것은 성령께서 감정이 있으신 것을 강조한다. 그리스도의 말과 생각과 행동이 결국 성령의 감정을 반영한다는 것이다. 그리스도인의 마음 안에 그리스도인과 밀접한 관계를 가진 또 다른 높은 차원의 인격을 가지신 존재가 계신다는 것이다. 또한 성령은 그리스도인 안에서 그리스도인의 모든 것에 함께 연결되어 반응하심을 의미한다. 뿐만 아니라 성령께서는 그리스도인을 인도하시는데 따르지 않을 때 근심하신다.

그리스도인은 자신의 감정 속에 근심과 성령께서 나타내시는 근심을 분별할 수 있어야 한다. 그러므로 그리스도인은 성령께서 그리스도인 안에서 무엇 때문에 근심하시는지 분별하여 근심하게 하시는 것을 제거해야 한다. 더 나아가서 성령께서 무엇을 기뻐하시는지를 알고 행할 수 있는 데까지 가야 한다.

"성령을 소멸하지 말며"(살전 5:19).

이 말씀의 원어 해석을 알아보면 **'너희는 그 영을 억누르지 말라'**이다. **'소멸하지 말며'**의 원어는 **'메 스벤뉘테'**인데 **'불을 끄다, 억누르다'**는 뜻이다. 이것은 좀 더 정확하게 말하면 **'성령을 억제하는 (불을 끄는) 행위는 멈추라'**는 뜻이다. 성령께서 의지를 가지고 여러 가지 모습으로 나타내려 하실 때 그것을 인간적 의지와 생각으로 멈추게 하는 것을 멈추라는 것이다. 이것은 성령께서 그리스도인 안에서 얼마나 제한 받고 연약하실 수 있는가를 말하고 있다.

그러나 성령께서 충만하시면 그리스도인이 가진 육신적 감정보다 훨씬 높은 차원의 감정을 그 안에서 나타내실 수 있는 것이다. 감정만 아니라 성령의 의지가 그리스도인의 의지를 지배하는 것이다. 그래서 성령께서 하시고자 하는 것을 막힘 없이 그리스도의 인격과 몸을 가지고 일하시는 것이다.

"오직 성령의 열매는 사랑과 희락과 화평과 오래 참음과 자비와 양선과 충성과 온유와 절제니 이 같은 것을 금지할 법이 없느니라"(갈 5:22~23). "이와 같이 성령도 우리의 연약함을 도우시나니 우리는 마땅히 기도할 바를 알지 못하나 오직 성령이 말할 수 없는 탄식으로 우리를 위하여 친히 간구하시느니라 마음을 살피시는 이가 성령의 생각을 아시나니 이는 성령이 하나님의 뜻대로 성도를 위하여 간구하심이니라"(롬 8:26~27).

바울은 그리스도인의 기도 속에서 성령께서 하나님과 그리스도인을 향한 감정을 가지고 기도를 이끌어주시는 것을 알려 준다. 기도 속에서 성령께서 그리스도인의 영과 하나님 마음을 드러내시고 그리스도인에게, 하나님 아버지에게 전달하신다. 그러므로 기도 속에서 성령의 마음을 만나야 한다. 그래야 분별력 있는 기도를 할 수 있다.

"내가 이르노니 너희는 성령을 따라 행하라 그리하면 육체의 욕심을 이루지 아니하리라 육체의 소욕은 성령을 거스르고 성령은 육체를 거스르나니 이 둘이 서로 대적함으로 너희가 원하는 것을 하지 못하게 하려 함이니라"(갈 5:16~17).

바울은 그리스도인 안에 두 가지 욕망이 작용하고 있음을 강조한다. 그런데 성령의 원함이 그리스도인 안에서 역사하여 육체의 욕망대로 가지 않도록 성령께서 의지를 가지고 역사하신다. 그러므로 그분이 가지신 원함대로 움직이시도록 성령께 묻고 자신의 의지를 내어드리는 것이 중요하다

바울의 서로신앙

"이와 같이 우리 많은 사람이 그리스도 안에서 한 몸이 되어 서로 지체가 되었느니라"(롬 12:5).
"너희는 그리스도의 몸이요 지체의 각 부분이라"(고전 12:27).

바울의 서로신앙의 근거는 모든 그리스도인은 그리스도의 몸의 지체라는 것으로부터 출발한다.

바울은 그리스도인이 그리스도의 몸의 지체임을 강조하였다. 그러므로 교회가 건강한 그리스도의 몸으로 성장하려면 서로라는 개념을 가지고 신앙생활 해야 한다고 강조한다. 몸의 지체가 어느 한 부분만 성장할 수 없고 같이 성장해야 하기 때문이고, 또한 몸의 지체 중 어느 것도 불필요하거나 천대받을 지체가 없고 어느 지체나 존귀함을 가졌기 때문이다.

"눈이 손더러 내가 너를 쓸데가 없다 하거나 또한 머리가 발더러 내가 너를 쓸데가 없다 하지 못하리라 그뿐 아니라 더 약하게 보이는 몸의 지체가 도리어 요긴하고 우리가 몸의 덜 귀히 여기는 그것들을 더욱 귀한 것들로 입혀 주며 우리의 아름답지 못한 지체는 더욱 아름다운 것을 얻느니라 그런즉 우리의 아름다운 지체는 그럴 필요가 없느니라 오직 하나님이 몸을 고르게 하여 부족한 지체에게 귀중함을 더하사 몸 가운데서 분쟁이 없고 오직 여러 지체가 서로 같이 돌보게 하셨느니라"(고전 12:21~25).

오늘날 교회 안에 서로신앙이 필요한 이유는 교회 안에 세 가지 모습이 존재하고 있는 문제 때문이다.

하나는, 서로 무관심하다는 것이다. 이것은 개인적인 사생활을 보호하고 지켜 주기 위한 것으로 포장하지만, 사실 서로에게 관심 갖기가 귀찮고 자기중심적 신앙생활을 하므로, 자기에게 몰두되어 다른 사람에게 관심을 가질 여력이 없는 것이다. 이것은 서로신앙을 가지는 데 최대의 적이다. 서로의 무관심은 결국 자기 혼자만의 신앙으로 서로 신앙으로 오는 신앙의 성숙한 성장을 가질 수 없다.

두 번째는, 교회 안에 보이지 않게 존재하는 차별의식이다. 서로 비슷한 형태와 수준을 가진 사람끼리 모이고 사귀고 즐거워한다. 자신들과 색깔이나 수준이 다르면 마음으로부터 배타적으로 대하는 것이다. 자신들과 다르면 서로에게 대하여 존중함이 없다. 이렇게 되면 육적 연합은 될 수 있어도 진정한 성령의 임재가 있는 영적 연합을 가져올 수 없다. 따라서 이것은 성경에서 말하는 진정한 서로신앙이 아니다.

세 번째는, 교회 안에 서로 관계되어 연합하지 않는다. 개인적으로는 뛰어난 존재이지만 서로 같은 일을 하면서 같은 뜻을 가지고 일치와 연합을 가져오기에는 자기 생각과 주장이 강하다. 그럴 때 진정한 연합을 가져오기보다는 누군가의 주장에 밀려 육적 연합만을 가지게 된다.

그러나 주님의 마음과 성령의 임재로 서로가 하나임을 경험하는 것이 진정한 서로신앙의 결정체이다.

또한 서로신앙을 가지고 신앙생활을 해야 하고 할 수 있는 것은 성령께서 지금도 교회 안에서 두 가지 역할을 하시기 때문이다.

"평안의 매는 줄로 성령이 하나 되게 하신 것을 힘써 지키라"(엡 4:3).

하나는, 성령이 그리스도의 몸 된 교회에 지체로서 하나 되게 하셨다는 것이다. 그리스도 안에 있고 성령 안에 있으면 누구나 상관없이 하나 되게 하셨기 때문이다. 성령으로 하나 될 때 서로신앙을 가지고 살 수 있고 서로신앙을 통하여 성령이 하나 되게 하셨다는 것을 실감나게 경험할 수 있다.

그러므로 서로가 성령의 임재 속에서 살기를 힘쓸 때 그것이 서로 신앙으로 하나 됨을 경험하게 되는 것이다.

"주 예수 그리스도의 은혜와 하나님의 사랑과 성령의 교통하심이 너희 무리와 함께 있을지어다"(고후 13:13).

두 번째는, '성령의 교통하심'이 그리스도의 지체된 자들 가운데 나타나고 계시는 것이다. 그러기에 성령 안에 있으면 누구나 상관없이 성령의 교통하심으로 서로신앙을 가질 수 있다. 사탄이 서로 소통이 되지 못하게 방해하는 것을 분별하여 물리쳐야 한다. 단지 육신적인 차이로 소통이 되지 않는 것이 아니라 사탄의 역사로 안 되는 것이다. 그리고 성령의 교통하심을 구해야 한다.

서로신앙의 뿌리는 '사랑'이다. 이것은 예수님께서 최후의 만찬 때 강조하신 것이다.

"새 계명을 너희에게 주노니 서로 사랑하라 내가 너희를 사랑한 것같이 너희도 서로 사랑하라"(요 13:34).

"너희 모든 일을 사랑으로 행하라"(고전 16:14).

바울이 서로신앙을 이루는 뿌리는 사랑이다. 사랑으로 바탕을 둔 서로신앙이 서로의 영적 열매를 맺는 것이다. 서로신앙이 안 되는 것은 기질이나 수준의 문제가 아니라 그리스도의 사랑이 내면에 깔려 있지 않은 까닭이다. 그러므로 서로신앙의 지속성은 주님의 사랑이 그리스도인 각각의 심령 속에 성령으로 말미암아 얼마나 경험되고 있느냐 하는 문제이다. 그 사랑이 있다면 자연스럽게 서로신앙이 풍성하게 이루어질 것이다.

"소망이 우리를 부끄럽게 하지 아니함은 우리에게 주신 성령으로 말미암아 하나님의 사랑이 우리 마음에 부은 바 됨이니"(롬 5:5).

"그리스도의 사랑이 우리를 강권하시는도다"(고후 5:14).

또한 서로신앙을 바울이 강조한 것은 사탄의 역사로부터 방어와 공격을 하기 위함이다. 사탄은 분리되기를 원한다. 사탄은 하나님과 아담을, 아담과 하와를 분리시켰다. 분리시키어 철저히 혼자가 되어 힘도 없고 분별력을 잃어 사탄의 도구로 만들기 위해 역사한다. 사탄은 지금도 철저하게 그리스도인의 관계 속에서 역사하고 있다.

"항상 우리를 그리스도 안에서 이기게 하시고 우리로 말미암아 각처에서 그리스도를 아는 냄새를 나타내시는 하나님께 감사하노라"(고후 2:14).

"이는 우리로 사탄에게 속지 않게 하려 함이라 우리는 그 계책을 알지 못하는 바가 아니로라"(고후 2:11).

그러므로 서로신앙은 결국 연합을 통해 사탄의 역사를 막아내고 더 나아가서 음부의 세력을 깨뜨리며 성령의 역사를 가져오기를 힘쓰는 것이다. 바울은 사탄에게 속지 않게 하기 위해 이렇게 권면한다.

"그러므로 그리스도 안에 무슨 권면이나 사랑의 무슨 위로나 성령의 무슨 교제나 긍휼이나 자비가 있거든 마음을 같이하여 같은 사랑을 가지고 뜻을 합하며 한마음을 품어 아무 일에든지 다툼이나 허영으로 하지 말고 오직 겸손한 마음으로 각각 자기보다 남을 낫게 여기고 각각 자기 일을 돌볼 뿐더러 또한 각각 다른 사람들의 일을 돌보아 나의 기쁨을 충만하게 하라"(빌 2:1~4).

바울은 그리스도인들이 어떤 서로신앙을 가져야 할지를 자세히 알려 주고 있다.

"존경하기를 서로 먼저하며"(롬 12:10).
"서로 마음을 같이하며"(롬 12:16).
"그러므로 우리가 화평의 일과 서로 덕을 세우는 일을 힘쓰나니"(롬 14:19).
"그러므로 그리스도께서 우리를 받아 하나님께 영광을 돌리심과 같이 너희도 서로 받으라"(롬 15:7).
"내 형제들아 너희가 스스로 선함이 가득하고 모든 지식이 차서 능히 서로 권하는 자임을 나도 확신하노라"(롬 15:14).
"너희가 거룩하게 입맞춤으로 서로 문안하라"(롬 16:16).
"오직 사랑으로 서로 종노릇하라"(갈 5:13).
"너희가 짐을 서로 지라"(갈 6:2).
"서로 친절하게 하며 불쌍히 여기며 서로 용서하기를 하나님이 그리스도 안에서 너희를 용서하심과 같이 하라"(엡 4:32).

"그리스도를 경외함으로 피차 복종하라"(엡 5:21).

"그러므로 피차 권면하고 서로 덕을 세우기를 너희가 하는 것 같이 하라"(살전 5:11).

"그러므로 이러한 말로 서로 위로하라"(살전 4:18).

이 모든 서로신앙의 모습이 교회 안에서 나타날 때, 그리스도의 몸인 교회는 성령의 임재가 충만하며 성숙한 영혼들의 모임이 되어 천국을 경험하는 현장이 될 것이다.

바울의 세 가지 십자가 신앙

"내가 그리스도와 함께 십자가에 못 박혔나니 그런즉 이제는 내가 사는 것이 아니요 오직 내 안에 그리스도께서 사시는 것이라 이제 내가 육체 가운데 사는 것은 나를 사랑하사 나를 위하여 자기 자신을 버리신 하나님의 아들을 믿는 믿음 안에서 사는 것이라"(갈 2:20).
"그리스도 예수의 사람들은 육체와 함께 그 정욕과 탐심을 십자가에 못 박았느니라"(갈 5:24).
"그리스도로 말미암아 세상이 나를 대하여 십자가에 못 박히고 내가 또한 세상을 대하여 그러하니라"(갈 6:14).

이 고백의 배경은, 갈라디아 교인들이 믿음으로 하나님께 의롭다 함을 얻는 것을 버리고, 자신의 의지나 율법의 행위로 의인으로 인정받으려는 것이 잘못되었음을 전달하는 것이다. 십자가에 못 박혀야 할 것들은 인간이 살아가는 데 필요한 자신의 도구들이다.

십자가에 못 박혔다는 것은 '**죽었다**'는 뜻으로 '**그것대로 살 수 없을**

만큼 무기력하게 만들었다', '**단절시켰다**'라는 의미가 된다. 그리스도인들이 십자가에 못 박혔다는 것은 '자아, 육체 본능, 정, 욕심, 세상풍조대로 살면 안 된다, 그대로 살면 고통받는다, 그대로 살면 죽는다'는 의미이다. 하나님이 그렇게 살지 못하도록 되돌릴 수 없게 하셨다. 이것은 하나님의 선언이다.

이미 십자가에 못 박힌 것들을 가지고 살 때에, 그리스도인은 하나님 앞에서 무의미한 삶을 살고 후회하고 고통스런 삶을 살 것이라고 말한다. 그러므로 십자가에 못 박힌 것만큼 그리스도가 살고 부활의 능력을 경험할 수 있다. 십자가에 못 박혔다면 그다음은 부활만이 있는 것이다. 못 박힌 자만이 부활을 경험한다. 십자가에 못 박히는 것은 자원하는 죽음을 의미한다. 나라는 존재(철학, 논리, 이론, 생각)가 존재하지 않음을 의미한다.

그러면 못 박히는 것은 무엇을 의미하는가? 그것은 성령께서 예수님을 십자가에 못 박히도록 이끄신 것처럼, 성령께서 우리를 못 박히도록 이끄시는 대로 가는 것이다. 성령 안에서만이 못 박힐 수 있다. 그렇게 진리를 믿는 것이다. 그리고 성령을, 주님을 의지하는 것이다.

그러면 어떻게 해야 하나?

나 자신을 믿지 않는 것이다. 나를 소망하지 않는 것이다. 나를 의지하지 않는 것이다. 순간순간마다 말씀과 주님과 성령을 의지하는 것이다. 말씀과 주님을 찾고 음성을 듣고 묻는 것이다. 그리고 성령을 의지하고 성령의 인도하심에 순종하는 것이다.

십자가에 못 박히지 않는다면 그것은 무엇을 의미하나?

첫 번째로, 그것들이 십자가에 못 박히지 않는다면 그리스도인다운 삶을 사는 데 방해 받고 장애를 일으킨다. 두 번째는, 십자가에 못 박히지 않고 그것대로 산다면 그 끝은 심판, 곧 멸망이다. 세 번째는, 십자가에 못 박혀야만 그리스도와 성령으로 살 수 있는 것이다. 십자가에 못 박히게 하는 현재형의 역사는 나 자신의 의지나 선한 성품이 아니라 성령과 말씀만이 역사한다. 십자가에 못 박힌 것을 믿음으로 인정하고 부활하여 사신 그리스도의 존재와 능력을 의지하여 그리스도의 것이 자신 안에서, 밖에서 나타내는 것이다.

그러므로 죽이시는 것은 하나님이 하신 것이고, 내가 할 일은 그 사실을 인정하고 그리스도를 믿는 믿음으로 살 것인지, 십자가에 못 박히게 한 것을 의지하여 살 것인지를 선택하는 것이다. 믿음으로 살면 부활의 그리스도의 능력을 경험하고 그러지 않으면 죽음을 경험하게 된다.

'그리스도와 함께'라는 것은 구원받을 때 그리스도의 십자가에 못 박힌 것과 같다는 것이다. 자신이 죽었음을 선언하는 것이다. 자신의 죽음과 그리스도의 사심은 비례한다(내면의 역사). 자신의 죽음은 나를 위해 살지 않는 선언이다. 그리고 그리스도를 위해 사는 것이다(행위의 역사). 이것을 믿고 이 말씀에 동의하며 살 것인지, 아니면 고의적으로 하나님의 선언을 불순종하든 혹은 무지로 불순종하든 이것은 전적인 자신의 책임이다. 말씀을 이루시는 성령님은 나와 상관없이 말씀대로 내게서 이루실 것이다.

예수 그리스도가 나를 위해, 하나님의 의를 위해 못 박힌 것처럼 우리도 주를 위해 하나님의 의를 위해 살아야 한다는 것이다.

바울의 그리스도와의 연합신앙

바울이 말하는 그리스도와의 연합신앙의 시작은 그리스도가 자신 안에 사시는 것을 확신하는 것이다.

"내가 그리스도와 함께 십자가에 못 박혔나니 그런즉 이제는 내가 사는 것이 아니요 오직 내 안에 그리스도께서 사시는 것이라 이제 내가 육체 가운데 사는 것은 나를 사랑하사 나를 위하여 자기 자신을 버리신 하나님의 아들을 믿는 믿음 안에서 사는 것이라"(갈 2:20).

"나의 간절한 기대와 소망을 따라 아무 일에든지 부끄러워하지 아니하고 지금도 전과 같이 온전히 담대하여 살든지 죽든지 내 몸에서 그리스도가 존귀하게 되게 하려 하나니 이는 내게 사는 것이 그리스도니 죽는 것도 유익함이라"(빌 1:20~21).

"너희는 믿음 안에 있는가 너희 자신을 시험하고 너희 자신을 확증하라 예수 그리스도께서 너희 안에 계신 줄을 너희가 스스로 알지 못하느냐 그렇지 않으면 너희는 버림 받은 자니라"(고후 13:5).

바울은 자신 안에 사는 그리스도를 확신하는 것으로 끝나는 것이 아니라 그리스도의 것이 자신에게 나타나기를 원하였다. 그리고 그리스도의 마음을 가졌다고 고백한다.

"우리가 그리스도의 마음을 가졌느니라"(고전 2:16).

바울은 그리스도의 마음을 안다고 말하지 않고 가졌다고 담대히 말함으로써 소유한 자의 누림을 말한다. 그리고 더 나아가서 바울은 예수님의 생명의 능력이 나타나기를 간절히 원했다.

"우리가 항상 예수의 죽음을 몸에 짊어짐은 예수의 생명이 또한 우리 몸에 나타나게 하려 함이라 우리 살아 있는 자가 항상 예수를 위하여 죽음에 넘겨짐은 예수의 생명이 또한 우리 죽을 육체에 나타나게 하려 함이라"(고후 4:10~11).

바울은 그리스도와 연합으로 지금 살아 있을 때 그리스도의 죽음의 능력과 축복, 부활의 능력과 축복을 경험하기를 원했다.

"무릇 그리스도 예수와 합하여 세례를 받은 우리는 그의 죽으심과 합하여 세례를 받은 줄을 알지 못하느냐 그러므로 우리가 그의 죽으심과 합하여 세례를 받음으로 그와 함께 장사되었나니 이는 아버지의 영광으로 말미암아 그리스도를 죽은 자 가운데서 살리심과 같이 우리로 또한 새 생명 가운데서 행하게 하려 함이라 만일 우리가 그의 죽으심과 같은 모양으로 연합한 자가 되었으면 또한 그의 부활과 같은 모양으로 연합한 자도 되리라……만일 우리가 그리스도와 함께 죽었으면 또한 그와 함께 살

줄을 믿노니"(롬 6:3~5, 8).

바울은 그리스도의 죽음이 한 분만의 죽음과 부활이 아니고 그리스도와 함께 죽고 부활하였다는 진리가 지식으로 아는 것이 아니라, 자신의 존재와 삶에 그대로 믿음으로써 죽음의 능력과 부활의 능력을 경험하기를 원했다. 그것이 그리스도의 재현으로 자신 안에서 경험되기 때문이다.

그리스도의 죽음과 부활이 자신의 영안에서 경험되고 삶에서 재현될 때, 그것이 진정 그리스도인의 육체와 삶의 영광이 된다.

바울이 세상 앞에서
온전하게 미치게 된 이유

"바울이 이같이 변명하매 베스도가 크게 소리 내어 이르되 바울아 네가 미쳤도다 네 많은 학문이 너를 미치게 한다 하니 바울이 이르되 베스도 각하여 내가 미친 것이 아니요 참되고 온전한 말을 하나이다"(행 26:24~25).

오늘날 세상은 디모데후서 3장 1~5절에서 하나님이 말씀하신 것처럼 마음속에 잘못된 자기 사랑, 돈 사랑, 쾌락 사랑이라는 세 가지 사랑이 가득하여 관계들이 깨져가고 미쳐 가는 모습을 보이고 있다. 이 세 가지 사랑은 육신의 정욕, 안목의 정욕, 이생의 자랑(요일 2:16)으로 말미암아 생긴 것이다. 인간의 마음의 타락이 정상적이지 못한 행동과 삶을 만들고 있는 것이다.

이런 세상에서 그리스도인은 하나님 앞에서 정상적인 신앙을 가지고 살아야 한다. 그러나 하나님 앞에서 정상적으로 사는 것은 세상 사람 눈에는 미친 것으로 보일 수 있다. 사도행전의 120명 성도와 사도는 사도행전 2장에서 성령의 불을 받고는 담대히 예수님을 전하는 미친 자가 되었다. 그 당시 예수 믿는 자들은 이단시되어 가족과 사회로부터 버림받고 죽을 수도 있었는데, 그들은 겁 없이 다락방에서 뛰어나가 담대히 복음을 전하는 자들이 되었다.

"또 어떤 이들은 조롱하여 이르되 그들이 새 술에 취하였다 하더라"(행 2:13).

세상으로부터는 술에 취해 미친 자처럼 보였지만 그 모습이 오히려 예수님의 마음에는 만족을 드렸다.

"내가 불을 땅에 던지러 왔노니 이 불이 이미 붙었으면 내가 무엇을 원하리요"(눅 12:49).

바울도 주님과 복음에 미친 자로서 살았음을 증거하고 있다.

"옥에 갇히기도 더 많이 하고 매도 수없이 맞고 여러 번 죽을 뻔하였으니 유대인들에게 사십에서 하나 감한 매를 다섯 번 맞았으며 세 번 태장으로 맞고 한 번 돌로 맞고 세 번 파선하고 일 주야를 깊은 바다에서 지냈으며 여러 번 여행하면서 강의 위험과 강도의 위험과 동족의 위험과 이방인의 위험과 시내의 위험과 광야의 위험과 바다의 위험과 거짓 형제 중의 위험을 당하고 또 수고하며 애쓰고 여러 번 자지 못하고 주리며 목마르고 여러 번 굶고 춥고 헐벗었노라"(고후 11:23~27).

바울은 그토록 주님과 복음을 위해 살며 엄청난 고난을 받았지만 그것보다 그의 마음을 더 염려하게 하는 것이 있었는데, 바로 자신이 세운 교회들을 위한 염려였다.

"이외의 일은 고사하고 아직도 날마다 내 속에 눌리는 일이 있으니 곧 모든 교회를 위하여 염려하는 것이라"(고후 11:28).

바울이 고난 속에서도 주님과 복음과 영혼을 위한 마음으로 교회를 염려하는 것이, 세상 눈으로 볼 때는 미친 것처럼 보일 수 있다. 그러나 바울은 당당하게 이렇게 말한다.

"우리가 만일 미쳤어도 하나님을 위한 것이요"(고후 5:13).

이렇듯 하나님 앞에서는 지극히 정상적인 사역자가 세상 눈으로 볼 때는 미친 것으로 보일 수 있다. 이 모습이 오늘을 사는 그리스도인에게, 하나님의 부르심을 입은 자들에게 도전을 주고 부러움을 준다.
그러면 바울에게 있어 무엇이 세상 사람이 볼 때 바울을 미친 자로 보이도록 만들었나? 무엇이 하나님 앞에서 지극히 정상적인 사역자가 될 수 있게 하였나? 먼저 바울 마음 안에 있는 그리스도의 사랑이 그를 그렇게 만들었다.

"그리스도의 사랑이 우리를 강권하시는도다"(고후 5:14).

여기서 '**강권하다**'는 원어로 '**압박하다, 강요하다, 재촉하다, 팔을 비틀다**'는 뜻으로 '**그것에 사로잡히다, 그것이 붙든다**'는 뜻이 된다. 결국 바울은 그 마음이 그리스도의 사랑에 붙잡혔다고 고백하는 것이다. 그리스도인이 성령으로 그리스도의 사랑이 부어지면 그 사랑이 주님을 위해, 영혼을 위해, 하나님의 맡겨진 일에 대해 미친 자로 살 수 있는 것이다.

"소망이 우리를 부끄럽게 하지 아니함은 우리에게 주신 성령으로 말미암아 하나님의 사랑이 우리 마음에 부은 바 됨이니"(롬 5:5).

두 번째로, 바울은 하나님의 은혜가 자신을 하나님 앞에서 온전하고 세상으로는 미친 자가 되게 하였다고 고백한다.

"그러나 내가 나 된 것은 하나님의 은혜로 된 것이니"(고전 15:10).

그리스도인이 교회 안에서 흔히 쓰는 단어가 하나님의 은혜인데, 그 은혜는 바울처럼 사람을 변화시키는 능력이 있다. 변화되지 않는다면 하나님의 은혜를 아직 받은 것이 아니다. 그러므로 바울이 받았던 그 하나님의 은혜를 사모해야 한다. 그 하나님의 은혜가 오면 자신도 모르게 변화가 오고 그것이 하나님 앞에서는 정상적으로, 세상에서는 미친 자로 보이게 한다.

세 번째는, 바울은 하나님 말씀에 붙잡힘이 온전하게 미친 자가 되게 한다고 말한다.

"실라와 디모데가 마게도냐로부터 내려오매 바울이 하나님의 말씀에 붙잡혀 유대인들에게 예수는 그리스도라 밝히 증언하니"(행 18:5).

여기서 '**붙잡혀**'는 원어로 '**사로잡히고 있었다**'라는 뜻으로, 담대하게 복음을 전하였다는 것을 의미한다. 하나님 말씀에 잡혔다는 것은 바울의 마음에 온통 말씀으로 지배당하여 말씀으로 충만하였다는 뜻이다. 마음에 말씀이 있어야 말씀에 미친다. 그러나 오늘날 그리스도인은 머리와 입에만 말씀이 있기에 말씀에 순종하지 못하고 말씀보다 더 중요하고 크게 생각하는 것이 많다. 말씀과 삶이 따로 놀고 말씀과 존재가 따로 노는 이유가 여기에 있는 것이다.

네 번째는, 바울의 마음에 빚진 자 의식이 그를 온전하게 미친 자가 되게 한 것이다.

"헬라인이나 야만인이나 지혜 있는 자나 어리석은 자에게 다 내가 빚진 자라"(롬 1:14).

바울은 과거 자신의 무지와 잘못에 대해 깨닫고 하나님 앞에서 영혼에 대한 무한 책임감을 갖는다. 바울은 자신의 과거로 인하여 어쩌면 자신이 목숨 걸고 주님과 복음과 영혼에 대해 열심을 낸 것이, 다른 사람이 볼 때는 미친 것처럼 보인 것이다. 또한 주님이 자신같이 무지하여 예수님에게 원수 같은 일을 하는 자신도 만나 주시고 자신을 이방인의 사도로 감당하게 하신다면, 자기와 같은 자가 세상에 많이 있음을 확신하고 영혼을 찾는 미친 자가 된 것이다. 그리스도인들도 자신의 지난날의 모습을 돌아보며 지금의 하나님의 은혜와 사랑과 축복을 생각할 때 어떤 것도 두려워하지 않고 주님과 복음과 영혼을 위해 살아야 하는 것이다.

다섯 번째는, 바울 안에 그리스도의 마음이 있음으로 인해 바울을 온전하게 미친 자가 될 수 있었다

"누가 주의 마음을 알아서 주를 가르치겠느냐 그러나 우리가 그리스도의 마음을 가졌느니라"(고전 2:16).

예수님도 죄로 죽은 영혼을 위해, 영혼 사랑의 미친 마음으로 이 땅

에 오시고 죽으셨다. 바울이 그렇게 이해할 수 없는 상황과 관계와 사건 속에서도 흔들림 없이 주님을 위해 사역을 감당할 수 있었던 것은, 그의 마음을 그리스도의 마음이 지배하고 있었기 때문이다. 바울은 주님과의 끊임없는 교통 속에서 주님의 마음을 소유하게 된 것이다.

여섯 번째는, 바울의 복음의 확신이 그를 온전하게 미친 자가 되게 한 것이다.

> "십자가의 도가 멸망하는 자들에게는 미련한 것이요 구원을 받는 우리에게는 하나님의 능력이라"(고전 1:18).
> "내가 너희 중에서 예수 그리스도와 그가 십자가에 못 박히신 것 외에는 아무것도 알지 아니하기로 작정하였음이라"(고전 2:2).
> "내가 복음을 전할지라도 자랑할 것이 없음은 내가 부득불 할 일임이라 만일 복음을 전하지 아니하면 내게 화가 있을 것이로다"(고전 9:16).

바울은 예수님의 십자가의 죽음에 관한 영적 진리를 계시를 통해 받음으로 구원의 진리를 더욱 확신하고 있었다. 세상에서 생명보다 더 귀하고 중요한 것을 알았기에 죽음을 두려워하지 않고 복음에 미칠 수 있었다. 그리스도인들도 복음의 진리를 머리로 알고 이해하는 것이 아니라 불붙는 가슴으로 받아서 복음에 미치는 자가 되어야 한다.

일곱 번째는, 바울은 하나님과 주님을 기쁘시게 하기 위해 세상 앞에서 온전하게 미친 자가 된 것이다.

> "오직 하나님께 옳게 여기심을 입어 복음을 위탁 받았으니 우리가 이와 같이 말함은 사람을 기쁘게 하려 함이 아니요 오직 우리 마음을 감찰하시는 하나님을 기쁘시게 하려 함이라"(살전 2:4).
> "이제 내가 사람들에게 좋게 하랴 하나님께 좋게 하랴 사람들에게 기쁨

을 구하랴 내가 지금까지 사람들의 기쁨을 구하였다면 그리스도의 종이 아니니라"(갈 1:10).

바울은 주를 기쁘시게 하는 것이 자신의 인생의 목적과 같이 되었기에 세상 앞에서 미친 자가 될 수 있었던 것이다.

여덟 번째는, 바울 안에 그리스도를 존귀하게 여기는 마음을 충만히 가진 것이 온전하게 미친 자가 된 것이다.

"나의 간절한 기대와 소망을 따라 아무 일에든지 부끄러워하지 아니하고 지금도 전과 같이 온전히 담대하여 살든지 죽든지 내 몸에서 그리스도가 존귀하게 되게 하려 하나니 이는 내게 사는 것이 그리스도니 죽는 것도 유익함이라"(빌 1:20~21).

아홉 번째는, 바울은 다른 사람이 경험하지 못한 삼층천(셋째 하늘)을 경험하였기에 세상 앞에서 온전하게 미친 자가 될 수 있었다.

"무익하나마 내가 부득불 자랑하노니 주의 환상과 계시를 말하리라 내가 그리스도 안에 있는 한 사람을 아노니 그는 십사 년 전에 셋째 하늘에 이끌려 간 자라 (그가 몸 안에 있었는지 몸 밖에 있었는지 나는 모르거니와 하나님은 아시느니라) 내가 이런 사람을 아노니 (그가 몸 안에 있었는지 몸 밖에 있었는지 나는 모르거니와 하나님은 아시느니라) 그가 낙원으로 이끌려 가서 말로 표현할 수 없는 말을 들었으니 사람이 가히 이르지 못할 말이로다"(고후 12:1~4).

"그러나 만일 육신으로 사는 이것이 내 일의 열매일진대 무엇을 택해야 하는지 나는 알지 못하노라 내가 그 둘 사이에 끼었으니 차라리 세상을 떠나서 그리스도와 함께 있는 것이 훨씬 더 좋은 일이라 그렇게 하고 싶으나 내가 육신으로 있는 것이 너희를 위하여 더 유익하리라"(빌 1:22~24).

영적 경험을 통해 이 땅보다는 천국을 더 사모하는 마음을 가졌기 때문에 죽음을 두려워하지 않고 이 땅의 삶을 쉽게 버릴 수 있게 되었다고 말한다. 그리스도인도 천국을 경험하여, 몸은 이 땅을 밟고 살지만 마음과 영은 하늘을 사모하고 경험하여 영원한 것을 위해 살고자 하는 자, 이 땅에서는 복음에 미친 자, 그러나 하나님 앞에서는 온전한 자가 되어야 할 것이다.

하나님도 인정한 바울의 고백

바울은 이 땅의 삶의 끝에서 사람들과 하나님 앞에서 신앙의 중요한 고백을 하는데, 그것을 하나님이 인정하여 기록하신다.

> "바울이 공회를 주목하여 이르되 여러분 형제들아 오늘까지 나는 범사에 양심을 따라 하나님을 섬겼노라 하거늘"(행 23:1).

이 고백을 원어로 해석하면 '**나는 이날까지 하나님 앞에서 온전히 선한 양심에 따라 내가 살아왔다**'는 뜻이다. 이 말은 바울이 깨끗한 양심을 가지고 하나님의 율법에 순종하며 하나님을 섬겼다고 고백하는 것이다.

바울은 또다시 사도행전 24장 16절에서 고백한다.

> "이것으로 말미암아 나도 하나님과 사람에 대하여 항상 양심에 거리낌이 없기를 힘쓰나이다."

바울이 양심에 거리낌이 없이 신앙생활 했다는 것은, 하나님 앞에서 부끄럽지 않게 살았고 사람에게 떳떳하게 살아왔고 이중적인 마음과 행동을 하지 않았음을 말하고 있는 것이다. 바울은 행위로 율법을 지키는 것보다 더 높은 차원에서 바울 자신의 내면의 양심에 부끄럽지 않기를 힘썼다는 것이다. 행위로는 자랑할 수 있어도 양심마저도 자랑할 수 있다는 것은 차원 높은 신앙의 모습을 보여준다. 주님은 바울의 이 고백을 인정하셔서 기록하셨다는 것이다.

주님은 그리스도인이 주님과 사람 앞에서 양심에 거리낌이 없이 살기를 원하신다. 양심에 거리낀다면 좀 더 솔직한 모습으로 살기를 원하신다.

오늘날 일부 그리스도인에게서 신앙과 양심이 분리되어 살아가는 모습을 보게 된다. 교회생활은 잘하는 것 같은데 교회를 떠나면 하나님이 안 계신 것처럼 행동하는 그리스도인이 있다. 그러고도 전혀 양심에 거리낌이 없다. 어떤 그리스도인은 사람이 보는 데서는 그리스도인인데, 사람이 보이지 않는 데서는 서슴없이 양심에 벗어난 행동을 한다. 이것은 행위에 치우친 신앙을 강조하는 잘못된 태도에서 나온 것이다. 신앙적 행위와 자신 스스로의 내면의 양심에게도 인정받아야 한다.

그리스도인은 하나님의 말씀을 대하기 전에 양심이 주님의 음성과 같다는 것을 알아야 한다. 선한 양심에 걸리는 것이면 분명 하나님의 말씀에도 걸리는 것이다. 그러므로 양심이 없는 자처럼 신앙생활을 한다면 결코 주님으로부터 인정받지 못할 것이다.

"내가 그리스도를 본받는 자가 된 것같이 너희는 나를 본받는 자가 되라"
(고전 11:1).

바울은 두 번째로 자신이 복음으로 낳은 성도들에게 이 고백을 하고 있다. 바울은 늘 그리스도와 같기를 원하였고, 성령께서 그 원함을 바울에게서 나타내 주셨다. 이 고백이 자칫 바울의 교만처럼 보일 수 있으나, 이 말은 바울이 그리스도를 닮은 것만큼 성도들도 바울 자신에게서 나타나는 그리스도를 닮기를 바라는 마음에서 고백한 것이다. 바울은 자기를 닮으라고 한 것이 아니라 자신에게 나타나는 그리스도를 닮으라고 말한 것이다.

구체적으로 바울은 그리스도가 자신을 위해 살지 않으시고 영혼을 위해 사셨듯이, 바울 자신도 그리스도와 같이 자신을 위해 살지 않고 복음과 성도들을 위해 살 듯이, 그런 면에서 자신을 닮으라고 말하고 있다. 그리고 이 고백은 바울이 주님과 동일해지기를 힘쓴 것처럼 분열된 고린도 교회도 서로 하나 되기를 바라는 마음에서 말한 것이다.

"나는 선한 싸움을 싸우고 나의 달려갈 길을 마치고 믿음을 지켰으니 이제 후로는 나를 위하여 의의 면류관이 예비되었으므로 주 곧 의로우신 재판장이 그날에 내게 주실 것이며"(딤후 4:7~8).

바울은 자신의 죽음을 앞두고 남아 있는 디모데를 향하여 자신의 마지막 신앙고백을 하고 있다. 이 고백은 바울이 자신의 옆에 있는 선한 싸움과 자신의 앞에 있는 달려갈 길과 자신의 내면의 믿음을 지켰다는 것이다. 그리고 자신에게 상이 있음을 확신하는 이 고백은, 마치 주님이 십자가에서 모든 것을 아버지의 뜻대로 이루시고 하신 **"다 이루었다"**(요 19:30)는 승리의 말씀을 닮은 것처럼 느껴진다.

하나님은 바울의 고백과 삶이 하나님 앞에서 같았음을 인정하시는 것이다.

오늘날 모든 그리스도인이 이 땅을 떠나면서 이 고백을 한다면 그는 정말 복 있는 자요, 인생을 성공한 자요, 천국에 넉넉히 들어가는 영원히 상 받는 자가 될 것이다. 바울의 이 고백은 모든 그리스도인이 소망하는 고백이다. 과거에 아무리 하나님의 사랑을 받고 하나님이 기뻐하시는 일을 하였다 해도, 또 미래에 놀라운 일들이 준비되었다 해도, 현재 하나님 앞에서 어떤 모습과 상태로 있는지가 결정적인 것을 알아야 한다.

> "만일 의인이 돌이켜 그 공의에서 떠나 범죄하고 악인이 행하는 모든 가증한 일대로 행하면 살겠느냐 그가 행한 공의로운 일은 하나도 기억함이 되지 아니하리니 그가 그 범한 허물과 그 지은 죄로 죽으리라"(겔 18:24).

그리스도인이 인생의 끝에서 이런 고백을 할 수 있다면, 이것은 어느 한순간에 되는 것이 아니고 지난 과거로부터 시작해서 지금까지 하나님 앞에서 잘해온 것을 의미한다. 그리고 그리스도인은 하나님이 정말 자신이 말한 것을 인정하시고 신뢰하시겠는가를 지금 솔직하게 대답해야 한다. 만약 그 질문에 대답할 수 없다면 자신의 어떤 면에서 그러한가를 정직하게 인정하고, 성령 안에서 주님의 마음으로 버려야 할 것은 버리고 고쳐야 할 것은 고쳐야 할 것이다. 그리스도인이 말과 행위가 같다면 하나님으로부터 바울같이 인정받는 자가 될 것이다.

이장환 목사 사역 안내

각종 온누리 부흥학교 안내
사역자 영성 클리닉 훈련학교 안내

각종 온누리 부흥학교 안내

1. 성령부흥학교 1단계

• 제목: 성령께 잡히는 행복한 인생
• 내용: 구원 다음에 온 큰 축복 / 임재의 의미 / 성령님과 언어와 믿음 관계 / 성령님과 인격적인 동의 / 영적 감성 계발 / 성령의 사람 특징 / 넘어짐의 축복 / 생각 관리의 중요성 / 하나님의 음성 확인법 / 성령의 불 / 성령의 흐름 / 영적 상상력의 능력 / 영적 집중력의 원리 / 영적 전이 현상/ 영적 진동의 축복 / 영적 가속도의 능력 / 영적 장소와 공간의 중요성 / 안수의 능력 / 성령님의 여러 모양의 역사 / 성령님의 사역적인 이름들 / 영서의 비밀

2. 성령부흥학교 2단계

• 제목: 성령과 동행하는 행복한 사역
• 내용: 하나님 역사의 매개체 / 성령님과의 동역 / 성령께 잡힘 / 영감과 감동의 개념 / 기름 부음의 개념 / 영적 연결 끈 / 영적 시간대 / 영적 포지션 / 영적 큰소리 / 고유인 영적 언어 / 계시적인 언어와 행동 / 영적 동시성 / 영적 반복의 능력 / 영의 충만에 대한 이해 / 성령님의 타깃 / 영적 통로 / 영적 교통 / 지혜와 계시의 영 / 예수님의 피의 능력 / 지역 영해/ 영 분별 / 지식의 말씀 은사 / 예언의 은사 / 영감과 영력을 더하는 매일 훈련법

3. 실습부흥학교 1단계 (성령부흥학교 3단계)

- 제목: 주님의 마음에 맞는 사역자
- 내용: 임재 사역을 위한 20가지 실습 / 손의 사역을 위한 15가지 실습 / 영서와 그 해석 사역을 위한 15가지 실습 / 영 분별 사역을 위한 10가지 실습 / 지식의 말씀 은사 사역을 위한 7가지 실습 / 방언 통역 사역을 위한 3가지 실습 / 예언 사역을 위한 5가지 실습 / 개인 사역을 위한 12가지 실습 / 성령이 말하게 하심 사역을 위한 3가지 실습 / 성령께 잡히는 훈련 실습

4. 실습부흥학교 2단계 (성령부흥학교 4단계)

- 제목: 이 시대를 향한 주님의 사역자
- 내용: 사람 신체 부위로 하는 사역 6가지 실습 / 진동 해석 사역을 위한 4가지 실습 / 영을 새롭게 하는 사역을 위한 3가지 실습 / 전이 사역을 위한 5가지 실습 / 이름 가지고 하는 사역을 위한 3가지 실습 / 영적 연결 끈 사역을 위한 7가지 실습 / 현장 경력 사역을 위한 4가지 실습 / 공간 분별 사역을 위한 3가지 실습 / 성령 임재 형태 사역을 위한 7가지 실습 / 느낌 사역을 위한 6가지 실습 / 영음 사역을 위한 7가지 실습 / 영언 사역을 위한 5가지 실습 / 영안 사역을 위한 10가지 실습

5. 믿음부흥학교

- 제목: 원하는 것을 얻게 하는 믿음의 원리
- 내용: 믿음 중심으로의 사고 전환 / 믿음의 기초적 이해 / 믿음이 커지기 위한 2가지 요소 / 믿음이 실제화되기 위한 2가지 요소 / 믿음에 관련된 중요한 영적 주제 9가지 / 믿음을 실제화시키는 훈련 과정 / 여러 가지 믿음 고백 모음

6. 형통부흥학교

• 제목: 실제적인 형통을 가져오는 법칙

• 내용: 형통치 못한 자의 실상 / 형통치 못하는 명백한 45가지 원인 / 형통으로의 사고 전환 / 형통을 가져오는 기본적인 17가지 요소 / 형통할 때 오는 현상 / 형통을 이루기 위한 중요한 13가지 법칙

7. 언어부흥학교

• 제목: 말한 대로 되는 능력 언어의 비밀

• 내용: 언어의 개념과 그 영향력 / 언어에 관한 성경의 사건들 / 언어에 대해 묵상할 성경구절들 / 능력 언어를 위한 중요한 24가지 법칙 / 능력 언어를 위해 반드시 기억할 것 7가지 / 능력 언어의 관리

8. 설교부흥학교

• 제목: 선지자적인 능력 설교의 원리

• 내용: 하나님 말씀을 대하는 태도 / 설교자의 존재 의미 / 설교 영감을 받는 법 / 설교 작성법 / 설교 전달법 / 설교와 여러 가지 관계들 / 성령이 말하게 하심의 원리와 능력 / 능력 설교의 실습 / 설교 클리닉

9. 기도부흥학교

• 제목: 더 깊은 능력 기도의 원리

• 내용: 기도에 관한 기본적 이해 / 기도의 영적 구조 / 말씀 구절을 통한 기도 이해 / 예수님의 기도 / 기도의 중요한 포인트 / 방언의 비밀 / 기도 속 실제적 도움 / 기도 실습과 훈련

10. 목회부흥학교

• 제목: 성령님이 운행하시는 목회 원리
• 내용: 영성 교회론 / 교회와 목회자의 영적 관계 / 근본적인 3가지 질문 / 영성 목회의 기본 원리들 / 실제적인 목회 영성의 원리들

11. 부흥사 부흥학교

• 제목: 하나님이 신뢰하는 부흥사
• 내용: 부흥 사역자론 / 부흥 사역의 기초 영적 기술 / 집회에 관한 실제적인 문제와 해결(집회 초청, 집회 현장, 사역자 자신 관리, 집회 시작, 사역 시 주의사항) / 사역을 위한 영적 진행 법칙 / 성령이 말하게 하심의 실습 / 사역 전 사역자 자신이 처리해야 할 명령 기도

12. 방언부흥학교 1단계

• 제목: 방언 속의 놀라운 영적 비밀들
• 내용: 방언을 다시 알고자 하는 이유 / 방언의 오해들 / 방언에 대한 잘못된 고정관념 / 방언이란 / 방언의 유익 / 방언의 구조 / 방언에 관한 성경구절의 영적 이해 / 방언과 한국말 기도의 영적 차이 / 방언으로 말하는 것과 방언으로 기도하는 것의 차이에 대한 성경적 고찰 / 방언의 구분 / 방언의 3가지 자체 사역 / 방언 속의 영적 법칙 / 방언과 여러 가지 관계들 / 방언에 관해 알아두어야 할 중요한 영적 지식 / 방언에 관한 질문과 답변 / 방언에 대한 다양한 실습들

13. 방언부흥학교 2단계

• 제목: 방언으로 하는 더 깊은 영적 사역 활용 방법들

• 내용: 방언으로 하는 사역의 영적 법칙(실습들) / 사역 현장에서의 방언 사용 필요성(실습들)/ 방언의 효과적인 적용법(실습들) / 방언 통역의 3가지 방법과 2가지 레벨(실습들) / 방언으로 각종 은사를 여는 원리와 훈련(실습들) / 방언과 눈의 관계(실습들) / 방언으로 인하여 계시를 받는 훈련(실습들) / 영으로 방언하는 것과 말하는 방언의 차이(실습들)/ 방언으로 영의 소리(느낌)를 듣는 훈련(실습들)

14. 내 영 부흥학교

• 제목: 자신도 몰랐던 내 영에 대한 깊은 비밀과 실제적 현상들
• 내용: 영에 대한 문제 제기 / 영의 영적 정의와 원초적 기능 / 성경에서 나타난 영이 가진 다양한 감각들 / 성경에서 나타난 다양한 영의 긍정적 상태들 / 영에 나타난 실제적인 문제들 / 건강한 영을 측정할 수 있는 요소들 / 영의 다양한 속성들(30가지) / 영과 관련된 여러 가지 영적 주제들 / 영에 관해 임상적으로 궁금한 것들 / 내 영을 건강하고 강하게 하는 비결 / 영에 관련된 실제적인 깊은 사역(실습)들

15. 새능력부흥학교

• 제목: 마지막 시대에 필요한 더 높은 차원의 기름 부음 3가지
• 내용: **열린 하늘의 기름 부음** – 하늘에 대한 기본적 이해 / 구약의 열리는 하늘과 신약의 하나님 나라의 개념이해 / 하늘이 열리는 성경적 사건 / 열린 하늘을 경험한 성경 속 사람들 / 예수님과 열린 하늘 / 열린 하늘의 축복 / 열린 하늘이 닫히는 경우 / 열린 하늘의 2종류 영역 / 오늘날 열린 하늘이 필요한 이유 / 하늘을 열기 위한 매개체 / 하늘을 여는 방법 / 오늘날 하늘을 여는 사람들

파쇄의 기름 부음 – 파쇄의 기름 부음이란 / 파쇄의 기름 부음이 필요한 이유 / 파쇄가 안 일어나는 이유 / 파쇄를 방해하는 요소 / 파쇄의 특징 / 파쇄의 기름 부음이라는 현상 / 파쇄가 필요한 사람 / 성경 속에 파쇄자 / 예수님의 파쇄 / 성경 속에 파쇄의 사건 / 파쇄되어야 할 것들

그리스도의 죽음과 부활의 기름 부음 – 그리스도의 죽음과 부활의 중요성 / 그리스도의 죽음과 부활의 영적 진리 / 그리스도와 연합된 그리스도인의 죽음과 부활의 의미 / 그리스도인의 죽음과 부활을 경험하는 방법 / 그리스도의 죽음과 부활의 능력을 나타내는 원리와 방법

16. 마음신앙부흥학교

- 제목: 마지막 때를 위한 마지막 신앙
- 내용: 오늘날 신앙의 문제 / 마음이라는 영역에 대한 정의와 이해 / 성경에서 나타난 마음의 종류 / 구약의 마음 신앙 / 신약의 마음 신앙 / 마음에 관한 성경 구절의 영적 이해 / 마음에 관련된 주제들 / 마음에 관한 영적 현상 / 궁극적인 마음의 축복 / 마음 신앙의 실천 방법 / 마음에 관한 12가지 영적 실습들

17. 지공(地空)부흥학교

- 제목: 땅과 공간을 축복으로 채우기
- 내용: 오늘날 땅과 공간에 대한 현상들 / 영과 공간에 대한 중요성 / 성경 속에 땅과 공간에 대한 영적 이해(1) / 성경 속에 땅과 공간에 대한 이해(2) / 땅과 공간과 여러 관계들 / 땅과 공간에 대한 실제적 영적 분별 / 땅과 공간에 대한 실제적 사역과 실습들

부흥학교 특징

#1. 각종 부흥학교는 저자가 오랜 시간 성령님께 받은 계시와 영적 경험을 바탕으로 수많은 분들을 통해 검증된 내용입니다.

#2. 각종 부흥학교마다 30~40시간 분량의 내용과 저자의 사역과 실습을 통해 영적 체험을 갖게 합니다.

#3. 각종 부흥학교는 일정한 등록비가 있습니다.

#4. 각종 부흥학교 개강은 일정하지 않으며, 카페에서 공지합니다.

#5. 관심 있는 누구나 참석할 수 있습니다.

변화와 형통의 집회

#1. 서울 주오심센터교회에서 격월로 변화와 형통 집회 있습니다.

#2. 여름, 겨울 학생/청년 변화와 형통 집회 있습니다.

사역 알림 카페주소

cafe.daum.net/9191jesuspower(예수 기적의 믿음)

cafe.naver.com/(다시 흐르는 축복)

사역자 영성 클리닉 훈련학교 안내

사역현장에서 영혼을 상대하여 사역할 때 일어날 수 있는 사역자 자신의 영적 문제와 사역 속에서 문제점을 일대일로 점검하고 영적으로 분석하고 교정하여 다시금 영혼사역과 교회사역을 강력한 성령의 임재 속에서 풍성한 영적 열매를 가져올 수 있도록 하는 전문적 훈련학교입니다.

내 용

1단계

#1. 업그레이드 된 실습부흥학교 1, 2단계 실습
#2. 방언부흥학교 2단계 실습
#3. 내영부흥학교 실습

2단계

#1. 교회 현장 영적 분석
#2. 성령이 임하시는 예배의 흐름 분별
#3. 성령에 이끌림 받는 기도 방법
#4. 영에서 나오는 설교 방법
#5. 깊은 영적 소통을 가져오는 찬양 사역
#6. 성령께 잡혀서 하는 성령 사역
#7. 성령의 흐름 속에서 하는 집회 인도법

하나님 마음으로 본 다윗과 바울

1판 1쇄 인쇄 _ 2016년 7월 15일
1판 1쇄 발행 _ 2016년 7월 20일

지은이 _ 이장환
펴낸이 _ 이형규
펴낸곳 _ 쿰란출판사

주소 _ 서울특별시 종로구 이화장길6
편집부 _ 745-1007, 745-1301~2, 747-1212, 743-1300
영업부 _ 747-1004, FAX 745-8490
본사평생전화번호 _ 0502-756-1004
홈페이지 _ http://www.qumran.co.kr
E-mail _ qrbooks@gmail.com / qrbooks@daum.net
한글인터넷주소 _ 쿰란, 쿰란출판사
등록 _ 제1-670호(1988.2.27)
책임교열 _ 이화정·박신영

ⓒ 이장환 2016　ISBN 978-89-6562-906-1　93230

책값은 뒤표지에 있습니다.
이 출판물은 저작권법에 의해 보호를 받는 저작물이므로 무단 복제할 수 없습니다.
파본(破本)은 구입처에서 교환해 드립니다.